As Pessoas em Primeiro Lugar

Como Promover o Alinhamento de Pessoas, Desempenho e Resultados em Tempos Turbulentos

Dermeval Franco

As Pessoas em Primeiro Lugar

Como Promover o Alinhamento de Pessoas, Desempenho e Resultados em Tempos Turbulentos

QUALITYMARK

Direção Editorial
SAIDUL RAHMAN MAHOMED
editor@qualitymark.com.br

Produção Editorial
EQUIPE QUALITYMARK

Capa
WILSON COTRIM

Editoração Eletrônica
MS EDITORAÇÃO ELETRÔNICA

CIP-Brasil. Catalogação-na-fonte
Sindicato Nacional dos Editores de Livros, RJ

F895p

Franco, Dermeval

As pessoas em primeiro lugar : como promover o alinhamento de pessoas, desempenho e resultados em tempos turbulentos / Dermeval Franco. — Rio de Janeiro : Qualitymark, 2003
280. :

Inclui bibliografia
ISBN 85-7303-438-6

1. Recursos humanos. 2. Desenvolvimento organizacional. 3. Desempenho. I. Título.

03-1486

CDD 658.3
CDU 658.3

2003
IMPRESSO NO BRASIL

Qualitymark Editora Ltda.
Rua Teixeira Júnior, 441
São Cristóvão
20921-400 – Rio de Janeiro – RJ
Tel.: (0XX21) 3860-8422

Fax: (0XX21) 3860-8424
www.qualitymark.com.br
E-Mail: quality@qualitymark.com.br
QualityPhone: 0800-263311

Dedicatória

Dedico este livro à minha família, que soube entender os momentos em que estive ausente da convivência próxima para atender aos meus sonhos de consultoria.

À minha esposa Sarah, em particular, que me ajudou a trilhar este caminho muitas vezes tortuoso pelas incertezas do pão de cada dia. Com a coragem que lhe é peculiar, incentivou-me com suas colocações sempre ponderadas e inteligentes.

Meus filhos: Fernanda, Maurício e Eduardo, além do pequeno Júnior, meu neto, também merecem um adendo especial.

O choque entre a ansiedade adolescente e o ritmo do meu trabalho fez-me exercitar a paciência e a arte de esperar para conquistar.

Finalmente, aos meus pais, Rosa e Hermes, pelo afeto sempre presente.

Agradecimentos

Ao longo de 22 anos atuando nas empresas e depois de um certo tempo servindo a elas como consultor, conheci muitas pessoas. Tenho a certeza de que todas elas contribuíram para tornar este livro uma realidade.

Por trás de cada capítulo, de cada parágrafo, de cada frase ou de cada palavra estão essas pessoas. Foram muitos anos, meses, semanas, dias e horas intermináveis desenvolvendo idéias e projetos, alguns frustrantes, outros motivadores pela conquista de vê-los na prática.

Neste caminho de crescimento pessoal e profissional agradeço a todos aqueles que estiveram comigo ao longo dessa jornada. Cada um teve a sua importância no momento em que ocorriam as interações humanas.

Às empresas clientes o meu agradecimento especial, pois fizeram com que eu exercitasse a criatividade em busca de soluções sempre diferenciadas.

Aos concorrentes que me mantêm vivo e sempre alerta para as inovações.

E, finalmente, aos meus amigos espirituais presentes.

Ontem, hoje e sempre.

Apresentação

Inicialmente, a idéia de elaboração de um livro tinha o intuito de oferecer a vocês um pouco da minha experiência adquirida ao longo de 22 anos trabalhando tanto dentro das empresas, como funcionário, quanto como consultor autônomo, no início, e com a minha empresa de consultoria posteriormente.

No entanto, quando comecei a esboçar minhas idéias percebi que já tinha um livro (quase) pronto. Como? Desde o início da minha carreira como administrador de empresas venho dedicando uma parte do meu tempo a melhorar a minha capacidade intelectual através da leitura de artigos, textos, livros e, nos últimos sete anos, com as pesquisas na Internet, fonte inesgotável de conhecimento. A leitura exerce sobre as pessoas um poder incontrolável que é a abertura da visão e, conseqüentemente, da percepção e capacidade de reflexão e análise da realidade.

Assim, fui desenvolvendo o meu senso crítico e, através dele, comecei a comparar a realidade das empresas no dia-a-dia com o que lia, principalmente de autores estrangeiros. Apesar de saber que esses possuíam cultura e realidades bem diferentes das nossas, acreditava que aquelas experiências poderiam ser adaptadas às necessidades das empresas brasileiras.

E, dessa forma, comecei a escrever artigos e textos que retratavam e retratam, ainda hoje, a minha crença de que o único caminho para o crescimento e a perpetuidade das empresas é através do desenvolvimento das pessoas.

Este livro é um convite a você para viajar em temas como gestão empresarial, liderança, motivação, cultura e mudança organizacionais, recursos humanos, universidades corporativas, treinamento com foco comercial e, finalmente, gestão por competências. São temas atuais e não estão revestidos do jargão tecnicista que caracteriza os livros da área. Ao contrário, foi escrito com o intuito de provocar o leitor a refletir sobre as suas práticas de RH. Não é um livro conclusivo pois, se assim o fosse, estaria a passar metodologias completas para serem implantadas nas empresas. Tanto é assim, que você poderá começar a leitura deste livro por qualquer capítulo. Mas não deixe de ler todos os capítulos do livro! Você poderá ter uma visão fragmentada das idéias e prejudicar a sua conclusão final. Eu não gostaria que isso ocorresse.

Iniciamos a nossa viagem observando o vôo de uma borboleta. Sinuoso, incerto, caótico e muito parecido com o ambiente de incertezas que caracterizam estes novos tempos. Como lidar com esta realidade nas empresas? Administrando "de dentro", monitorando o ambiente com o traseiro na cadeira? Ou circulando na empresa, e fora dela, para tomar a temperatura do ambiente e traduzir essa leitura em ações proativas? Se desejamos ter uma empresa rentável, orientada para o cliente e com produtos vencedores vai ser necessário mesmo ensinar o elefante a dançar. Por quê?

As empresas não passam de grandes elefantes brancos ao implementar suas estratégias de mudanças. De promover as inovações rápidas que o mercado exige, porque a concorrência está pronta para copiar. A inovação vem da criatividade das pessoas. Somente elas são capazes de oferecer essa competência que deve ser estimulada o tempo todo pelas lideranças. Portanto, é um novo aprendizado para gestores e profissionais de recursos humanos.

Para viabilizar esse aprendizado faremos uma escala em liderança. Tão insustentável quanto a leveza do Ser... Humano. Será o mal de todas as mazelas organizacionais? Ou reprodutores de uma cultura diretiva e obsoleta? Uma empresa será tão boa quanto competentes são os seus líderes. O sucesso ou o fracasso de uma organização está nas mãos de líderes e não de subordinados. Não existem funcionários ruins, existem, isto sim, líderes despreparados. A liderança é o ponto de partida dos esforços de transformação da empresa. Os líderes precisam compartilhar o poder. Todos desejam formar um "dream-team", mas poucos conseguem. Talvez devamos aprender, com um guerreiro Samurai, o caminho da estratégia da liderança e da formação de equipes motivadas. Receitas? Existem várias, mas eu aposto numa infalível: o senso de propósito e direção como ingrediente para a formação de equipes de alto desempenho.

Porém, a formação de uma equipe eficaz depende, basicamente, de uma ferramenta comportamental que, muitas vezes, pode se tornar insustentável. Fazemos aqui mais uma escala; estamos à procura de algo que possa incentivá-lo. Você viu a motivação por aí? Será que você é capaz de encontrá-la? O que causa a desmotivação? Como podemos usar a simplicidade e o bom senso, gerar entusiasmo e ter como resultado a satisfação de clientes através de produtos e serviços de qualidade assegurada? A valorização do trabalho é um dos pressupostos da motivação e a liderança, mais uma vez, aparece como personagem importante para assegurar a "chama sempre acesa" do entusiasmo no ambiente de trabalho.

Prosseguindo a nossa viagem, damos uma parada num assunto polêmico e que muitos profissionais tremem só de ouvir: cultura e mudança organizacionais. O poder da cultura é capaz de enfeitiçar as pessoas, transformando-as em soldados fiéis ou em verdadeiros zumbis corporativos. Que efeitos ela produz em você e na sua empresa? Será que a cultura é a vilã de todas as propostas de mudança? Mas quem é a cultura? As pessoas estão dispostas a sair de suas zonas de conforto para desafiar o fantasma da acomodação? Inovação na empresa é sinônimo de agilidade, flexibilidade, competência e de coragem para romper com o velho. A empresa dispõe desses motivadores para responder aos desafios da modernidade? É preciso aprender a ler a cultura da empresa para aumentar o poder de influência. Se desejamos manter a nossa saúde física e mental, uma condição imperiosa é aprender a lidar com o grande jogo das emoções que caracteriza o ambiente interno das empresas. Essa nova percepção do ambiente da empresa requer um novo posicionamento sobre a contribuição de recursos humanos.

Estamos diante de um novo desafio. Modificar a maneira como a função de RH é vista dentro das empresas e se preparar para fazer as transformações dentro de casa. Contabilizando, são nove desafios e seis passos para colocar a área de recursos humanos no seu devido lugar. Um RH estratégico, com profissionais qualificados, contribuindo para os resultados da empresa e sem problemas de auto-estima. Este último, o pior de todos! Nessa escala da viagem vamos construir uma ponte entre a situação real e a desejada. Conhecer o terreno, elaborar o projeto, construir, testar e avaliar o que foi construído. Esse é o caminho da transformação de recursos humanos – com cara de departamento pessoal – para uma área que provê e retém, na organização, pessoal talentoso e motivado. Uma área com *status* de recurso estratégico para a organização.

Para amplificar a contribuição de recursos humanos nas empresas surgiu, há alguns anos, o conceito de Universidades Corporativas. Eu prefiro chamar de Educação Corporativa. Essa é a próxima escala. Hoje, felizmente, já podemos comemorar boas experiências que indicamos neste livro e utilizá-las como fonte de *benchmarking*. O que é preciso fazer para viabilizar um projeto de construção de uma universidade corporativa? Qual o impacto de uma universidade corporativa dentro da empresa? Dentro desse tema, você vai encontrar respostas para algumas das pergunta mais freqüentes sobre o assunto.

O treinamento comercial sempre esteve na mira dos participantes quando perguntados sobre a aplicabilidade do curso no dia-a-dia de trabalho. Por que isso acontece? Porque os profissionais se frustram com isso? Existem estratégias e táticas de aprendizagem que, por vários motivos, não são levadas em conta na hora de planejar um treinamento. Eu costumo perguntar: Precisa mesmo? Onde ele se encaixa na estratégia comercial? O que os participantes devem saber ou saber fazer no final do curso? O que eles devem levar do treinamento e que deverão, necessariamente, aplicar no trabalho? São perguntas que devem ser feitas antes de um curso. É óbvio! Mas mesmo o óbvio não ocorre na maioria das empresas. Deficiência do RH? Sim. Deficiência do cliente interno? Sim. Nesse meio-termo, o melhor é não fazer o curso, porque vai perder tempo e dinheiro. De preferência, vamos pensar assim: Se não fizermos o treinamento o que poderá ocorrer? A equipe de vendas possui as competências que atendem a estratégia comercial da empresa? Se não, quais são elas? Estaremos nos aproximando de um resultado mais palpável.

Já que falamos de competência, chegamos, finalmente, à última escala da nossa viagem. A Gestão por Competências não deve ser considerada mais uma bijuteria de RH. É uma necessidade tão relevante quanto administrar a liquidez da empresa em época de caixa abaixo da crítica. Por que uma empresa precisa ser administrada com o foco em um conjunto de competências? Entendendo competência como algo que uma pessoa faz de melhor e que a diferencia das outras, pois a única vantagem que uma empresa pode obter no mercado é através da inovação, seja ela tecnológica, de idéias etc. E isso somente se consegue através das pessoas. Somente elas são capazes de desenvolver diferenciais competitivos que as mantenham à frente da concorrência ou, até mesmo, mantenham a sobrevivência da empresa no mercado. Porém, estamos falando de pessoas talentosas, de alto potencial de desenvolvimento que, por apresentarem um perfil diferenciado, requerem um tratamento especial. São essas que fazem a diferença. Não todas. É necessário descobrir estes talentos e prepará-los para serem futuros líderes. Incentivá-los e retê-los na empresa através de políticas fortes de retenção com incentivos, financeiros ou não, e amplos programas de desenvolvimento. Teremos, no final, pessoas motivadas e prontas para assumir novos desafios, assim como a área de recursos humanos "entregando" os produtos solicitados pelos seus clientes internos com foco total em resultados. O objetivo desse capítulo é levar você a refletir sobre a pertinência de um projeto de competências em sua empresa.

Compartilhamos uma viagem aos principais temas da gestão empresarial, sempre ilustrada com casos de empresas que visam aproximar as reflexões e as idéias apresentadas no livro às práticas empresariais vencedoras. São vencedoras pela coragem de romper paradigmas e resistências às mudanças.

Espero que ao final da leitura você tenha ampliado um pouco mais a sua visão da contribuição de recursos humanos para os resultados da empresa. Sem dúvida, um trabalho motivador, cheio de desafios, frustrações e alegrias. Considero todos os gestores e profissionais de recursos humanos verdadeiros guerreiros na busca incessante de equilibrar as necessidades das pessoas, num mundo tão complexo que vivemos hoje, às necessidades não menos complexas que vivem as empresas. Nosso maior desafio: conectar pessoas, desempenho e resultados. A fina arte da gestão estratégica de pessoas.

Sinto-me gratificado em dividir com você as minhas idéias amealhadas nesses vinte e dois anos.

Abraço meu e boa leitura.

Dermeval Franco

Sumário

Capítulo

I

GESTÃO EMPRESARIAL: Uma Visão das Árvores e da Floresta

"As companhias prestam muita atenção
ao custo de fazer alguma coisa.
Deviam preocupar-se mais com os custos de não fazer nada."
Philip Kotler – *especialista de Marketing*

Em cenários de incertezas o remédio é observar o vôo da borboleta e, ao mesmo tempo, ensinar o elefante a dançar.

O Vôo da Borboleta: Administrando a Empresa em Tempos de Incerteza

Sinuoso, incerto, caótico, destrambelhado, sem direção. Assim é o vôo de uma borboleta, tal qual o ambiente empresarial que vivenciamos atualmente. O fenômeno da incerteza é global. Os planejadores de empresas, como marinheiros em forte nevoeiro, não conseguem enxergar um palmo à frente de seus narizes. Quais as tendências? Quem são e como estão os meus concorrentes? Quem está entrando no mercado? Que margem de segurança eu tenho para me aventurar em novos negócios? Como lidar diariamente com a perda de rentabilidade pelo emagrecimento da receita e pressão nos custos? Como proceder com os clientes e consumidores cada vez mais fortalecidos em seu poder de escolha? Qual a minha capacidade interna para competir hoje? São perguntas, dentre várias outras, que passaram a fazer parte das reuniões acaloradas de executivos escaldados pelo fenômeno da incerteza generalizada. A busca das respostas pode levar empresas e executivos a dois tipos de reação: a primeira é a de rebeldia, resistência e negação, coisa fatal para os negócios; a segunda é a tomada de consciência de que não teremos mais as facilidades que tínhamos no passado. Ganhos fáceis no travesseiro noturno da inflação, boas margens de lucro, marketing orientado para o consumo de massa, dinheiro fácil nos bancos, logística simples, descomplicada e de baixo custo. Esse “Mundo de Sofia” acabou.

Se dermos um passeio nas empresas, sejam elas pequenas, médias ou grandes, nacionais ou de capital estrangeiro, iremos descobrir que todas elas estão em fase de reestruturação. Esta já é a palavra-chave ou a senha quando vamos bater à porta dessas empresas para vender produtos e serviços. Em vão! Talvez hoje, após quase dez anos ouvindo falar em reengenharia e *downsizing*, as empresas estejam mesmo fazendo esse negócio que, na época, levou muitas delas à lona por erro de interpretação de conceito (entraram no modismo do *Michael Hammer* – autor da Reengenharia – onde ele próprio reconheceu, anos depois, que estava errado ao receitar um remédio tão forte). Voltou atrás com a sua tese e escreveu um outro livro se desculpando da barbaridade. Mas por trás dessa reestruturação há um vilão. Os custos crescentes ou estáveis num patamar perigoso.

Ora, se a minha empresa não consegue obter do mercado a remuneração do capital investido, o que vou fazer senão olhar para dentro da empresa e ver onde existem gorduras? E começa o bingo das boas idéias: "Onde podemos cortar?" – "Suspendam os cursos!" – "20% de redução linear no quadro de pessoal!" – "Redução da jornada de trabalho!" – "Parem os investimentos!" – "Não gastem dinheiro com marketing!" – "Caixinha de sugestões para reduzir custos!" – "Bloqueiem as vagas!" – "Contratem estagiários". Enquanto isso, fluxo de caixa em queda e tensão emocional em alta. As idéias pululam em reuniões intermináveis, tensas e ameaçadoras. O pessimismo contagia as pessoas e mina a capacidade de respostas criativas para os problemas da empresa. Essa é uma visão de dentro da empresa. E tem muita empresa acometida dessa miopia. Tem vista boa, mas insiste em usar óculos. Os óculos da insegurança, do conforto, da mesma maneira de ver as coisas e de resolver os problemas. Tem um ditado que diz assim: "Quanto melhor nos serviu um martelo no passado, mais os novos problemas parecem-se com pregos." É como se o mundo não existisse lá fora. E nós sabemos que a empresa existe em função do mercado e se ela deixa de olhar o mercado com carinho, deixa de existir.

Que tal acompanhar por um momento o vôo de uma borboleta? Digamos, as movimentações ou as ondas de mercado. Deixemos de lado reuniões intermináveis e vamos dar uma volta por aí. Vamos conversar com os clientes da empresa para saber o que pensam dos nossos produtos. E aqueles clientes perdidos? Por que isso aconteceu? Vamos pesquisar o mercado para saber como estamos perante a concorrência. O que ela está fazendo de diferente? Será que já não existe algum produto novo que está substituindo o nosso e não sabemos? Quem sabe! Como os clientes estão usando o nosso produto? O que estamos fazendo para manter o nosso cliente? Qual o pacote de benefícios que temos oferecido para o consumidor ou cliente? As experiências de compra do nosso produto são agradáveis do ponto de vista do cliente? Você recomendaria um produto ou serviço de sua própria empresa para um amigo ou para um inimigo? Quando foi que você fez a última pesquisa de cliente oculto? Não fez?! Nunca fez?! Já fez, mas nada foi feito? Será que a sua empresa não está sofrendo do efeito avestruz? Com a cabeça no buraco? Os caçadores-gerentes vivem circulando em busca das melhores oportunidades, mas o fazem como o vôo da nossa já conhecida borboleta, de forma atrapalhada, sem direção. Nessa caçada, onde se misturam o joio e o trigo, eles pecam pela falta de visão sistêmica do mercado. Assim, perdem conhecimento (hoje um ativo fundamental das empresas) e talentos, muitas vezes profissionais-chaves para os processos críticos da empresa, imprescindíveis para a manutenção da competitividade do negócio. E, como se isso não bastasse, essa conduta imediatista e unilateral destrói a capacidade criativa de renovação da empresa. Atenção para isso!

> *"Dentro da empresa só existem custos. O lucro está lá fora, no mercado." Diz o "fenômeno" Peter Drucker.*

Se as movimentações de mercado assemelham-se ao vôo de uma borboleta, concluímos que para a empresa obter o que deseja – ser rentável, orientada para o cliente, ter produtos vencedores, uma boa empresa para trabalhar – é necessário um esforço duplo de mapear o ambiente interno e externo (forças e fraquezas; ameaças e oportunidades) e elaborar uma metodologia que favoreça a adoção de um comportamento ativo de sua liderança, não que termine apenas num *workshop* de 8 ou 16 horas, mas que seja o estopim de um processo de mudança comportamental.

Além disso, é imprescindível a adoção de um sistema de informações – comumente chamado de inteligência competitiva – que monitore o ambiente e proporcione um repertório de conhecimentos que favoreçam as decisões dentro da empresa. Uma medida como essa tem valor inestimável, principalmente para empresas que atuam em segmentos econômicos fortemente competitivos como, por exemplo, o automobilístico, o de telecomunicações, o de tecnologia da informação e o da indústria de remédios. A todo momento essas empresas estão sendo surpreendidas por novos produtos e novos concorrentes. Administrar o portfólio de produtos e serviços passou a ser uma função tão importante quanto ficar de olho no caixa da empresa. O caixa cresce quando o portfólio de produtos e serviços responde às necessidades do mercado. Se não responder é melhor mudar o portfólio. Ou de ramo.

A reflexão sobre o vôo de uma borboleta nos faz pensar como é difícil lidar com as incertezas de um mercado mutante por natureza. Compreender esse estado de coisas e aceitar a nossa fragilidade empresarial é um passo decisivo para atuar de forma produtiva. A lição que tiramos é a seguinte: sozinhos, não somos capazes de enfrentar o desafio da transformação. O ambiente empresarial está complexo demais para que decisões sejam tomadas à revelia da opinião sincera das pessoas e das equipes que compõem o time inteiro da empresa. Todos os funcionários podem e devem contribuir para a formação de uma cultura autêntica e sólida, pautada pelo comportamento ético e pela honestidade de propósitos. Estes são princípios básicos para promover o comprometimento e predizer, com alguma certeza, as possibilidades e as oportunidades de um futuro menos incerto. Somada a tudo isso, a adoção de um bom sistema de avaliação de desempenho empresarial, como, por exemplo, o *Balanced Scorecard*, possibilitará à empresa monitorar a sua performance para garantir que os resultados apareçam e sejam significativos. Esta é uma alternativa dentre várias. O que separa o sucesso do fracasso será sempre o comportamento gerencial orientado para a inovação e a competência para lidar com as incertezas. Isto, sim, faz a diferença!

Então... Vamos observar as borboletas e refletir sobre como anda a nossa empresa? Ou será que devemos mesmo é ensinar o elefante a dançar? Eis o nosso próximo desafio.

Ensinando o Elefante a Dançar: Em Busca de um Novo Aprendizado

Década de 80	Década de 90	A partir de 2001
• Grandes investimentos em tecnologia, máquinas e equipamentos.	• Empresas descobrem o cliente e fazem tudo por ele.	• Era da diferenciação, da inovação e da estratégia.
• Produção em massa.	• Abertura do mercado acirra a competição.	• Excesso de ofertas.
• Mercado protegido.	• Processo de modernização das relações empresariais.	• Fidelização de clientes.
• Facilidade nas vendas.		• Posicionar ou morrer é a mensagem dos novos tempos.

Como num filme, passamos rapidamente para o ambiente atual. Falar de inovação e de estratégia é levar em consideração o atributo maior e sua fonte geradora – o indivíduo. Por mais que utilizemos a tecnologia como razão de nossa competitividade, por trás dela está a criatividade das pessoas. São elas que dão vida às empresas e precisam ser estimuladas a todo instante para oferecer as respostas necessárias. Neste cenário, surge uma demanda das mais relevantes: a capacidade de empresas e pessoas aprenderem mais rápido e de aplicar esse conhecimento.

As novas tecnologias e a educação do intangível

À medida que o trabalho se move para fora do escritório e da fábrica, a educação deve mover-se também para fora da escola. Hoje, é possível obter-se um diploma de graduação sem colocar os pés na sala de aula em pelo menos 70% do tempo do curso. É um avanço, sem dúvida. O que proporciona esta comodidade é a convergência das tecnologias de comunicação voz, dados e imagem – num sincronismo absolutamente perfeito. Tudo isso é muito bom, facilita o processo de aprendizagem, mas devemos fazer algumas perguntas essenciais que permitem estabelecer um foco nos processos de aprendizagem nas empresas: O que as pessoas precisam aprender? Os conteúdos de aprendizagem estão alinhados com as necessidades estratégicas da organização? O meio virtual está mesmo promovendo a nova aprendizagem? Quais motivadores deverão ser desenvolvidos para que as pessoas queiram aprender e aplicar o conhecimento na empresa? Como avaliaremos as atividades educacionais e qual o seu impacto no trabalho? Devemos ensinar as pessoas a serem empreendedoras ou ensiná-las apenas o necessário para cumprir a sua função na empresa? Para responder a essas perguntas, devemos deixar de lado o pensamento cartesiano e olhar as transformações da sociedade que mais parecem um caleidoscópio multicolorido em comportamentos, valores e costumes.

Percebemos nos jovens de hoje comportamentos muito diferentes dos da geração dos 30 e dos 40 anos de idade. Imediatistas, esses jovens querem ocupar o seu lugar no menor tempo possível. Nas empresas, são alpinistas vorazes, infiéis aos seus patrões pois, motivados pelo desejo da ascensão rápida, pulam de galho em galho (de empresa em empresa) na busca de recompensas. Como educar essa turma ansiosa? Reforçando o individualismo e a competitividade ou fomentando essa energia para torná-los empreendedores, educando-os para cooperar através do autêntico espírito de equipe?

Num plano mais global, vivemos numa sociedade onde a aparência tem mais valor do que a essência. A diversidade de produtos e serviços provocou no cidadão consumidor a tirania da escolha. A escolha passou a ser tão neurótica quanto a necessidade de obter uma posição na sociedade através da obtenção de um curso regular, moldados que fomos pelas mídias de massa. Do lado de dentro das empresas, assuntos como vantagem competitiva, marketing de guerrilha, Sun-Tzu nos negócios, arte da guerra são temas que revelam o grau de competição a que fomos expostos. No subconsciente fica a mensagem: Seja o primeiro, o melhor, ou estará morto.

Queiramos ou não, o processo de educação ou aprendizagem organizacional neste cenário "competitivo" muda em forma e em conteúdo. Na forma, devemos disponibilizar o conhecimento com velocidade e na dosagem certa. Neste caso, a Internet se apresenta como fantástica difusora de informação e conhecimento. Tudo muito pontual para atender a necessidade imediata. Em conteúdo, duas variáveis: a primeira é o excesso de informações. Quais aquelas que realmente importam para o nosso negócio? Como selecionar a melhor informação? Quais aquelas que atendem aos nossos objetivos, sem fantasias? Em segundo lugar, como faremos com que as pessoas queiram absorver estes conteúdos? Como usá-los corretamente? Como fazê-las deixar de sentirem medo por seus empregos e contribuir com informações relevantes? São respostas complexas numa época onde é urgente comprometer as pessoas com o sucesso da organização. Hoje, o comprometimento é um fator-chave. Porém, este objetivo será atingido muito mais pelo processo grupal do que pelo individualizado, pois acelera a aprendizagem da organização.

Portanto, a aprendizagem em equipe passa a ser o centro das atenções nas empresas para ganhar mercados. E se estamos falando de educação, até mesmo antes de adotar modernos processos educacionais, devemos educar as pessoas a trabalhar em equipe; desenvolver o pensamento estratégico em equipe; planejar em equipe; executar em equipe; comemorar vitórias em equipe. Isto não é novidade, mas de uma coisa devemos ter certeza: o mercado mudou e os desafios são enormes tanto para líderes quanto para liderados.

A seguir, sugerimos cinco maneiras de acelerar a aprendizagem organizacional para colocar a empresa num estágio superior de desempenho:

Primeira aprendizagem: Ensinar a todos os funcionários que eles fazem marketing. O mundo está complexo para deixar esta responsabilidade somente para um departamento. A contabilidade faz marketing, o almoxarifado faz marketing, o RH, o financeiro... Todos fazem marketing!

Segunda aprendizagem: Hoje, como diz Clemente Nóbrega, consultor de marketing, "a empresa é uma aposta. Eu aposto que vou produzir algo que o mundo atribui valor e paga por ele. Caso contrário, eu não existo como empresa". A partir desse ensinamento, vamos educar os funcionários sobre o conceito de empresa, negócios, ética, responsabilidade social e empreendedorismo.

Terceira aprendizagem: Visão, missão e valores não são elaborados para ficar num belo quadro na parede, mas diluídos no sangue dos funcionários. São "norteadores" empresariais capazes de mobilizar as pessoas para um desempenho superior. Quando as ações diárias de uma empresa estão vinculadas a esses norteadores e os funcionários são cobrados por isso, estabelece-se um ambiente de segurança, dado pelo senso de direção, resultando em motivação, entusiasmo e espírito de equipe. É preciso treinar, treinar e teimar nessa aprendizagem.

Quarta aprendizagem: Descobrir as competências essenciais da empresa, os fatores-chave de sucesso e desdobrar essas competências em conhecimentos, habilidades e atitudes a serem adquiridas por todos os funcionários. Avaliar, desenvolver e remunerar por estas competências. Estaremos alinhando as pessoas aos resultados da organização.

Quinta aprendizagem: Utilizar os fantásticos recursos da tecnologia da informação para acelerar a aprendizagem organizacional. Mas não aposte todas as fichas nesses recursos! Privilegie, ainda, o "olho no olho" para educar as pessoas na empresa e considere a necessidade de mesclar atividades presenciais e de educação à distância com moderação, planejamento e disciplina. Aliás, para aqueles mais afoitos no uso de modernas tecnologias, vamos lembrar dois aspectos importantes da cultura brasileira: Em primeiro lugar, somos avessos à disciplina e improvisamos mais do que planejamos. Em segundo, uma tecnologia nova tem o seu tempo de maturação para se tornar estável e confiável. Neste caso, é melhor deixar que os inovadores e os primeiros adotantes quebrem a cara (e gastem dinheiro) para, somente depois, adquirir a inovação a um custo razoável, mais amadurecida e confiável. Reflita sobre isso!

Se você analisar bem as cinco aprendizagens notará que são ensinamentos básicos, despojados do complicado jargão empresarial e, por isso mesmo, de grande valor, pois têm suas origens nas experimentações bem-sucedidas ao longo de muitos anos de prática em metodologias de intervenção organizacional.

Por outro lado, observamos atualmente um excesso de modismos na gestão de recursos humanos que confunde muitos profissionais de RH. Devemos avaliar o que estamos propondo para a empresa, alinhado com a necessidade real, pois nossos serviços são intangíveis e sabemos que os negócios são avaliados pelos resultados tangíveis que eles oferecem como, por exemplo, o lucro, a rentabilidade, o faturamento, a depreciação e tudo aquilo que aparece no frio balanço financeiro. Salvo raras exceções, as empresas têm extrema dificuldade em avaliar a contribuição dos "intangíveis" como, por exemplo, o impacto do clima e da cultura organizacional (valores, motivações e crenças) nos resultados.

Por tudo isso, uma nova aprendizagem é exigida pelas empresas. Acredite se quiser! Aspectos "intangíveis" de uma organização representam 80% do sucesso. Você concorda que é uma tarefa de ensinar o elefante a dançar?

Capítulo

2

LIDERANÇA:
Uma Corrida Sem Linha de Chegada

"Os chefes são claramente a fonte dos nossos problemas... eu ataco-os por uma questão de sobrevivência!"
Tom Peters – *consultor*

"A liderança produz a mudança. Essa é a sua função básica."
John Kotter – *guru de gestão de Harvard*

A Insustentável Leveza da Liderança: Será o princípio de todos os males organizacionais?

Em tempos de grandes transformações o comportamento e a responsabilidade dos líderes são fatores decisivos para o sucesso e para a perenidade das organizações. Sem eles, a empresa é como uma nau sem rumo, sem destino, ao sabor das ondas de mercado. E tudo pode acontecer! Com a responsabilidade consciente e compartilhada com os funcionários, os líderes sentem-se fortalecidos para navegar em tempos turbulentos. Para tanto, precisamos conhecer Musashi* e mergulhar no assunto em busca do DNA da liderança.

Corações divididos: Por que um líder precisa compartilhar

Historicamente, os "chefes" foram condicionados a uma mentalidade de comando e controle hierárquico nas organizações, ao invés do uso de suas potencialidades como ser humano. Observamos, ao longo dos anos, a dissonância cognitiva existente entre aquilo que se diz e a ação efetiva. Comumente ouvimos: "Ele fala, mas não faz!"

Liderar, atualmente, exige que façamos mais do que aprender algumas técnicas modernas de administração. Repensar as nossas convicções sobre o ser humano e como vamos alcançar resultados através das pessoas são os dois maiores desafios para aqueles que ocupam funções de liderança nas empresas.

Tornando-se líder

Para ser um bom líder é preciso ser honesto. Ter a autoridade sobre os outros dá uma sensação de poder inestimável. Essa sensação de poder, quando canalizada de forma errada, pode ser muito desastrosa. Mesmo os mais experientes escorregam no egocentrismo.

* Miyamoto Musashi, samurai que escreveu, em 1645, obra de referência sobre estratégias de como se posicionar e agir para superar adversidades.

Nossas convicções a respeito do ser humano têm uma grande influência sobre o resultado das nossas interações com as pessoas. Douglas McGregor, em O Lado Humano da Empresa, lançado em 1960, examinou o comportamento dos indivíduos no trabalho e formulou dois modelos que ele chamou de Teoria X e Teoria Y.

Teoria X – "O ser humano prefere ser dirigido, evita o trabalho, não assume responsabilidade e deve ser controlado."

Teoria Y – "Os indivíduos são emocionalmente amadurecidos e gostam do que fazem. Desejam assumir responsabilidades por suas carreiras e querem contribuir para atingir os objetivos organizacionais."

Não é um assunto nada novo! Seja líder ou não, o que você acredita tende a determinar como você se comporta com as pessoas. Seu comportamento tende a influenciar a qualidade das relações que você tem com os outros. E é claro que isso influencia os resultados que você obtém dessas pessoas. Em troca, os resultados normalmente reforçam suas convicções. Lembre-se do ditado: "Quem semeia vento, colhe tempestade".

Por exemplo: se você acredita ser um líder rígido e inflexível com as regras, pode ser firme e castigar as pessoas que as quebram. Conseqüentemente, seus projetos e relatórios podem ser guardados e esquecidos propositadamente por seus liderados. Como resultado, seu departamento pode fazer o que é certo, mas estará longe dos outros departamentos que ganham prêmios para idéias inovadoras e criativas na solução dos problemas da empresa.

Você pode ser firme na sua convicção de controlar e manter as regras do jogo, mas estará reforçando o egocentrismo e perpetuando a sua imagem de controlador. Se você acredita que a colaboração entre as pessoas resulta em melhoria de produtividade e incentiva novas idéias, as relações no grupo ficarão mais abertas. Eles confiarão em você e se sentirão confortáveis em apresentar idéias para melhorar os resultados. A maneira mais fácil de quebrar o poder do egocentrismo na liderança é avaliar as suas convicções a respeito do ser humano.

Observe, no quadro a seguir, as convicções que os seres humanos têm a respeito das pessoas no trabalho:

Convicções a respeito das pessoas no trabalho	
Chefe X	**Líder Y**
Acredita que o trabalho dele é empurrar as pessoas e dirigir seus esforços.	Acredita que ele é apoiador e facilitador do trabalho dos outros.
Acredita que ele deveria falar pelas pessoas.	Acredita no diálogo com as pessoas, perguntando, pedindo e escutando.
Acredita controlar os outros pelas decisões que toma.	Acredita que é facilitador para os outros na tomada de decisões e autoriza-os a implementar as próprias decisões do grupo.
Acredita que sabe as respostas.	Acredita que ele tem que buscar as respostas.
Gera insegurança no grupo por administrar uma dose saudável de medo como um modo efetivo de alcançar a complacência.	Acredita inspirar compromisso e estimular criatividade.
Acredita que o trabalho dele é mostrar erros.	Acredita que o trabalho dele é celebrar a aprendizagem.
Acredita resolver problemas e tomar decisões.	Acredita facilitar o trabalho dos outros para resolver problemas e tomar decisões.
Acredita delegar responsabilidades.	Acredita delegar autoridade.
Acredita criar estrutura e procedimentos para as pessoas seguirem.	Acredita criar uma visão e promover flexibilidade por valores como diretrizes para comportamento.
Acredita fazer certo as coisas.	Acredita fazer as coisas certas.
Acredita que o poder dele vem do cargo que ocupa.	Acredita que o poder vem da mente coletiva do grupo.

Fonte: Douglas McGregor – *O lado humano da empresa*, 1960. Edição brasileira – 1972

Ou você acredita que as pessoas desejam se realizar no trabalho e para isso se empenham na conquista de resultados coletivos e transparentes, ou então brevemente terá o seu papel de líder questionado e obterá resultados pífios à base de pressão e estresse. Você pode sobreviver durante muito tempo, mas a sua saúde emocional estará ameaçada. Perderá a sua equipe de trabalho e restarão apenas os inexperientes e os estagiários. Neste caso, você poderá deitar e rolar com essa gente jovem e ainda virgem nas emoções do trabalho, semeando um solo fértil para plantar desconfiança, competição e baixa produtividade. Num ambiente assim, impera a baixa maturidade pessoal e profissional.

Talvez você tenha tido na sua carreira profissional chefes X e a tendência é que você reflita este modelo quando se tornar um líder (se já não o é!). Mas não se desespere! É possível reaprender e este processo passa pela (re)avaliação de suas crenças a respeito do ser humano. Aposte sua vida nisso e aja com o coração. Antes de tudo!

Existe, nos Estados Unidos, um treinamento de lideranças que é desenvolvido em penitenciárias. Grupos de executivos ficam frente a frente com assassinos, estupradores e todo tipo de bandidos, com o objetivo de resgatar o prazer de viver fora das grades empresariais visíveis e invisíveis. Será que existe algo em comum entre condenados e executivos? Como alunos curiosos em primeiro dia de aula, tais executivos ouvem atentamente o que os condenados têm a dizer. Assim, passam a valorizar a liberdade, a família, as paixões pessoais, enfim, as coisas de que se privaram e das quais abriram mão ao longo dos anos. Ao ouvirem os executivos, os condenados ficam abismados com os depoimentos, pois percebem que a liberdade é um paradoxo. Os executivos são escravos do tempo, dos compromissos de trabalho, das viagens de negócio em detrimento do convívio com a família e das coisas que realmente gostam. Ao final do treinamento, os executivos estabelecem o compromisso de dedicar mais tempo à família e às paixões pessoais, mudando suas vidas para sempre.

O que esta experiência americana nos ensina?

Por que é necessário mudar a um nível tão profundo para promover transformações no comportamento de liderança?

É óbvio que este "treinamento" tem outras implicações para o executivo. Um processo como esse afeta a maneira como o indivíduo enxerga o mundo e pode modificar suas convicções a respeito da vida e do ser humano. O fato é que os aspectos pessoais de nossas vidas não ficam fora da arena empresarial. Todas as pessoas trazem para o trabalho a sua personalidade e os seus pensamentos, atitudes, comportamentos, hábitos, medos, desejos, vontades etc. Trabalhar essas variáveis em sua plenitude é uma condição essencial para o sucesso do líder. Não sugiro que os departamentos de treinamento levem seus executivos para sessões em penitenciárias, mas planejem reuniões para discutir as dificuldades que cada um (ou o grupo) tem de liderar pessoas. Sessões de *coaching* e avaliações 360 graus são instrumentos adequados para esse fim. Eles permitem a possibilidade, quando o trabalho é bem feito, sério e profissional, de oferecer um *feedback* autêntico sobre o comportamento do líder. E nada resiste a uma boa sessão de *feedback* onde as percepções de subordinados, chefes, pares e até clientes internos e externos são confrontadas olho no olho. É um trabalho de inestimável ajuda para as lideranças que precisam dividir seus corações com as suas equipes.

E por Falar em Equipes...

Você quer formar um "dream team"?

> ***Quanto mais você entender a dinâmica da equipe, mais nutrirá atitudes positivas.***

Reunir um grupo de pessoas, delegar autoridade e apertar os parafusos não lhe conferem a certeza da formação de um time de trabalho. Considerado hoje como requisito-padrão para as relações de trabalho mais modernas, o *teamwork* é desenvolvido com muito esforço e compreensão de como ele se forma e é conduzido.

Se você, como líder, quer formar um time, há cinco perguntas que precisam ser respondidas para assegurar o sucesso a longo prazo:

1. ***Qual o projeto a ser realizado?***
2. ***É necessário formar um time?***

3. Como vamos estabelecer o compromisso da equipe?

4. Quais as recompensas para os membros do time?

5. Qual será o papel da liderança na gestão deste time?

Se você não tem boas respostas para as cinco perguntas, não comece a formar uma equipe, porque obterá resultados ruins, como baixa produtividade, estresse, conflito e dispersão. Porém, uma reflexão inteligente sobre estas perguntas se constituirá numa base sólida para a formação da equipe. O primeiro passo é escolher as pessoas certas. Este aspecto merece uma consideração importante, porque você não quer colocar na empresa gente sem a qualificação e a competência necessárias para desenvolver o seu projeto. Pessoas cooperativas, com espírito de equipe e felizes são requisitos-chave para o sucesso do seu time. O próximo passo é treinar o pessoal. Um banho de cultura e dos valores da empresa, e de seu funcionamento global – objetivos, metas, estratégias, planejamento, relacionamento com clientes, fornecedores, concorrentes, mercado, produção, finanças etc. – é decisivo para o time conhecer e compreender a empresa e quais as expectativas desta em relação ao seu desempenho. Assim como você também deve saber o que cada um dos integrantes do time espera de você – como líder – e da empresa. O treinamento é a única maneira de suprir a diferença entre o esforço individual e o esforço coletivo. Se nós pensamos no treinamento como prática, os benefícios ficam mais evidentes.

Uma vez formado o time e seus membros treinados, o seu trabalho estará apenas começando. Um time de trabalho requer monitoração e manutenção. Você precisa entender como manter o grupo motivado no projeto e reforçar os comportamentos positivos. A sua primeira tarefa é vender a idéia de cooperação para realizar metas específicas e afastar o fantasma da competição. Cada membro do time deve concordar e ser responsável pela meta a ser atingida. Caso contrário, a responsabilidade dilui-se e você terá sérios problemas no futuro.

Estabeleça valores comuns ao time de trabalho. As convicções coletivas pavimentarão o modo como as pessoas vão se comportar na realização das atividades. Deixe claras as regras do jogo comportamental para evitar situações de conflito, boatos, sentimentos e fofocas improdutivas. A sua habilidade de comunicação é fundamental para o sucesso do time. Seja transparente e honesto, antes de tudo, com você mesmo.

É como uma bola de neve. Quanto mais você entender a dinâmica do time, mais você nutrirá atitudes positivas e saberá quando intervir em comportamentos não-funcionais.

Comportamentos consistentes com os valores e as normas do time devem ser recompensados por você. Atitudes simples como um gesto, um elogio, uma lembrança “que é a cara do fulano” é uma grande recompensa. Conheça os gostos, as vontades, as manias, os defeitos, os pontos fortes e fracos do seu time de trabalho e a probabilidade de você formar um “dream team” é de dez para um. Aprenda a recompensar através do reforço positivo e a incentivar o apoio mútuo entre os membros do time. Você tem que saber, entender e encorajar este processo de grupo.

Esteja também preparado para prover recompensas adicionais pelas realizações do time. “Nossa equipe trabalha bem, mas nós também esperamos da administração que compartilhe o lucro e reconheça nossos esforços.”

A mensagem é clara: Não forme times porque é um modismo da atualidade. Times eficazes esperam apoio, reconhecimento e recompensas. Você está disposto a se esforçar para criar e manter um ambiente adequado para o êxito do seu time de trabalho? Então, mãos à obra. O esforço vale a pena! Mas se isto não for suficiente, que tal aprender liderança com um guerreiro samurai?

Liderando com a Visão de Um Samurai: O Caminho da Estratégia

Visitante assíduo de livrarias tive a grata surpresa de conhecer, há 15 anos, Musashi. Habilidoso guerreiro samurai, era um furacão ao lutar contra um exército inteiro e, ao mesmo tempo, sensível para produzir obras-primas de pintura que talvez, no Japão de hoje, gozem de mais renome do que as obras de qualquer outro artista japonês. Tornou-se um mestre de artes e a sua força poderia ser resumida na "humanidade e muito trabalho".

Falecido em 1645 e tendo conhecido e vencido todas as artes marciais do seu tempo, criou a sua própria técnica de combate. Passou a vida inteira à procura do caminho da estratégia, da superação de si mesmo e da verdadeira razão de viver. Encontrou-a, já nos seus últimos anos de vida, quando se recolheu em uma caverna e escreveu o seu próprio livro. Pensava ele: "Fundei uma escola samurai... preciso passar esta técnica para aqueles que virão, para que possam aperfeiçoá-la cada vez mais".

Profundo e altamente reflexivo, o livro contém nove princípios que orientam o indivíduo a trilhar o caminho da estratégia. É uma verdadeira lição para os administradores atuais em tempos de acirrada competição de mercado, cujos ensinamentos são tão atuais quanto as práticas mais modernas de gestão de empresas, que rendem milhões de dólares aos gurus da administração.

Não existe mágica na gestão de empresas. Existem princípios, valores, trabalho e competência. Aliás, eu não conheço nenhuma empresa que sobreviva muito tempo sem um quadro referencial como, por exemplo, um código de conduta (ou de ética) na gestão dos negócios que esteja arraigado na sua cultura organizacional.

Creio que os princípios de Musashi, escritos no século XVI, podem ajudar o líder a direcionar a empresa rumo a um ambiente interno mais equilibrado, pois é necessário fortalecer as estruturas internas para lidar eficazmente com o ambiente externo. Os seus ensinamentos fornecem a base para um planejamento empresarial sustentado em princípios e valores humanos.

Conheça os nove princípios da estratégia de Musashi adaptados à nossa realidade empresarial:

Princípio nº 1:
Não aja com desonestidade.

A questão ética nunca esteve tão presente como hoje nas agendas das empresas. Aproveite este ciclo favorável para agir honestamente com todos aqueles que o cercam: consumidores, clientes, fornecedores, funcionários, concorrentes e a comunidade em geral. A formação de parcerias e alianças estratégicas está mais firme do que nunca, e a *confiança* é a base do relacionamento e, conseqüentemente, do sucesso empresarial.

Princípio nº 2:
O caminho está no treinamento.

Tecnologia, concorrência, aumento de custos e redução de lucros são oportunidades para a aquisição de *novas competências*. Do porteiro ao presidente da empresa. Treinar, treinar e treinar é a regra.

Princípio nº 3:
Trave contato com todas as artes.

Conheça profundamente a realidade do seu negócio. Extrapole os horizontes da empresa! O que fazem seus concorrentes? O que pensam os seus clientes e fornecedores a respeito de seus produtos e serviços? *Conheça um pouco de tudo!*

Princípio nº 4:
Conheça o caminho de todas as profissões.

O que fazem as pessoas que trabalham com você? Estão fazendo certo da primeira vez? Estão fazendo aquilo que deve ser feito? Para responder a estas perguntas você deve conhecer um pouco de cada atividade desempenhada pelos colaboradores, mas sem perder de vista a visão sistêmica do negócio da empresa. Olhe as árvores e a floresta.

Princípio nº 5:
Aprenda a distinguir ganho de perda nos assuntos materiais.

Ganha-ganha é a estratégia mais adequada para formar parcerias e alianças saudáveis com o cliente, o funcionário, o fornecedor e, até mesmo, com a concorrência. Atualmente, está difícil manter-se isolado neste cenário global e totalmente conectado. O combate a atitudes antiéticas vem crescendo no mundo todo. No Brasil, já percebemos um avanço significativo de empresas privadas e de entidades não-governamentais em direção à responsabilidade social e ao comportamento ético nas relações comerciais. Empresas socialmente responsáveis propagam suas realizações e são escolhidas pelo consumidor.

Princípio nº 6:

Desenvolva o julgamento intuitivo e a compreensão de tudo.

Como está sendo valorizada a capacidade de enxergar "um palmo à frente"! A competição nos negócios exige um profissional que saiba trabalhar muito bem com o lado direito do cérebro. É o pleno uso da intuição, do *feeling* ou "cheiro" de bons negócios. Aprenda a desenvolver a capacidade intuitiva, onde os erros e acertos fazem parte da experimentação. Na arena dos negócios o risco está presente *full-time*. Coragem.

Princípio nº 7:

Perceba as coisas que não podem ser vistas.

As verdadeiras oportunidades de mercado estão, na maioria das vezes, debaixo do seu nariz. Ouça quem está próximo a você – seus funcionários, seus clientes, seus fornecedores e, por que não, a própria concorrência. Vai se surpreender! Acabou o tempo do "gerente avestruz". *É a percepção à flor da pele!*

Princípio nº 8:

Preste atenção até ao que não tem importância.

Um cliente, em mil, está insatisfeito? Atenção! Cuide bem disso, pois este cliente pode se tornar uma grande dor-de-cabeça. Se um cliente propaga uma experiência negativa com o produto de sua empresa os danos podem ser terríveis para a imagem.

Um outro público que merece tanta atenção quanto o cliente é o funcionário. Insatisfeito, pode surpreender e jogar contra o próprio time. Atenção!

Princípio nº 9:
Não faça nada que de nada sirva.

Administre bem o seu tempo e desenvolva o senso de urgência (ou de prioridade) para aquelas coisas que são importantes e merecem a sua atenção. Não perca tempo! Lembre-se do filme Sociedade dos Poetas Mortos e da frase "*Carpe diem*". A dispersão caracteriza os novos tempos e o remédio é disciplina.

Aí estão os nove princípios de Musashi! Releia-os, crie a sua própria interpretação acerca dos princípios e destaque-os para leitura diária.

Pensar a empresa, o desenvolvimento das equipes ou a sua própria carreira profissional à luz destes princípios é o *caminho da estratégia*. As soluções para os problemas estão dentro da própria empresa. Em você e na sua equipe de trabalho. Estrategiar com as armas que lhe são oferecidas pelo guerreiro samurai será, sem sombra de dúvidas, o seu diferencial.

Enfim, é refletir e colocar em prática. Ao seu modo. Mas se isto também não for suficiente, que tal conhecer os sete segredos do líder de sucesso?

Sete Segredos para o Sucesso em Liderança

Durante anos trabalhando com treinamento e desenvolvimento gerencial e conhecendo o caminho da estratégia de Musashi, tive o prazer de observar muitos gerentes que obtiveram êxito na profissão de líder. O desempenho desses gerentes chamou-me a atenção e, estudando tais comportamentos ao longo dos anos, cheguei à conclusão de que eles possuem algo em comum:

Eles são um exemplo transparente. Praticam valores pessoais saudáveis e os integram aos valores da organização. São educados, hábeis e perseguem objetivos claros de carreira e da organização onde trabalham. *Fixam o "tom" para as pessoas pelo exemplo que dão tanto dentro do trabalho quanto fora dele.*

Eles exigem o mesmo dos outros. Visualizam as habilidades e a cultura necessárias para a organização e para o sucesso das pessoas. São hábeis vendedores de mudança organizacional. São impacientes na busca de metas, mas extremamente pacientes para ajudar as pessoas a comprar estas metas. Uma vez formada a massa crítica do processo de mudança, eles exigem e esperam adesão completa a uma nova cultura organizacional. A missão deles é ajudar as pessoas a atingirem o seu pleno potencial.

Eles treinam as pessoas. Para eles todo encontro representa uma oportunidade de treinamento. Alguns são planejados e altamente estruturados. Porém, a maioria acontece nas "oportunidades de momento", projetando maneiras de ajudar as pessoas a ter sucesso em seu trabalho.

Eles focalizam o desempenho. Possuem padrões mensuráveis de desempenho. Eles estabelecem os fatores críticos de sucesso para todos os seus colaboradores e os seguem religiosamente. Tais padrões refletem o desenvolvimento profissional de cada colaborador, dá autonomia para eles e cobra responsabilidade no cumprimento das metas.

Eles atuam como facilitadores. Reconhecem que para alguns membros da equipe o futuro reserva maiores responsabilidades. Eles preparam futuros gerentes para treinar os outros membros da equipe, dando a eles a oportunidade de ampliar suas próprias habilidades através do desenvolvimento de outras pessoas.

Eles implementam um programa de desenvolvimento profissional contínuo. Muitas pessoas dentro da equipe estão contentes com o nível atual de responsabilidades. Gerentes de sucesso não permitem que esta acomodação ocorra. Por isso, estão constantemente "provocando" as pessoas, porque entendem que o crescimento pessoal e profissional é uma longa jornada. Não termina com um programa de treinamento. Consideram um processo vitalício.

Eles repetem, repetem e repetem. Reconhecem nisso uma maneira de obter sucesso através da disciplina e da persistência. Eles ajudam as pessoas a obter sucesso através do treinamento contínuo e pelo exemplo dado.

Observe que estes comportamentos são carregados de bom senso e fáceis de entender, mas muito difíceis de executar. E, com certeza, diferenciam aqueles que querem fazer acontecer daqueles que apenas estão no jogo... Observando... E achando que não dá para praticar!

Acredito profundamente na liderança pelo exemplo. O verdadeiro líder faz, mostra, ensina e começa tudo de novo. É um abnegado na arte de ensinar as pessoas a fazer mais e melhor. Com qualidade, ética, humildade e paixão. Vai além das intenções e sabe que liderança é uma corrida sem linha de chegada. O verdadeiro líder sabe que é um eterno aprendiz e, por isso mesmo, vamos continuar aprendendo um pouco mais sobre liderança.

DNA da Liderança: Indo Além do Perfil de Competências

A discussão sobre o tema liderança no meio acadêmico e empresarial esquentou nos últimos anos. Até o início da década de 90 o assunto era tratado pelas empresas e escolas de administração como um atributo a ser adquirido pelo indivíduo. Um conjunto de habilidades, competências, comportamentos e atitudes, assim como características de personalidade e caráter, ditavam as regras para se traçar o perfil de um bom líder. Nada de errado, pois necessitávamos de referenciais para estabelecer um padrão de liderança. Esses atributos foram estudados e divulgados por escolas, professores e consultores e as empresas passaram a elaborar perfis de liderança com base nesses atributos.

Independente de ser uma empresa de telecomunicações, de petróleo, uma montadora de automóveis, uma lanchonete, uma empresa industrial ou de serviços, se olharmos de perto esses atributos veremos que são muito parecidos e o que os diferencia é o grau de complexidade, seriedade e importância para o negócio que está sendo estudado. Tudo certo! Alinhamento com a missão, com os valores e com os objetivos. Na teoria tudo funciona, mas como conectar esses atributos com os resultados efetivos da empresa? Como eu sei que um líder ao adquirir e praticar um conjunto de atributos de liderança (resultado de um plano de desenvolvimento individual) alcança os resultados esperados pela empresa? Como se dá essa conexão?

Segundo Dave Ulrich (2000) "a liderança eficaz exige atributos e resultados". Os atributos, se bem desenvolvidos, são importantes; se mal desenvolvidos comprometem a eficácia dos líderes. Ainda ele: "Os líderes que exibem atributos sem resultados têm idéias sem substância". É nesse ponto que questionamos os esforços dos profissionais de RH quando elaboram projetos detalhados de mapeamento do perfil competências em liderança, mas com muita dificuldade para vincular esse "mapa de competências" a resultados (ou números) que devem ser, necessariamente, obtidos para validar os esforços e comprovar a eficácia do RH.

Nos programas de desenvolvimento gerencial, os participantes sempre concordam que não apenas os números são importantes, mas também **como** esses números são gerados. Porém, quando perguntados sobre como eles aplicam "valores", e por isso intangíveis, as respostas são ambíguas e passam a retratar a dificuldade que os líderes têm de aplicar, na prática, um conjunto de atributos de liderança, como, por exemplo, hábitos, comportamentos, estilos, habilidades, valores, motivos, caráter etc. De um lado, a pressão para resultados de curto prazo, alegam; e de outro lado, a dificuldade de mensurar o impacto que o seu comportamento tem sobre as equipes de trabalho e, conseqüentemente, sobre o resultado do seu departamento e da organização como um todo. Um grande dilema.

Sem dúvida, tivemos avanços substanciais nos últimos anos no reconhecimento de quais são as competências que o líder precisa ter para obter resultados. O que necessitamos fazer, hoje, é observar aquelas pessoas que obtiveram êxito no difícil papel de líder visionário. O ex-CEO da GE, Jack Welch, afirmava que para assegurar o futuro competitivo da GE gastava cerca de 40% do seu tempo com questões de pessoal. Boa parte disso no desenvolvimento de lideranças da empresa.

A GE é reconhecida como uma das melhores organizações de classe mundial no desenvolvimento de lideranças. Numa reunião com quinhentos executivos mais importantes da empresa, Jack Welch propôs que todos os líderes fossem responsáveis pela **produção dos números** e pela **vivência dos valores**. A maioria dos executivos conhece o significado da "produção dos números" – geração de caixa, rentabilidade e participação de mercado. Todos nós conhecemos bem. A "vivência dos valores" era algo menos claro, intangível. Na busca de fundamentos sólidos para esse conceito ambíguo, os líderes desenharam e aplicaram uma ferramenta pragmática e mensurável chamada *Leadership Effectiveness Survey* – LES (Pesquisa sobre Eficácia de Liderança). Esse inventário sintetiza os valores da GE numa lista de oito categorias, e, em seguida, estipula comportamentos específicos, consistentes com cada valor. O LES atua na GE como um padrão para os líderes de qualquer nível, todos devendo produzir os seus números da "maneira correta".

O sucesso desse trabalho está no fato de que todos os executivos da GE estiveram **comprometidos** com a construção do LES. Um erro muito comum nas empresas é que os líderes dedicam muito pouco tempo à construção de perfis de competência. Se dissermos que os líderes deverão ficar quatro dias de imersão total longe da empresa, logo aparecerão aqueles para dizer: "Como? Eles podem ficar no máximo dois dias, e olhe lá!" Como se a continuidade operacional dependesse totalmente deles. E isso não é verdade, pois sabemos que muitas equipes funcionam melhor sem seus "chefes".

O comprometimento total das lideranças na construção de um processo, seja de planejamento estratégico, de competências ou outro qualquer, deve ser integral, de corpo e alma, sob pena de gastar dinheiro com *workshops*, reuniões infrutíferas e continuar administrando a empresa pelo espelho retrovisor. Assim, muitos processos de desenvolvimento organizacional são fundamentados no presente; desenham a realidade, em detrimento do esforço sempre maior de visualizar o futuro e as competências que deveremos adquirir para continuar à frente das tendências e capazes de inovar continuamente.

Para conectar atributos de liderança e resultados, a chave mestra é o **gerenciamento do desempenho**. Se, de um lado, as empresas definem a sua estratégia, os seus objetivos e as suas metas, de outro é necessário que esse conjunto de intenções seja transferido para o dia-a-dia de todas as pessoas. Somente conseguimos isso desenvolvendo um **processo** que assegure que líderes e liderados estarão orientados para as intenções (estratégia, objetivos e metas) através do gerenciamento pontual do desempenho. Nessa perspectiva, a avaliação de desempenho passa a segundo plano. Na verdade, deixamos de utilizar o termo avaliação e passamos a utilizar o termo **revisão do desempenho**, pois é um processo continuado, associado a objetivos e metas.

As competências (diferenciadoras, básicas, funcionais e comportamentais) servem para garantir o norte da aprendizagem organizacional necessária. O gerenciamento do desempenho visa garantir que as competências se tornem observáveis, mensuráveis e se concretizem na prática.

Ao fazer isso, estaremos abrindo caminho para a **motivação das pessoas** através do reconhecimento tácito de que somente os **desafios**, na forma de objetivos mensuráveis, e de **recompensas** autênticas vinculadas a esses desafios, serão capazes de estabelecer uma cultura diferenciada, onde a mais-valia estará nos corações e mentes das pessoas. Como um DNA corporativo de satisfação, paixão, vontade e competência, impregnados, antes de tudo, em todos os líderes da empresa. Esse é o começo da transformação.

Modificando Comportamentos Gerenciais: Uma Reflexão para os Profissionais de RH

Será que os seminários gerenciais estão realmente provocando as mudanças nas organizações, seguindo o ritmo das transformações do ambiente empresarial? Que justificativas estamos dando para realizar tais programas? Manutenção da ISO? Cumprimento do plano anual de treinamento? Integração gerencial? Melhoria da comunicação interna? Fusões e aquisições? Quantas justificativas podem ser apresentadas para a realização de um programa gerencial? É comum encontrarmos justificativas convincentes, mas os resultados são sempre os mesmos. Diz um dos participantes: "Este seminário foi bom, mas em nossa empresa não funciona!" Ou "Este é o quinto seminário de que participo e as coisas não mudam em nada na empresa". O que vale mais? Descobrir estilos gerenciais? Se participativos ou autoritários? Ou dar um forte sentido de direção através de uma visão, uma missão e de valores compartilhados para alavancar estratégias e objetivos?

No passado, era uma grande descoberta saber se éramos participativos ou autoritários. O que ocorria nesses seminários? Quando alguém que se julgava participativo descobria ser autoritário, jurava mudar o seu estilo de liderança dali para a frente. Porém, a descoberta do estilo de liderança não irá mudar coisa alguma na empresa. A velocidade dos negócios aumentou e precisamos aumentar a capacidade de resposta das nossas equipes gerenciais. Para que isto ocorra é necessária a concentração em um foco, a clara determinação de onde a empresa quer chegar: ser a maior, ser a melhor, global, local etc. É mais uma questão de orientação, determinação, vontade, confiança, desejo e integridade, e menos de estilo gerencial. É a integridade pessoal de todos os funcionários que irá formar a integridade corporativa. E esta tem um valor inestimável.

Quando uma empresa define claramente a sua *visão*, a sua *missão* e os seus *valores* de forma compartilhada e autêntica, consegue harmonizar as suas relações com empregados, fornecedores, clientes e o meio ambiente que a cerca. Esta declaração de princípios é a *carta de navegação* da empresa para enfrentar as transformações do mercado.

Vejo consultores dizendo que estabelecer visão, missão e valores empresariais é coisa de "gente grande", de empresas grandes, mas não é. Para as pequenas e médias empresas é mais fácil e, por serem menores, são mais rápidas para se movimentar no mercado. Podemos ter 5 ou 100 mil empregados, a fórmula é a mesma.

Muitos dos problemas de uma empresa são causados pela liderança, ao não fornecer um direcionamento para os funcionários. Nunca reconhecemos que a liderança pode falhar. É mais prático atribuir a causa dos problemas a ruídos de comunicação, a desmotivação dos funcionários e a falta de integração e cooperação entre departamentos. Empresas vencedoras que têm como um de seus principais valores a transparência, obtém êxito nos seus esforços de integração. A autenticidade e a verdade são o melhor caminho para obter relações harmônicas e saudáveis na empresa. Sempre falamos de liderança com grande ênfase no conhecimento técnico, em habilidades administrativas, como planejar, organizar, dirigir e controlar e no comportamento gerencial, como algo mecânico tipo "aperte o botão" e torça para que a luz verde do estilo participativo acenda.

Estamos numa época onde o desafio da liderança é equilibrar as necessidades pessoais e profissionais num ambiente cada vez mais complexo. É esse o cenário que o líder tem pela frente. Subordinados de "pavio curto", pouco dispostos a ouvir coisas como: "manda quem pode, obedece quem tem juízo". *Prefiro ganhar menos, que ouvir coisas desse tipo!* Se não têm coragem, entram no mundo do "faz-de-conta" e tornam-se zumbis organizacionais. "*Eu não ouço, eu não vejo, eu não falo.*" Vamos pedir o comprometimento com resultados para estas pessoas? Como!?

Líderes como conhecemos hoje, com o poder do cargo, são uma espécie em extinção. Cada vez mais falaremos em times e competências. *Aqueles que desejam se tornar verdadeiros líderes deverão criar em suas cabeças um diretório chamado liderança, cujos arquivos conterão atitudes positivas, bom humor, integridade, espírito de equipe, criatividade, caráter, determinação, bondade, honestidade e humildade.* É interessante notar como os anúncios de emprego buscam pessoas com os atributos maravilhosos citados anteriormente. O fato é que, na maioria das vezes, contratamos um profissional de primeira linha e jogamos dentro de um aquário de "participativos e autoritários à moda antiga". Resultado!? Imagine!...

Você pode ser um excelente profissional técnico e conhecer tudo sobre a sua área de trabalho, mas, como já disse anteriormente, se não desenvolver habilidades no trato com pessoas, corre o risco de frustrar-se imensamente e não obter os resultados que espera das equipes. Se hoje contratamos um *personal training* para cuidar do nosso condicionamento físico e pagamos sessões de yoga para aliviar o estresse, por que não contratar um *personal training leader*? Nos programas de treinamento e desenvolvimento gerencial que costumo desenvolver sempre observo uma queixa geral dos participantes. Eles alegam duas coisas: a primeira, é que o programa foi muito bom, mas os chefes deles deveriam estar presentes; e a segunda, afirmam que é muito difícil colocar em prática tudo aquilo que viram no programa, porque a empresa não incentiva um novo comportamento. Tudo bem! Agora, vem a pergunta: *O que você pode fazer dentro de seus "limites" de autoridade e responsabilidade para promover as mudanças sugeridas pelo treinamento?* Vamos refletir juntos... Existem regras estabelecidas pela empresa que dizem que você *não* pode:

- Elogiar honestamente?
- Criar mecanismos de comunicação para a sua equipe de trabalho?
- Estimular as pessoas informando-as sobre tudo o que ocorre na empresa?

- Criar recompensas não-financeiras para reconhecer os esforços das pessoas?

Ser líder é um desafio porque está deixando de ser um atributo de experiência, de Q.I. e de competência técnica, para ser um atributo tão insustentável quanto a leveza do Ser... Humano. Pense nisso!

Um Breve Caso de Desenvolvimento Gerencial

A empresa

Tecnologia da Informação com aproximadamente mil colaboradores e faturamento anual de 134 milhões de dólares em 2000. Ela recebeu o prêmio de melhor empresa do setor de Informática do anuário Valor 1000, baseado em critérios de desempenho desenvolvidos pela Fundação Getúlio Vargas. Por questões éticas e de sigilo, optamos por não revelar o nome da empresa.

A situação

Um novo diretor assume o comando de uma unidade de negócio com aproximadamente 400 colaboradores e depara-se com os seguintes problemas:

- Acomodação e desmotivação da equipe gerencial repercutindo fortemente no ânimo das equipes de trabalho.

- Feudos formados dificultavam a interação entre departamentos da própria diretoria. Conflitos latentes entre líderes e equipes.

- Não havia recompensa pelo alcance dos objetivos e metas da diretoria. As cobranças de resultados eram amenizadas para abafar os conflitos existentes. A ênfase estava na manutenção do *status quo* dos gerentes.

- Baixa produtividade das equipes comerciais, agravada pelo conflito existente com as equipes de consultores técnicos. Deveriam atuar em conjunto para atender as expectativas do mercado e dos clientes.

O diagnóstico

Desenvolver a equipe gerencial e de supervisão, para:

- promover a integração sistêmica;
- reduzir conflitos existentes;
- harmonizar as relações entre os departamentos;
- definir responsabilidades de todos os envolvidos;
- promover a aquisição de novas competências comportamentais.

A estratégia inicial

Intervenção de uma terceira parte – a consultoria – para quebrar as resistências naturais ao processo de mudança. Para tanto, foi aplicada a avaliação 360 graus para todos os gerentes e supervisores da diretoria, com o objetivo de conhecer os pontos fortes e fracos da equipe gerencial, assim como identificar as competências que deveriam ser objeto de treinamento e desenvolvimento.

O que foi feito (as grandes etapas)

- Aplicação de inventários de *feedback* 360 graus.
- Tabulação, análise dos relatórios e *feedback* individual.
- *Feedback* coletivo com realização de *workshop*.
- Elaboração e execução do plano de T&D gerencial com foco nas competências que necessitavam de melhoria.
- Criação e veiculação de *newsletter* eletrônica para suporte informacional ao processo de adoção de novos comportamentos e reforço pós-eventos de treinamento.

- Vinculação do sistema de gerenciamento de desempenho aos objetivos financeiros de cada gerência/supervisão.
- Implantação do processo de democratização das metas e resultados através do "gestão à vista". (Quadro mural em pontos estratégicos nas instalações da diretoria.)
- *Coaching* individual.
- Desenvolvimento das equipes (líder e seus liderados e entre equipes para promover a integração e a motivação pelo trabalho significativo).
- Reaplicação de inventários após 1 ano.

Resultados e evidências

- Melhoria das relações profissionais no ambiente de trabalho.
- Maior integração funcional.
- Lideranças mais conscientes do papel profissional de facilitadores das mudanças organizacionais.
- Modificações individuais de comportamento (plano pessoal).
- Novo organograma da diretoria.
- Consultores técnicos formados em visão mercadológica.
- Equipes de vendas preparadas para uma abordagem eficaz ao mercado.
- Objetivos e metas amplamente divulgados no ambiente de trabalho aumentou a responsabilidade de todos sobre os resultados.
- Resultados financeiros mais saudáveis após 1 ano de trabalho, se comparados aos do mesmo período anterior.

Capítulo

3

MOTIVAÇÃO:
Empresas Entram no PIC* para Ganhar

"Se tem trabalho sem preocupações, então não tem trabalho."
Malcolm S. Forbes – *editor da revista Forbes*

Manter a motivação em alta não é fácil e exige a mesma atenção que damos ao caixa da empresa.

---

* PIC – Programa de Integração e Comprometimento.

Você Viu a Motivação por Aí? Encontre-a!

Seminários, palestras e cursos, isoladamente, não motivam ninguém. O máximo que fazem é criar um "amortecedor" temporário nas pessoas e aliviar as chefias da responsabilidade de incentivar e reforçar continuamente o comportamento positivo no dia-a-dia de trabalho.

A motivação é um processo, não um evento isolado onde se aperta um botão e pronto... O funcionário está motivado. Nas empresas é comum alguém solicitar um "curso de motivação", como se durante 4, 8 ou 16 horas todos os problemas se resolvessem. Lembro também do atendimento ao cliente... Quantas vezes já ouvimos a frase: "Precisamos de um treinamento de atendimento!" E compra-se um curso de motivação e atendimento com direito a música sertaneja, axé music, nova era, malabarismos em sala de aula, historinhas emocionais de fazer chorar, hipnotismos e tantas outras peripécias que ajudam as pessoas a aliviarem as pressões do trabalho, do chefe, do cliente (aquele chato que só reclama) e do colega ao lado (que dizem que é meu cliente interno!). "O curso foi bom, distraí minha cabeça e fui para casa cheio de idéias para cuidar da minha empregabilidade, pois descobri, no curso, o quanto a empresa está longe de acertar o passo."

Motivação é conseqüência, não causa. A falta de motivação está em algum lugar da empresa. Pode estar na estrutura organizacional, pode estar nos processos de trabalho. Não são sorrisos que encantam, mas processos bem desenhados e orientados para a satisfação dos clientes (internos e externos). A burocracia, fruto de uma liderança inconseqüente, é uma ducha de água fria na motivação.

Será que a falta de motivação na empresa está na apatia da liderança? Provavelmente toquei num ponto importante! É na liderança que a motivação pode estar escondida. Tá bom! você diz: Mas nossos chefes sempre estão fazendo cursos de aperfeiçoamento de liderança, são reciclados e atualizados todos os anos. Ótimo, é superimportante, mas... Você viu a motivação por aí? Quando uma pessoa é contratada para trabalhar numa empresa, ela entra naturalmente motivada, disposta a contribuir, a rezar o terço da organização e com grandes expectativas de crescer com a empresa. O que faz com que estas pessoas se desmotivem com o passar do tempo? Três coisas:

Primeiro, a falta de perspectiva de futuro, a rotina do trabalho, a falta de reconhecimento pelo trabalho bem feito e, até mesmo, a falta de conhecimento da empresa onde trabalha. Quantas empresas fazem um bom endomarketing de seus "produtos" e "serviços", da sua imagem para os seus funcionários, de suas políticas de RH, da sua missão e de seus valores? Pouquíssimas!!! Se a sua empresa não faz, o que está esperando? Mostre para todos os funcionários que o RH tem "produtos e serviços" muito bons e competitivos. Agora, se não tem, são pobres ou fracos, está na hora de pensar seriamente na contribuição que o RH vem dando para a organização. A coisa é séria! Não existe fidelidade a empresas e empregos. No mercado atual, caracterizado por novas empresas e novos negócios, existem excelentes oportunidades e desafios que muitos profissionais não querem perder. Seja como funcionário de uma nova empresa ou mesmo como dono de seu próprio nariz empreendedor.

O segundo motivo que leva à desmotivação na empresa são os processos de trabalho. Por mais boa vontade e competência que um indivíduo possa ter, ninguém agüenta um processo de trabalho caduco, burocrático ou desenvolvido para atender os prazeres do chefe. "Ah! Nós sempre fizemos assim... por que mudar?" Ao revisar fluxos operacionais, tenha em mente que o mercado-cliente é quem dita as regras do jogo comercial. Portanto, inicie o processo de fora para dentro, das expectativas, desejos e satisfações do cliente até a burocracia interna. Você vai descobrir que tem muita coisa na empresa que não faz o menor sentido. Muitas surpresas ao longo do caminho.

O terceiro motivo pode ser tragicômico. O Chefe! Vive pressionado por resultados e ainda tem que ouvir essa?! Mas é isso mesmo! Nos primeiros dias de trabalho do novo funcionário, aquele sorriso largo do chefe. "Bem-vindo!" E algum tempo depois, eis que o novo funcionário é engolido pelo sistema do "urgente" em detrimento do "importante". Você apresenta um desempenho superior e o chefe agradece. Na segunda vez, um agradecimento "inaudível". Na terceira, olha com espanto, às vezes sente-se ameaçado... e nada. Na quarta, nem dá bola – entrou na rotina. Lá se vai a motivação do novo empregado! Ela escondeu-se de novo. Onde está a motivação?

O endereço da motivação perdida, quase sempre, está na liderança. O que observo na prática é que temos boas pessoas em papéis de chefes, mas lhes faltam instrumentos que tornem o ato de liderar algo palpável, mensurável, tangível e agradável. As pessoas desejam ser reconhecidas, valorizadas e recompensadas pelo que fazem. Os chefes também. E isto somente ocorre quando colocamos desafios para o subordinado, acompanhado do reconhecimento instantâneo e autêntico. Do tipo *bateu-levou*. Assisti a uma palestra do tranqüilo Oscar Motomura, onde ele contou a seguinte história: Ele esteve com o físico Arno Penzias – Prêmio Nobel – e lhe fez a seguinte pergunta: Como é liderar uma equipe de aproximadamente 3 mil cientistas brilhantes espalhados por vários países? Como motivar estes cientistas? "Simples!" – disse ele! – "Está vendo este armário? Está cheio de brindes, como camisetas, chocolates, bombons, *pins*, *botons* e pequenas lembranças. É assim que reconheço o trabalho dessas pessoas. Dando-lhes presentes de pequeno valor financeiro e de grande valor sentimental." Simples!

Quer motivar as pessoas? Ofereça-lhes desafios e desenvolva programas de reconhecimento instantâneo como, por exemplo, brindes, ingressos para teatro, futebol, um dia de folga, um mês de estacionamento grátis etc. São muitas e simples as maneiras de reconhecer e valorizar o comportamento positivo dos funcionários. Mas, lembre-se, não se trata de uma campanha. Portanto, elabore o seu projeto e treine as chefias para utilizá-lo de forma justa e honesta. É só aguardar os resultados positivos.

Programas gerenciais são válidos, importantes e dão solidez à cultura organizacional, mas é no dia-a-dia que as pessoas, líderes ou não, demonstram as suas habilidades, o seu conhecimento e, principalmente, atitudes vencedoras e motivadas. O desafio da liderança é *reforçar continuamente* os comportamentos e as atitudes positivas dos funcionários. É mostrar para eles que o trabalho que realizam é importante para a empresa, dando significado e valor para as realizações de todos eles. Acredito na motivação das pessoas pelo desafio que o trabalho pode significar e pela valorização das contribuições individuais em prol do coletivo. Manter a motivação em alta não é fácil e exige a mesma atenção que damos ao caixa da empresa.

E agora, depois de tudo isso, achou a motivação na sua empresa? Ela está aí. Encontre-a! Não encontrou? Que tal conhecer por dentro um pouco do trabalho realizado por uma grande "sanduicheria" de sucesso, criada em 1955, e que nunca viu uma crise nos seus negócios em toda a sua existência?! É a maior rede do mundo, com mais de 30 mil restaurantes distribuídos por 121 países e serve diariamente a 46 milhões de pessoas. Uma loja é inaugurada a cada quatro horas em algum dos países e seu faturamento mundial em 2001 atingiu a marca de US$ 40,6 bilhões. Esse é o *McDonald's*.

MacJob: Motivando pela Valorização do Trabalho

Não é história da carochinha e provavelmente você já viu esse filme antes: Reunião na empresa às 9 horas para informar aos funcionários da necessidade de reduzir custos. "Os custos fixos estão altos e os resultados estão aquém do esperado" – diz o Diretor. Setenta por cento dos funcionários são trabalhadores de carteira. Portanto, longe da linha de frente, do calor do mercado e do contato com clientes. E a reunião se desenrola com pedidos de sugestões para os funcionários. Agora, as contas da empresa estão abertas para todos. Penso: Quando as coisas vão bem, estão todos felizes tocando os seus trabalhos e cuidando de sua "vaquinha leiteira". Mas quando as coisas esquentam... caem as vendas, cai o faturamento, é hora de democratizar as preocupações da empresa.

Todos são solicitados a dar sugestões para reduzir custos ou... (aquilo que já esperávamos) "teremos que reduzir pessoal". E agora? Pensa o motorista: Mas eu costumo economizar combustível nos meus trajetos, uso o mesmo copinho descartável o dia inteiro! Onde posso economizar mais? A secretária, já cortou as ligações a cobrar, a linha 0800 foi suspensa temporariamente por ordem da diretoria, um especialista em burocracia se antecipou e levantou o dedo para dar uma sugestão: Olha! Tenho uma boa sugestão: Vamos, a partir de agora, emitir uma OS (ordem de serviço) com controle alfanumérico para cada trabalho realizado. E deve ser sempre aprovado pela diretoria. Criaremos um *carimbinho* de "aprovado"... Instala-se um clima de tensão, medo e ansiedade. Maior conseqüência: produtividade em queda por causa da baixa energia das pessoas que estarão cansadas e estressadas com as preocupações provocadas pela situação indesejada. Resultado: não conseguiremos economizar aquilo que esperávamos. Não é com a redução de copinhos de café, água, de papel, de xerox, de táxis, de telefones ou outras despesas fixas e variáveis que os resultados serão surpreendentes, garantindo a manutenção dos empregos e, conseqüentemente, a sobrevivência da empresa. São medidas pífias e assemelham-se mais a repelente de baratas. Quanto mais usamos, mais resistentes tornam-se as pragas e menos eficazes são os efeitos. E a praga no trabalho é a acomodação, a resistência à inovação e o apego às coisas que deram certo no passado. Talvez aí tenhamos encontrado o foco do problema! Por que não prevenir, aproveitando as épocas boas para investir naquilo que é realmente importante para a evolução dos negócios?

Gosto da maneira como trabalha a lanchonete *McDonald's*. Produto pronto, entregue no ato da compra, um processo de trabalho uniforme, devolução do dinheiro no caso do pedido estar em desacordo com o desejo do consumidor, boa aparência, atendimento rápido e excelente. Quantos atributos para um simples sanduíche! O cliente sabe que se ele comprar um *BigMac* hoje, poderá comprá-lo amanhã com o mesmo sabor, no mesmo tempo de atendimento e com o mesmo preço, regularmente. Chamamos a isto de padrão de trabalho. Qualidade, tempo e custo são os parâmetros de sucesso do *McDonald's*. Constância e disponibilidade complementam o sucesso do empreendimento. As inovações constantes em sanduíches e sobremesas reforçam a presença da marca e a freqüência dos consumidores sempre ávidos por novidades.

O termo ***MacJob*** é uma idéia baseada no padrão de trabalho do *McDonald's*. Um empreendimento global, solidamente estabelecido e de sucesso incontestável. As melhores práticas de mercado devem ser, sempre, objeto de discussão e aprendizagem porque economizam tempo, dinheiro e ajudam a desviar-se dos tortuosos caminhos das experiências de tentativa e erro. Qualquer empresa pode ter um modelo *MacJob* de serviços? Sim. E quais são estas características?

1ª) Simplicidade – Os processos de trabalho são desenvolvidos de forma a privilegiar a satisfação de consumidores e clientes. Políticas internas são esgotadas no sentido de entender os desejos de consumidores e criar produtos e serviços que estejam alinhados com estes desejos. Todos, na empresa, conhecem os processos de trabalho e estão sempre alerta para simplificá-los em prol da satisfação de consumidores e clientes. Os funcionários demonstram saber claramente a importância de seu trabalho para a satisfação do cliente. Procedimentos simples, mas de alto impacto na satisfação dos clientes.

2ª) Bom senso – Fazer o óbvio. Como você espera ser atendido se estiver no lugar do consumidor? Você compraria um produto da empresa onde trabalha? Qual a percepção que o mercado ou cliente tem de você? Da sua imagem interna ou externa? Todos os funcionários do *McDonald's* gostam de trabalhar nas lojas e são, antes de tudo, apaixonados pelo sanduíche. Uma pesquisa na empresa pode revelar o grau de bom senso e boa vontade existente no que diz respeito a normas, políticas, procedimentos, valores, imagem, produtos e serviços. É um bom começo verificar a saúde interna da organização e ver se a empresa tem bom senso corporativo! A pesquisa da Revista Exame feita em parceria com o Instituto The Great Place to Work – As melhores empresas para trabalhar – é um bom referencial de *benchmark* para avaliar como está a sua empresa. Você pode obter todas as informações sobre esta pesquisa no *site* da Revista Exame e verificar ao final desse livro qual o segredo das empresas que figuram como melhor lugar para trabalhar.

3ª) Disponibilidade – O seu produto está disponível a qualquer tempo para o público consumidor? É comum se observar em supermercados que para determinados produtos não existe regularidade de reposição. Neste caso, você é obrigado a escolher uma outra marca em detrimento daquela que satisfazia a sua necessidade. Corre-se o risco de perder um cliente de anos. Em gestão de RH, significa disponibilizar o arsenal de ferramentas e metodologias de desenvolvimento para os funcionários e, principalmente, nas mãos das lideranças. Não ouvimos sempre nos seminários que todo gerente é um gestor de pessoas?

4ª) Constância – No caso do *McDonald's* o sabor do produto é sempre o mesmo. Porém, agregado ao fator atendimento. Sou sempre bem atendido e já espero, de antemão, que o comportamento se repita. Seu produto mantém regularmente as características prometidas em sua comunicação com o mercado? Embalagem, cheiro, sabor, atendimento, prazo, preço, entrega etc. Para o pessoal de recursos humanos, o princípio é o mesmo. Regularidade e bom senso nas políticas, entrega dos serviços demandados pelo cliente interno com respeito, ética, responsabilidade e competência.

Se você não gosta de *BigMac*, perdoe-me; mas é um bom exemplo para caracterizar o modelo ***MacJob*** de trabalho. Simplicidade através de processos não burocráticos e orientados para resultados e consumidores. Direto no atendimento, rápido e eficaz no trabalho operacional. Certa vez o *McDonald's* lançou uma campanha de atendimento 45 segundos. Se o atendimento passasse desse tempo o consumidor ganhava um *McCookie* (um saboroso biscoitinho). Isto é garantia de serviços.

"Mas eu produzo geladeiras!" Não tem problema! Os produtos, hoje, por si sós, não garantem receitas. As empresas estão descobrindo que as margens de rentabilidade e lucratividade estão vindo dos serviços agregados ao produto. Veja o caso dos Elevadores Otis, por exemplo: dois terços da receita são provenientes de serviços de manutenção. A General Electric obtém bilhões em receitas com os serviços prestados à sua imensa base instalada de equipamentos industriais – sistemas médicos, turbinas de avião, sistemas de geração de eletricidade, locomotivas. Quer um exemplo mais próximo do cotidiano? Empresas de telefonia celular, onde os maiores ganhos estão nos serviços prestados. O telefone? Sai como brinde. Ou quase isso!

MacJob pode significar injeção de ânimo e motivação dos empregados através da valorização do trabalho. O trabalho é organizado em processos, existe uma estratégia de RH orientada para a valorização das competências, as pessoas sabem o que devem fazer, sabem da importância do trabalho delas para a empresa, possuem um sentido de missão, incorporam valores legitimados e praticados pela liderança da empresa, sabem das conseqüências positivas ou negativas de seu desempenho na satisfação dos consumidores e clientes internos e externos, a comunicação flui regularmente (sejam boas ou más) e a cultura de treinamento contínuo é enraizado no dia-a-dia da empresa.

Organizar uma empresa com base nas características citadas anteriormente não é difícil. O difícil é superar a resistência a mudanças nos níveis intermediários de chefia. É neste ponto que se encontram os maiores focos de resistência às inovações na empresa. No final deste capítulo, descrevemos um roteiro básico de intervenção numa empresa para transformar o ambiente de trabalho e motivar as pessoas. Motivação não se compra, conquista-se com transparência e confiança. A única coisa que uma empresa pode fazer é criar as condições internas para que estas pessoas se sintam motivadas e comprometidas autenticamente para contribuir mais e melhor.

Lembra que falei da vaquinha leiteira? Em marketing, são aqueles produtos ou serviços que você vende, mas já estão com os dias contados. É o caso do fotolito – vamos mudar de exemplo para não dar indigestão com tanto sanduíche. Fotolito é um filme utilizado para imprimir revistas, prospectos, cartões de visita e tantos outros trabalhos gráficos. É um produto que está com a sua vida útil em declínio. Existem muitos fornecedores, seu preço caiu assustadoramente, mas para muitas empresas ainda é fonte de receita, dá para ganhar um bom dinheirinho ainda pelo volume, mas tende a decrescer ao longo do tempo. Estão sendo substituídos por impressoras com softwares, que imprimem direto no papel sem necessidade deste filme. É uma questão de tempo.

Para empresas e nossas vidas pessoais, a vaquinha leiteira conta a sua história: Uma família pobre, que morava em uma pequena fazenda, tirava o seu sustento de uma vaquinha. Trocavam ou vendiam o leite por outros alimentos para suprir necessidades. Um dia, a família recebeu a visita de um monge e seu aprendiz Gafanhoto. Após conversar e observar o *modus vivendi* desta humilde família, o mestre retirou-se para as colinas. Chegando lá, ordenou a Gafanhoto que fosse até a fazenda e empurrasse a vaquinha ribanceira abaixo. Retrucou o aprendiz: – Mestre!!! A vaquinha é a única fonte de sustento daquela humilde família! Por quê? – O Mestre olhou para ele e disse: – Vá! Gafanhoto, desorientado, cumpriu a tarefa e eles foram embora.

Passados alguns anos, o Mestre e seu aprendiz retornam à fazenda e se deparam com um cenário totalmente diferente daquele que viram da última vez. Uma fazenda bem cuidada, uma casa grande, bonita, crianças sorridentes brincando na varanda, automóveis na garagem. Intrigado, pensando que aquela família tinha ido embora ou não tinha sobrevivido ao ato que ele mesmo praticou, Gafanhoto aproximou-se e perguntou a um senhor sentado na varanda: – Bom-dia, Senhor! O que aconteceu com a família que morava aqui há alguns anos? O Senhor levantou-se e cordialmente respondeu: "Somos nós mesmos, meu jovem. Depois que a nossa vaquinha morreu, tivemos que buscar outras maneiras de trabalhar para sobreviver. Descobrimos que sabíamos fazer muito mais coisas do que simplesmente ordenhar uma vaquinha".

Qual a moral da história?! Você entendeu! Lembrei-me desta história na reunião da diretoria. Olhei para os rostos de todos aqueles que participavam da reunião e imaginei o que se passava em suas cabeças. Todos têm suas vaquinhas! O que poderiam fazer para não ter que esperar que alguém, e não eles mesmos, empurrasse suas vaquinhas precipício abaixo? Quantas empresas constroem seus trabalhos em cima de uma vaquinha e, de uma hora para outra, sem esperar, alguém de fora (geralmente o cliente) dá um empurrão e lá se vai a vaquinha leiteira. Começar de novo!

Estamos na época do ***MacJob***. Trabalhos pontuais, padronizados com base em valores humanos, políticas sólidas e processos enxutos, orientados para resultados e para a satisfação das necessidades de consumidores e clientes. Quando você trabalha com foco e um sentido de missão, sente-se motivado e comprometido.

As empresas modernas trabalham com grupos interdisciplinares e por projetos. Unem-se para desenvolver projetos específicos e, quando terminam, estão mais fortalecidas, mais competentes e prontas para mais um ***MacJob***. Em tempos de parceria, é comum observar-se profissionais autônomos e empresas unirem competências para desenvolver projetos. Após a empreitada, se dissolvem ou compõem-se em novos projetos. Os ganhos são claros, os limites de responsabilidade estão vinculados às competências e às tarefas a serem feitas. A tendência é que todos entrem e saiam satisfeitos dessas relações.

Oferecer desafios que estejam acima da capacidade das pessoas é a melhor forma de motivá-las. Empresas que estão desenvolvendo projetos que visam a integração e o comprometimento dos funcionários merecem nota 10, porque é o único caminho para a produtividade e para a qualidade sem fronteiras.

Atualmente, nas empresas, precisamos de doses extras de pessoas competentes, integradas, confiantes, criativas e ágeis para surpreender a concorrência, os consumidores e os clientes. Sem desafios as pessoas ficam preguiçosas no pensar e no agir, além de acomodadas. Uma doença mortal para os negócios. Essa é uma das maiores responsabilidades das lideranças e dos profissionais de RH: remover barreiras emocionais que impedem o comprometimento autêntico das pessoas nas organizações.

Blindagem Emocional: Profissionais e Empresas na UTI

"O mercado está difícil!" "Existem muitos concorrentes no segmento." "Nossos vendedores estão com o moral baixo." "Nossos produtos estão envelhecendo." "Nossos funcionários estão refratários aos apelos de produtividade." "Os clientes estão fugindo." "Os melhores funcionários estão saindo da empresa." "O clima está esquisito." Estas são reações comuns nos dias de hoje. Comentários no corredor da empresa, nos banheiros e nas rodinhas de café vão dando forma e conteúdo, sinistros, para a saúde da empresa. Se a saúde de uma empresa é formada, dentre outros fatores, pela saúde mental de seus executivos e funcionários, ela está em apuros.

Tudo começa com os processos de mudança anunciados pelas empresas, em resposta às reações de mercado. A palavra da moda é realinhamento organizacional. Realinhamento de custos, de lucros, de portfólio de produtos, de objetivos, de estrutura, de produção etc. etc. etc. Tais planos, muitas vezes inconseqüentes pela pressão de resultados, fazem mais mal do que bem para a saúde da organização. Esses realinhamentos são muito interessantes, porque focam nos custos e, em nome deles, vão sendo cortados pele, carne e osso. Afinal, ainda é mais fácil dar um corte linear de 20% no "recurso humano", do que chamar todo mundo para inovar e criar diante das circunstâncias adversas. Surge o paradoxo: Queremos ganhar mercado e continuar no jogo dos negócios, mas não podemos investir nas pessoas, no talento e na diferenciação.

Rondando as empresas, vejo o paradoxo e fico a pensar na tamanha incoerência entre o discurso e a prática. Como é difícil colocar o assunto gente nas decisões importantes da empresa! Por que será? Por mais que se invista em treinamento, comunicação interna, programas motivacionais e outros artifícios, sempre, sempre, do ponto de vista do funcionário, fica aquela dúvida, aquele cheirinho de queimado... Será!? Mas, eu já vi isso na última empresa que trabalhei! Esses comentários, de pé de ouvido, são fatais para a saúde das pessoas e empresas. A contaminação é direta e fatal. Se não mata, aleija para o resto da vida profissional. Quer ver como funciona?

A empresa Sonic Telecom (inventada pelo autor, mas a história é real), na iminência de ver a sua participação de mercado reduzida pela entrada de um novo concorrente, resolve transformar seus analistas de carteirinha em consultores comerciais. Objetivo: aumentar a força de vendas, tirando o pessoal do escritório. Plano de Ação: Treinamento em formação de consultores e de produto, definição de um novo portfólio de produtos, um banho de informações de mercado, contratação de um GERENTE de vendas, criação de uma tabela de comissões e premiação, definição de uma nova estrutura organizacional. Enfim, tudo para dar certo! Deu? Mais ou menos, ou mais para menos. Dificuldades? Vamos lá!

- O RH não tinha salário para pagar o perfil do gerente de vendas desejado pelo "cliente interno".

- A nova estrutura organizacional proposta dependia da aprovação da matriz fora do Brasil (um processo lento).

- Havia resistências por parte dos supervisores que não queriam entregar seus filhos, digo, "produtos", nas mãos de "consultores comerciais", pois foram criados por eles e somente eles saberiam vender.

- Dos analistas, ainda havia um *iceberg* de resistências. Afinal, deixar as mesas e se expor em apresentações profissionais no mercado não era bem aquilo que eles desejavam para suas carreiras. "Eu só sei lidar com processos e sistemas e me dou muito bem com uma telinha na minha frente." Como o plano previa a fusão de áreas técnicas para uma atuação conjunta, as reuniões de integração pareciam feiras livres.

Muitos dos comportamentos observados revelavam que as pessoas tinham colocado uma blindagem emocional para evitar frustrações. Tornando-se refratárias, sofreriam menos. Não há plano de mudanças que funcione com pessoas que não acreditam. Isso é passado de empresa para empresa, de emprego para emprego.

Se você quer saber como terminou... Não terminou. O plano começou com uma previsão de três meses para operação. Passaram-se oito meses, foi dada uma solução interna para o gerente de vendas, a integração do portfólio de produtos foi feita com 70% de sua capacidade e o pessoal foi bater na porta das empresas, elegantemente chamadas de "Key-Acount", para vender seus produtos. Alguns conseguiram obter êxito, mas com suor e lágrimas.

O custo de uma mudança organizacional é alto. Para obter sucesso, 80% é atitude e 20% é metodologia. Que digam os consultores motivacionais!

O maior desafio das empresas está relacionado com a integração entre departamentos, a remoção das barreiras físicas e, principalmente, emocionais através de ampla ação intravenosa no corpo e na alma da organização. Eu, particularmente, acredito que um processo de mudança, para ser bem-sucedido, deve atender a alguns requisitos básicos, porém já conhecidos por todos, como:

- Comprometimento da Direção.
- Um forte sentido de visão, missão e valores.
- Lideranças intermediárias competentes (ponto crítico!).
- Metodologia.

Eu reforço, nessa receita, a questão dos valores (ética, responsabilidade, personalidade e transparência), de uma FORTE metodologia planejada e adiciono a questão do reconhecimento e da recompensa como fator fundamental para remover a blindagem emocional das pessoas.

Adiciono, também, um plano de comunicação interna e endomarketing, porque sei que muitas empresas fazem isso muito mal. Milhões de reais são gastos em planos de marketing e alguns centavos para convencer seus próprios funcionários de que o produto que eles vendem é bom.

Paradoxo, paradigma... Não importa. Se consumidores e clientes não compram os produtos da empresa, ela deixa de existir. A empresa vive em função do mercado e a regra geral é: Todos os funcionários devem respirar o marketing da empresa. Saber quem são seus clientes e quem são seus concorrentes, conhecer profundamente os produtos da empresa, saber quais são as "regras do jogo" internas, na empresa, e externas, no ambiente. Saber que eles constroem a marca, a identidade e a reputação empresarial. Saber que estão todos no mesmo barco. Dos acionistas aos mais humildes funcionários. Esse sentido de missão e mobilização é necessário para motivar as pessoas.

É tão óbvio que as empresas não dão a devida atenção e continuam esbarrando na blindagem emocional das pessoas. Invisível, sorrateira e mortal para a criatividade e a inovação nas empresas. Duas competências raríssimas!

Desenvolvendo um Programa de Integração e Comprometimento – PIC

É necessário um bom motivo para desenvolver e implementar um projeto de integração e comprometimento. Se descobrirmos, simplesmente, que precisamos de um plano de motivação para os funcionários e partirmos para fazer um programa de treinamento, "daremos com os burros n'água".

Nossos argumentos de "campanha" para um programa desta natureza devem estar vinculados a quatro grandes objetivos de marketing:

- Aumentar a participação de mercado.
- Aumentar a lucratividade.
- Conquistar a fidelidade dos clientes.
- Conquistar novos consumidores e transformá-los em clientes.

Quaisquer outros objetivos serão difíceis de mensurar e pouco eficazes no convencimento dos funcionários.

A seguir descrevemos, com autorização da Associação dos Dirigentes de Vendas do Brasil – ADVB – dois casos premiados com o Top de Marketing. Um ocorrido no ano de 1999 e o outro em 2000. No primeiro caso, a empresa é a Tess – Telefonia Celular, de Curitiba, que desenvolveu uma campanha interna para alavancar as suas vendas. Os resultados apresentados foram animadores. No segundo caso, apresentamos o Bradesco que, mesmo sem oferecer prêmios ou qualquer tipo de incentivo material aos seus funcionários, conseguiu a adesão para seu planejamento de melhoria do atendimento, através da campanha "BOA", que está inserida na estratégia de ampliação de negócios do banco.

Case – Tempo de Conquista: Tess – Telefonia Celular Top de Marketing 1999

Tess investe em campanha e integra funcionários na busca de novos clientes

Logo após vencer a concorrência para a prestação de serviços de telefonia móvel 100% digital para o interior e o litoral do Estado de São Paulo, a Tess passou a formar imediatamente suas equipes operacionais, com o objetivo de ocupar seu território e implantar seus serviços até o dia 1º de dezembro de 1998.

Feito isso, revelou-se a necessidade de definir e expressar uma perspectiva comum, que coordenasse o funcionamento das partes. O desafio era criar mecanismos de mobilização e integração que revertessem esse quadro, promovendo a articulação de toda a empresa em torno de seu principal objetivo – vender.

Assim, ainda no final de 1998, a direção da Tess determinou a criação da campanha "Conquistadores Tess", a partir de duas premissas. A primeira previa o estabelecimento claro de uma voz de comando, mobilizando cada funcionário e criando uma unidade orgânica entre todas as áreas e departamentos. A segunda, considerada chave para a consecução dos objetivos estratégicos, previa a definição de uma cultura de empresa voltada para o mercado, consolidada por meio de posturas e ações coerentes com esta vocação.

Dia diferente

No dia 20 de janeiro, ao chegarem à empresa, os funcionários logo perceberam que aquele não seria simplesmente mais um dia de trabalho... À entrada do edifício, um ruidoso grupo de bárbaros os recepcionava com gritos e palavras de ordem, entregando a todos um comunicado que convocava cada Guerreiro Tess a encarar o futuro a partir de uma grande conquista.

Das paredes, mesas e estações de trabalho, um furioso viking, com seu capacete ornado de chifres, sua longa barba em desalinho e um grande escudo nas mãos, reiterava o chamado: Participe desta conquista!

Esta ocupação-surpresa foi a solução criativa encontrada para dar início à Etapa *Teaser*, preparando o ambiente interno para o lançamento da campanha "Conquistadores Tess". A ação de alto impacto cumpria um objetivo claro: romper com a rotina de trabalho e envolver cada funcionário em torno de um desafio comum: a conquista de 500 mil clientes em 1999. Vale ressaltar que, mais importante do que a meta em si, estava o fato de se estabelecer um objetivo mercadológico comum a todos e a cada um.

A escolha do viking, imagem associada à principal acionista da *Holding*, servia também para gerar a identificação do grupo e, ao mesmo tempo, particularizar a responsabilidade de cada um: cada funcionário é um guerreiro e todos têm um papel a cumprir.

Lançamento

Com os efeitos da mobilização já sedimentados, cumpriu-se a premissa necessária para se comunicar o plano de ataque que conduziria a Tess a sua tão almejada conquista.

O evento de lançamento foi realizado em uma fazenda. O local foi ambientado – com tendas, tochas de fogo e personagens típicos – de forma a fazer com que todos se sentissem inseridos em uma autêntica aldeia viking, mobilizada pelos preparativos de uma grande invasão.

Na entrada da fazenda, cada funcionário, que já vinha trajando uma camiseta com a logomarca "Conquistadores Tess", recebia seu próprio capacete viking, utilizado para completar a indumentária que o tornava partícipe da grande reunião.

Para apresentar a campanha com a devida circunstância, o presidente da Tess subiu à proa de um enorme *drakkar* (reprodução cenográfica das antigas embarcações vikings, montada sobre um trio elétrico) para, lá do alto, desfraldar a vela que conduziria a expedição a caminho da conquista Tess 500 mil. Agitando a bandeira dos Conquistadores Tess, o dirigente da empresa concluiu seu chamado desafiando a todos a embarcarem juntos, todos no mesmo barco, rumo à conquista final.

Em seguida, foi apresentado o vídeo de lançamento. Nele, o espírito guerreiro e a legendária fúria nórdica foram tratados com muito bom humor, para envolver e motivar os Conquistadores Tess em torno dos principais objetivos e ações estratégicas alinhavados pela campanha.

Ao final da transmissão, gritos e aplausos comprovaram que ninguém ficara indiferente à convocação. Depois, uma feérica queima de fogos refletiria, alto e bom som, a determinação de todos em concretizar a promessa de um 1999 "bárbaro".

Missão cumprida

Os objetivos da campanha de mobilização geral de todos os funcionários no mesmo time e no mesmo barco, através de endomarketing baseado na realização de atividades lúdicas, criativas e motivacionais, foram plenamente atingidos.

Nos primeiros dias após o evento de lançamento, a empresa já era outra. A integração entre os funcionários era evidente, e a conversa predominante girava em torno do que cada um ia fazer para colaborar na conquista de novos clientes. "A empresa mudou!" era a frase mais ouvida em todas as áreas da Tess.

Além disso, passaram também a exercitar o lado vendedor de sua personalidade, assumindo plenamente a missão para a qual haviam sido convocados.

Funcionários de outros setores, que antes mantinham uma atitude do tipo vender é com o setor de vendas, passaram a adotar uma postura proativa em relação ao mercado e ao seu envolvimento como agente multiplicador da base de clientes. E como o processo de motivação é contínuo – a campanha "Conquistadores Tess" tem a duração prevista de um ano – os resultados obtidos tendem a consolidar-se cada vez mais.

Obviamente, os funcionários não são os maiores responsáveis nos esforços da Tess em conquistar continuamente parcelas relevantes do mercado. Mas eles assumiram a responsabilidade de, cada um na sua função, serem agentes ativos de grande importância dentro do processo.

A partir da campanha, as diretrizes ficaram claras, e a integração entre os diversos grupos ocorreu como uma conseqüência da motivação individual. A união dos grupos em torno de um objetivo comum integrou todos em um grande e único grupo: a Tess.

Hoje, a empresa pode afirmar que tem uma cultura interna definida, reconhecida e praticada pela totalidade de seus funcionários e retratada na sua visão, na missão e nos valores, coisa que muita empresa grande e antiga não possui:

Visão

Ser líder no mercado de telecomunicações móveis, sendo reconhecida como empresa de qualidade e de responsabilidade social, fácil de fazer negócios, com grande foco nos clientes, nos parceiros, nos fornecedores e no mercado, ultrapassando consistentemente os objetivos do negócio.

Para nós, liderança significa mais do que participação de mercado. Inclui criatividade, inovação, tecnologia, lucratividade, qualidade, satisfação dos clientes, dos associados e da sociedade.

Missão

Prestar serviços de transporte de informações com facilidade e qualidade, através de uma rede de telecomunicação móvel de alta tecnologia, integrada globalmente.

Valores

– Nosso sucesso é alcançado através de clientes satisfeitos e leais.
– Desenvolvemos nossos talentos humanos e o trabalho em equipe.
– Nosso trabalho é realizado com integridade, qualidade e excelência.
– Estimulamos a criatividade, a originalidade e o espírito empreendedor.
– Usamos a melhor tecnologia.
– Atuamos de forma responsável em assuntos comunitários e ambientais.
– Valorizamos nossas relações com nossos parceiros e fornecedores.
– Estamos comprometidos em fornecer aos acionistas os melhores resultados.

Este foi um trabalho exemplar desenvolvido pela Tess no sentido de formar e consolidar um perfil diferenciado de administração, reafirmando os seus postulados e estabelecendo hoje as bases do sucesso duradouro de amanhã.

Case – Bradesco Resgata Valores Humanos: Top de Marketing 2000

Perfil empresarial

O Bradesco é o líder do setor financeiro privado e apresenta o melhor índice de eficiência entre os bancos de varejo. Seu modelo administrativo vem apresentando retorno atraente aos seus 2,3 milhões de acionistas.

O 1º trimestre de 2003 encerrou-se com um Lucro Líquido de R$ 508 milhões e Ativos Totais de R$ 145 bilhões. Na área de crédito R$ 49,655 bilhões foi o saldo, ao final do ano, das operações de crédito consolidadas, incluindo Adiantamento sobre Contratos de Câmbio e Arrendamento Mercantil. O banco tem ainda sob gestão R$ 75,93 bilhões em fundos de investimento e carteiras administradas.

O Bradesco também ocupa posição de liderança nos mercados de Seguros, Leasing e Capitalização. No segmento de Previdência Privada, superou a marca de 1,2 milhão de participantes, o que representa mais de 50% do mercado total de previdência privada no país.

Presente em todas as regiões do Brasil, o Bradesco dispõe de uma ampla rede de atendimento ao cliente. São 2.965 agências, mais de 1.871 postos de atendimento bancário e 21.285 terminais de auto-atendimento Bradesco Dia e Noite. Uma sofisticada central telefônica, o Fone Fácil, recebe cerca de 229 milhões de ligações por ano e realiza diversos serviços.

O Bradesco Internet Banking é outro canal de atendimento, com 4,9 milhões de clientes que realizam cerca de 79 milhões de transações. Além disso, grandes grupos econômicos e pessoas físicas com alta disponibilidade financeira recebem atendimento especializado por meio das áreas Private e Corporate.

No exterior, o Bradesco tem agências em Nova York, Grand Cayman e Nassau, além de subsidiárias em Nova York, Nassau, Luxemburgo, Buenos Aires, Grand Cayman e Tóquio.

O "Case" – Resgate de valores humanos

É fato comprovado internacionalmente que as empresas líderes e as pessoas que alcançam o sucesso têm sempre uma mesma atitude, baseada nos princípios de positividade, cordialidade, respeito e um permanente interesse pelo cliente. Foi assim que surgiu a "BOA", uma campanha interna de grande envergadura que reafirma alguns valores tradicionais nas relações pessoais e estimula a convivência sadia entre os funcionários, os clientes e usuários do banco, através de atitudes e saudações simples como "Bom-Dia", "Boa-Tarde", ou dizer "Obrigado" e "Até Logo".

É muito comum no mercado o fato de empresas assumirem em sua comunicação determinadas atitudes, enfatizando posicionamentos que, na prática, não são referenciados pelo público interno nem percebidos pelos clientes.

No segmento dos bancos observa-se que a oferta de produtos exclusivos e diferenciados está se tornando rara. A distância entre o primeiro a lançar uma nova tecnologia e o último a adotá-la está cada vez menor. Como decorrência, os bancos estão assumindo perante o mercado uma postura positiva em que o padrão de atendimento é priorizado. Ao contrário da tecnologia, que está disponível para todos, o padrão de atendimento deve ser construído pelas empresas dentro de um processo contínuo e duradouro. Mesmo assim, são poucas as organizações bancárias brasileiras que adotam, de forma sistemática, uma política de motivação e envolvimento de suas equipes na melhoria constante do atendimento a clientes e usuários de seus serviços.

O Bradesco assumiu em sua campanha publicitária o tema "Fácil, extremamente fácil". Mas, ao analisar aspectos de implementação da campanha junto ao corpo de funcionários de suas agências, o banco percebeu que não era tão fácil ser um Banco Fácil. Ou seja, que fazer refletir a comunicação externa do banco nas agências, de uma maneira adequada e duradoura, requeria a implementação de um conjunto exclusivo de ações estratégicas.

Assim, para implantar conceitos e motivar atitudes, surgiu a campanha "BOA" – conjunto de ações diferenciadas que, mais do que a solução de um problema, representava o aproveitamento de uma oportunidade única de não somente melhorar o atendimento, mas também elevar os padrões de relacionamento humano, do atendimento e da qualidade de vida de seus colaboradores, desde o funcionário de nível hierárquico mais baixo até a mais alta gerência das agências.

"BOA"

A campanha "BOA" – *"Bom-Dia", "Boa-Tarde", "Obrigado", "Até Logo"* – foi desenvolvida dentro de princípios exclusivos que complementavam as ações de motivação e envolvimento dos funcionários das agências na melhoria da qualidade do atendimento a clientes e usuários. Não se tratava de uma campanha de "treinamento", efetuada dentro dos modelos tradicionais, exclusivamente pelo departamento de RH. Também não se tratava de uma campanha clássica de incentivo com estímulo, em que os funcionários trocam atitudes positivas e posturas temporárias por brindes e prêmios.

A campanha visava também a disseminação em todos os segmentos de funcionários, das agências localizadas desde pontos mais remotos do território nacional até as grandes metrópoles, de conceitos de bom atendimento, com linguagem fácil, acessível e didática.

Força e impacto

Poucas vezes o Bradesco efetuou uma campanha interna com tal força e impacto. O objetivo da "BOA" era servir como ponto de união entre a campanha de comunicação mercadológica e os funcionários das agências, que, na prática, tinham de reafirmar os seus conceitos de que o Bradesco é um banco extremamente fácil.

A campanha "BOA" simbolizava e valorizava o elemento mais fundamental do relacionamento humano, a cordialidade. A relação humana facilita muito o atendimento e apóia a tecnologia, que, por sua vez, torna a vida dos clientes mais fácil.

A campanha foi dividida em três fases: a primeira delas abordou os principais conceitos para o bom atendimento e fidelização de clientes a partir de atitudes positivas, tendo como conseqüência o sucesso pessoal e profissional.

Após o lançamento, feito pela Diretoria Executiva, cada agência recebeu o primeiro *kit* da campanha, contendo um *flip chart*, utilizado pelos 2.200 gerentes das agências para fazer a apresentação dela aos funcionários, um pôster para ser afixado nas áreas internas, uma fita de vídeo destinada a apresentar os conceitos e objetivos para os funcionários, a cartilha da primeira fase, enviada para os funcionários e um *post-it*, material de apoio promocional para uso cotidiano.

Auto-estima

Na segunda fase, de sustentação, foram abordadas a auto-estima e a valorização do próprio funcionário, com enfoque na qualidade de vida e no progresso do ser humano.

Foi distribuída uma cartilha específica sobre a qualidade de vida, com artigos assinados por profissionais da área de saúde, educação física, psicologia, fisioterapia e pedagogia.

Já na terceira fase, resumem-se as anteriores, através do tema "Trabalho em Equipe". O objetivo era valorizar a importância dessa forma de trabalho, tanto na empresa como em qualquer lugar onde as pessoas com interesses comuns têm de se relacionar, visando o progresso pessoal, coletivo e uma prestação de serviço cada vez melhor ao cliente.

Ao funcionário foi lembrado sempre que ele deve representar o banco perante o cliente, que deseja apenas ser atendido com cordialidade, respeito e simpatia, pois para o resto existe a tecnologia.

"Cliente misterioso"

A campanha "BOA" conseguiu a adesão maciça dos funcionários das agências através da campanha em si, já que envolvia o desenvolvimento da pessoa enquanto ser humano, as suas relações com os seus semelhantes e sua própria maneira de vislumbrar o futuro e o trabalho.

Para medir os resultados da campanha "BOA" em agências de diversas categorias e em todas as regiões do país, o Bradesco contratou os serviços da *INDICATOR*, um instituto internacional de pesquisas, detentor de tecnologia própria. Através da utilização da figura do "Cliente Misterioso", um pesquisador anônimo que se faz passar por um cliente ou usuário do banco, foram pesquisadas 500 agências, 25% do total existente em todo o Brasil na época. Das agências pesquisadas, 92% "passaram no teste", demonstrando ter assimilado totalmente os conceitos e objetivos da campanha e aderido espontaneamente ao plano, demonstrando postura adequada.

Pelo sucesso apresentado, a campanha "BOA" foi inserida na estratégia de ampliação de negócios do Bradesco.

Capítulo

4

CULTURA E MUDANÇA ORGANIZACIONAIS:
Salve-se Quem Puder!

"Neste negócio (computadores) há dois tipos de pessoas: os rápidos e os mortos."
Michael Dell – *presidente da Dell*

Manter a empresa à frente do seu tempo exige uma gestão pontual da cultura e do clima organizacionais. Somente assim seremos competentes para administrar as transformações de mercado.

O Poder da Cultura na Empresa

Em 22 anos de convívio com as neuroses empresariais, nunca vi nada mais poderoso do que a cultura de uma organização. Ela é capaz de enfeitiçar as pessoas, de transformar empregados em soldados fiéis – *kamikazes* da batalha empresarial – ou mesmo em zumbis corporativos, sem razão ou emoção.

Para consultores e analistas, a cultura empresarial é sempre responsável pelo que acontece de bom e de ruim nas empresas. Ao tentar implementar uma mudança, logo ouvimos: – Não vai dar certo... – Já vi esse filme antes... – Aqui!? Não muda nada... – Com esse chefe que nós temos!?

Essas são atitudes que minam os esforços de mudança de qualquer organização. Quando uma mudança dá certo o mérito é do chefe, que teve determinação, coragem e visão. Quando não dá, é a cultura que não permite.

Mas o que é mesmo cultura empresarial, senão o conjunto de normas, valores, políticas e procedimentos, hábitos e costumes de uma empresa? A maneira como as coisas são feitas no dia-a-dia e explicitadas nas suas relações com o ambiente formado por seus vários públicos, como acionistas, fornecedores, clientes, concorrência, governo, entidades sociais, etc.

De tudo que possa ser dito sobre cultura empresarial, o aspecto mais relevante é que a cultura de uma empresa é conseqüência da maneira como ela é administrada. E quem administra? São as lideranças. É o presidente, também empregado, pois é eleito por um Conselho. São os executivos, escolhidos pelo presidente – ou quase isso. São as chefias intermediárias. São os empregados. Todos no mesmo barco construindo a história da empresa.

Mas por que será que a cultura de uma empresa é sempre a vilã das mudanças tão necessárias à sobrevivência das empresas? Creio que existem bons motivos para tais comportamentos, muito comuns nas organizações:

Primeiro, a **hierarquia do poder**. Ao longo da história, a estrutura hierárquica das empresas, que tem sua origem nas organizações militares, submeteu o homem a uma condição de inferioridade, manipulação e submissão.

Não há nada que traga mais brilho ao olhar de um indivíduo do que o sentimento de poder sobre outra pessoa. Shakespeare falou: "*Dê poder ao homem e descobrirás quem realmente ele é*". Parece que não, mas a regra ainda é: *Manda quem pode, obedece quem tem juízo.*

São investidos milhares de reais em treinamento de liderança, mas, na prática, os resultados ficam muito aquém do esperado. Por quê? Porque olhamos mais para o treinamento em si mesmo e menos para as circunstâncias sob as quais esse treinamento é planejado. Por exemplo, se desejamos que ao final de um treinamento os líderes sejam mais transparentes, comunicativos e orientados para a inovação, necessitamos avaliar se a cultura interna permite e privilegia a adoção desse novo comportamento. Existe um ambiente propício para a aquisição de novas competências? Ou as pessoas vão chegar no treinamento e dizer assim: *Meu chefe deveria estar aqui. Com o estilo do nosso* big boss *não sei não!* Por outro lado, até iniciamos o processo com a receita certa. Aplicamos avaliações 360 graus temperadas com reuniões de *feedback* e elaboramos um sistema de treinamento individual ou em equipe.

Na maioria das vezes, esquecemos de vincular os indicadores de desempenho da organização ao plano de desenvolvimento gerencial. Que garantias nós temos de que os compromissos estabelecidos no processo de avaliação 360 graus que promoverão mudanças comportamentais efetivas nos gerentes? Que evidências ou comportamentos observáveis apresentados pelo gerente indicar-nos-ão a mudança e aderência aos resultados esperados pela empresa?

Ao responder a essas perguntas, estaremos nos aproximando da eficácia dos programas de desenvolvimento gerencial. Sendo assim, o desafio do profissional de RH é criar situações de aprendizagem que facilitem a aquisição das competências pelos gerentes. Sabendo que competência não se compra, se adquire com experimentação, observação, estudos e pesquisas; errando e acertando. A competência só pode ser medida na ação.

Hierarquia demais cria acomodação, barreiras invisíveis e limita as interações entre as pessoas.

Segundo, a **incompatibilidade de interesses**. A relação entre o capital e o trabalho sempre foi motivo de polêmica. E isto não muda. Os interesses são conflitantes por natureza e ainda não entendemos o real significado do lucro e da remuneração do capital investido. Qualquer pessoa em sã consciência não investiria em uma empresa que lhe proporcionasse um rendimento menor do que aquele oferecido por instituições financeiras. Alguns segmentos da economia proporcionam retornos extremamente interessantes, a despeito do risco proporcionado quando se investe, por exemplo, em ações. Na visão dos empregados, o "dono" da empresa está voltado exclusivamente para o lucro, demite por prazer e tem atitudes impessoais e antipáticas. Os executivos são meros reprodutores deste modelo. Os funcionários têm a imagem dos empresários como tubarões à espreita, prontos para tirar-lhes algo. A história tem demonstrado isso ao longo do tempo. Esse comportamento de arrogância do patrão e de submissão dos funcionários tem passado de pai para filho. Se você, leitor, quer comprovar esse fato, observe como o pessoal mais jovem se dirige a um chefe. Essa incompatibilidade tem diminuído, mas a passos lentos. De qualquer forma, ainda é um fator inibidor para o estabelecimento de uma cultura empresarial sadia. Remédio?! Transparência, ética e bom senso.

Terceiro, a **comunicação precária**. A grande vilã do cenário empresarial. Pesquisas revelam que 90% dos problemas de uma empresa são provocados por falhas na comunicação. Jornais, murais, videoconferências, *e-mails*, Internet e intranet são excelentes recursos de comunicação. Mas o verdadeiro veículo é o indivíduo. São as pessoas, os líderes. Gasta-se muito dinheiro em veículos de comunicação impresso e virtual, e quase nada no "veículo humano". Os espaços vazios deixados pela comunicação interna são ocupados por boatos e fofocas que tiram a energia das pessoas. Perde-se muito tempo querendo saber coisas do próprio trabalho ou do próximo dono da empresa que pode ameaçar os empregos. Quando a comunicação não está presente, as pessoas enchem suas mentes com fantasmas, desviando a atenção do que realmente importa.

A comunicação quando bem trabalhada é, por excelência, um fator de produtividade. Mesmo assim, as empresas continuam fazendo "jornalzinho" e colando papéis em murais, alheias ao que realmente se passa. Deve-se privilegiar a comunicação humana e o líder é o maior responsável por isso.

O quarto e último, **os processos e as tecnologias de trabalho**. Como existem empresas no mercado oferecendo produtos e serviços com tecnologia ultrapassada e processos de trabalho desatualizados! Fazem um bom marketing, criam uma imagem de seriedade e competência, mas na hora de entregar o produto ou serviço, na verdade entregam dor de cabeça e problemas ao consumidor.

Além disso, processos de trabalho indefinidos ou confusos, responsabilidades pouco claras e tecnologia ultrapassada são fatores de estresse e retrabalho para todos os funcionários. A vida útil, emocional, de um funcionário que trabalha num ambiente deste tipo é curta. É como uma pilha sem recarga. Acabou, trocou. A única saída destas empresas é aumentar a rotatividade do pessoal e com isto todos os custos decorrentes. Esta é a maneira mais rápida de matar um negócio a longo prazo.

Cultura empresarial é coisa séria. Neuroses e psicoses da vida moderna são levadas para dentro das organizações e, nesses ambientes, são exercitados os jogos psicológicos. Quando tais neuroses e psicoses não são tratadas, cria-se uma "cultura" fértil para situações de submissão, agressividade, desconfiança, rebeldia, conflitos – característicos de ambientes tóxicos de trabalho – que minam a energia e a produtividade das pessoas e a sobrevivência dos empregos passa a ser prioridade número um.

Um dos maiores desafios empresariais da atualidade é a gestão do clima e da cultura organizacionais. Ou melhor, da qualidade do gerenciamento das relações com empregados, fornecedores, clientes, concorrentes, sociedade etc. O gerenciamento pontual dos vários públicos com os quais a empresa se relaciona irá determinar a eficácia dos métodos de gestão adotados. A maneira como a organização é percebida por estes públicos – ética, coerente e honesta – determinará a qualidade das trocas comerciais realizadas.

A falha de pesquisas de clima e cultura organizacionais comumente aplicadas pelas empresas é a de desconsiderar os fatores externos à organização e que fatalmente influenciam a percepção do público interno. Para corrigir esta distorção, sugerimos uma avaliação mais completa, onde incluímos, além dos tradicionais, alguns indicadores que visam captar as percepções externas e informações de mercado onde a empresa está inserida:

Indicadores	Significado
1. Clareza de objetivos	Grau em que a empresa tem seus objetivos claros, definidos, formalmente estabelecidos e orientados para médio e longo prazos.
2. Estrutura organizacional	Grau em que a estrutura organizacional da empresa facilita a coordenação de esforços e a realização dos objetivos e das estratégias.
3. Qualidade do processo decisório	Em que medida as decisões são tomadas com rapidez e no nível hierárquico adequado, com base em informações necessárias e suficientes.
4. *Drive* ou motivação	Grau em que a empresa é dinâmica, está atenta às mudanças, tem senso de oportunidade, estabelece objetivos arrojados, é líder de tendências e cria um ambiente motivador.
5. Imagem de produtos e serviços	Grau em que os vários públicos (internos e externos) percebem a qualidade dos produtos e serviços oferecidos.
6. Relacionamento com clientes	Grau de satisfação dos clientes com os produtos e serviços oferecidos.
7. Concorrência	Grau de informação e conhecimento sobre a concorrência.
8. Competitividade e inovação	Grau de competitividade de produtos e serviços medido pela participação de mercado, capacidade de inovação e resposta às ações da concorrência.
9. Integração e comunicação	Grau de clareza com que os objetivos são comunicados e nível de colaboração e parceria existente tanto interna quanto externamente.
10. Desempenho profissional	O quanto o trabalho é estimulante para os funcionários e oferece desafios profissionais.
11. Aprendizado	Grau em que a empresa estimula e proporciona oportunidade de desenvolvimento profissional para os funcionários.
12. Competência em liderança	Grau de habilidade para gerenciar pessoas e estimular o desempenho superior dos funcionários.
13. Performance financeira	Capacidade da empresa de cumprir seus compromissos de curto, médio e longo prazos, traduzida pelos indicadores de saúde financeira como rentabilidade, lucratividade, depreciação, liquidez dos ativos etc.

O profissional de Recursos Humanos tem muito mais a fazer hoje do que no passado. O sucesso empresarial está intimamente relacionado com a capacidade da organização estabelecer forte elo de **interdependência** entre os públicos internos e externos. Um dos facilitadores deste processo é o profissional de RH, cujo papel é o de comprometer-se com os principais desafios da organização, estabelecendo a "cola" entre todas as pessoas, funções, departamentos e fornecendo os meios para que as competências essenciais da empresa sejam transformadas em ação por todos os funcionários.

Reconhecer que a gestão do clima e da cultura organizacionais é responsabilidade de todos, que ela é capaz de superar barreiras físicas e psicológicas, de perpetuar uma organização e, acima de tudo, facilitar o alinhamento dos interesses pessoais e empresariais é o primeiro passo para a transformação necessária.

As empresas gastam muita energia envolvidas com situações de insatisfação, desmotivação, desconfortos, conflitos não resolvidos e jogos de poder, quando, na verdade, deveria estar concentrada naquilo que realmente importa. A sinergia organizacional para resultados. Foco!

Radicalizando, poderíamos dizer que quando se trata de cultura e clima organizacionais não existe meio-termo. Fica cada vez mais difícil para uma empresa navegar em mares turbulentos com pessoas remando a favor e outras contra (sutilmente!). Isto atrasa o ritmo da empresa e o que mais precisamos hoje é de velocidade e competência. A mobilização da empresa para resultados superiores naturalmente separa o joio do trigo.

Comunicar, Comunicar, Comunicar

Esta mobilização poderá ser bem trabalhada com a ferramenta da comunicação. É ela que *lubrifica* a máquina. A comunicação dentro das empresas é o importante elo de uma corrente. Às vezes, até mais importante do que as decisões estratégicas, a proximidade ao consumidor, os programas de qualidade, a criatividade em finanças, o marketing etc. As empresas mais modernas, competitivas e sintonizadas com os desafios da atualidade estão gradualmente se dando conta dessa importância.

Todo processo e toda estratégia de Administração, assim como qualquer atividade humana, dependem da comunicação. Assim, temos duas perguntas básicas:

- Como administrar uma transformação organizacional sem priorizar a transparência da comunicação com os empregados?
- É possível implantar programas de qualidade, produtividade e desempenho sem utilizar todos os canais possíveis de comunicação que a empresa dispõe?

Na Era do Cliente, onde atender as suas expectativas se tornou um lema da excelência empresarial, o uso de meios dinâmicos e cada vez mais avançados de comunicação é o mínimo que se espera de quem quer permanecer no mercado. Nesta perspectiva, a comunicação é uma das mais importantes e estratégicas peças do novo jogo da competitividade, sendo a grande responsável pela imagem da empresa junto aos seus diversos públicos (internos e externos). Porém, esta imagem não é mais vista como o resultado de algumas ações isoladas. Hoje, a comunicação é considerada um conjunto de ações estratégicas da qual fazem parte desde a simples criação de um logotipo e da papelaria até o planejamento, a execução, o acompanhamento e a divulgação dos mais importantes processos decisórios da cúpula da empresa, da associação de empregados, do sindicato da classe, de um departamento ou de uma pequena equipe.

Nesse processo de mudança do próprio enfoque da comunicação empresarial, cabe ressaltar o papel do **Ser Humano**, cada vez mais participativo, questionador e consciente de seus direitos e deveres. Um novo cidadão, que atingiu este grau de comprometimento social através do acesso aos mais avançados e modernos canais de uma comunicação realmente globalizada.

Segundo divulgação da ABERJE – Associação Brasileira de Comunicação Empresarial, a comunicação ainda é considerada um fator de despesa e uma ferramenta de solução para situações de emergência, sendo que cerca de 90% das organizações não possuem esforços organizados de comunicação. É natural que, assim vista, a comunicação seja analisada pelos resultados de curto prazo e pelos números que gera, como se a imagem de uma empresa e a de seus produtos e serviços, as relações interpessoais, o grau de transparência entre a alta direção e outros escalões e a felicidade dos que trabalham na organização pudessem ser avaliados numa escala numérica.

Estudos e pesquisas de entidades voltadas para o futuro das empresas concordam e acreditam que sobreviver na Era do Cliente requer das empresas investimentos em **Recursos Humanos**, **Qualidade**, **Tecnologia** e **Comunicação**.

Cliente, nesse admirável mundo da informação, é o público interno e externo, a comunidade, o consumidor, o fornecedor, o distribuidor, o vendedor, a autoridade, a opinião pública, a imprensa, a concorrência. E a comunicação é a ponte que liga a empresa a esse cliente.

Esta visão integrada é fundamental e dá lucro. Planejar a comunicação, em tempos de modernidade administrativa e de convergência tecnológica, é antecipar-se aos acontecimentos e construir uma cultura sólida para perpetuar a organização. A comunicação é a ferramenta mais estratégica, atualmente, para facilitar os processos de transformação pelos quais passam as empresas. E isso é função prioritária na gestão de pessoas. Mas atenção! É preciso tirá-las de suas zonas de conforto! Mas como?

Tirando as Pessoas da Zona de Conforto (ou Será da Zona de Pânico?)

Um outro aspecto que interfere sobremaneira na cultura e no clima organizacionais é a resistência a mudanças. As pessoas resistem às situações de mudança em suas vidas e nas empresas porque temem o desconhecido. O medo de perder o controle de suas vidas que duramente lutaram para conquistar. Geralmente pensam: *"Eu domino esse trabalho e se houver mudanças, será que saberei o que fazer? Terei a habilidade necessária para ser bem-sucedido? O que acontecerá se eu falhar?"* Em nível pessoal, essa sensação de perda de controle pode ser traduzida em uma incerteza profunda e pessoal sobre o futuro.

O ponto de partida para ajudar gerentes e funcionários a ganhar novamente o controle em suas funções é o diálogo. Reconquistar o controle da vida pessoal está ligado à confiança e ao comprometimento. Como profissionais e executivos de RH devemos parar de pensar nas mudanças em si e ajudar os funcionários a restabelecerem o controle de suas vidas no trabalho. Assim fica mais fácil vencer os desafios.

Estamos cheios de novidades a cada 24 horas. Alterações contínuas na tecnologia, novos processos de trabalho, novos concorrentes, guerra de preços e por consumidores, obsolescência pessoal, profissional e organizacional são situações cada vez mais comuns hoje em dia. Caem as vendas, cai o faturamento. A palavra inevitável surge: corte. De despesas (aí incluídas as pessoas) e de criatividade.

Conseqüência nº 1: **medo e pessimismo.**

Conseqüência nº 2: **baixa produtividade.**

Conseqüência nº 3: **pressão para resultados.**

Conseqüência nº 4: **queda da qualidade de vida pessoal e profissional.**

Incerteza, insegurança e falta de perspectiva futura. Qualquer pessoa, em qualquer lugar do mundo, sofre destes males. É humano e compreensível numa época de questionamento de valores neste início de século.

Enquanto de um lado observamos empresas administradas com um pé no presente e outro no futuro, vemos ainda (e não são poucas!) empresas que insistem em manter os pés no passado, arraigadas a modelos administrativos, operacionais e gerenciais que deram certo e que hoje deixam a desejar. A máxima destas empresas é: *Por que mudar? Em time que está ganhando não se mexe!* E quando começa a perder, o que acontece? "Inova", adquirindo um equipamento moderninho, enquanto seus sistemas gerencial e administrativo permanecem os mesmos de antes. São empresas que vivem na zona de pânico, isto é, fazendo as coisas sempre em alerta vermelho, sem direcionamento ou foco e apagando incêndios o tempo todo. Tudo, para estas empresas, é urgente e importante.

É neste ambiente de aparência, mais do que de essência, que o ser humano vive e leva para o seu trabalho as suas crises, as suas incertezas, as dúvidas e as suas dores. Inteligentemente, algumas empresas se antecipam a este cenário como, por exemplo, a Volkswagen do Brasil. O que levou a

Volkswagen a desenvolver um projeto em 1999, chamado "Coração Valente", para lidar com o pessimismo na empresa? O diagnóstico preciso de que, além da necessidade de buscar a competitividade global, traduzida pelos índices de qualidade e participação no mercado, necessitava também resgatar a energia adormecida de seus funcionários para inovar nos produtos. E, também habilmente, entender a complexidade atual de integrar as expectativas pessoais com as profissionais de seus funcionários. O entendimento claro dessas expectativas e a consciência empresarial e social facilitaram a adoção de medidas proativas pela empresa. E não deixa de ser uma atitude de bom senso da direção. Uma tarefa gigante para uma organização com 27 mil funcionários, à época. Mas também uma tarefa gigante para uma empresa com 27 funcionários. Por quê? Porque existe algo em comum entre elas: Pessoas!

É natural do ser humano acomodar-se às situações da vida e não abrir mão das conquistas obtidas. São as nossas "zonas de conforto". Desejamos sempre lidar com aquilo que nos é familiar ou que já vivenciamos. E mudança significa sair de um estado emocional de segurança para outro ainda desconhecido. Nós temos medo de perder o controle da situação. E, por isso, perdemos tempo. Muito tempo!

Diariamente ouvimos, lemos e presenciamos histórias de sucessos e fracassos. Esta é a chave da questão! Naturalmente, as mudanças são provocadas por estímulos vindos de *fora* da empresa, e quase sempre da concorrência ou de novas empresas que entram pela porta dos fundos. "Nosso vizinho comprou um equipamento que tem três vezes mais a nossa capacidade de produção". Ou "Você viu o que a empresa X está fazendo? – Não, o quê? – Ah!, pintou a fachada, organizou a firma, veiculou propaganda na TV, abriu um balcão de atendimento aos clientes, os carros estão padronizados com a marca da empresa e você precisa ver o uniforme do pessoal! É outra empresa! Precisamos fazer alguma coisa?!" Quantos pequenos e médios empresários se identificam com este diálogo? Acredito que muitos.

Para amenizar o impacto das surpresas do ambiente empresarial, vamos pensar o processo de mudança como algo planejado e controlável. O primeiro passo é decidir mudar e estudar a situação real e a desejada, visualizando uma ponte. Mas faça como os japoneses: demore no estudo da situação, levante todos os aspectos favoráveis e desfavoráveis. O segundo passo é cercar-se de pessoas que verdadeiramente possam auxiliá-lo nesta jornada. O terceiro passo é acreditar que tudo vai dar certo; e o quarto passo é disparar o processo de mudança, imaginando que possuímos um tiro e uma bala na agulha. Simples assim!

Disparado o processo de mudança, atente para as seis situações que podem ocorrer no comportamento dos empregados. Na primeira fase, a de adoção, 2% a 3% do pessoal agregam-se rapidamente ao projeto. Na segunda fase, cerca de 5% dos funcionários, ao observar que não houve resultados desastrosos, agregam-se à nova situação. Numa terceira fase, ou intermediária, influenciada antes de tudo pelos inovadores, a maioria dos funcionários adota rapidamente. E numa fase final, vem o grupo dos refratários ou retardatários que acabam por ceder. Finalmente, subsiste um grupo que não cede jamais e se ele é composto de líderes de opinião, muito cuidado! Eles podem minar e sabotar seus esforços de mudança.

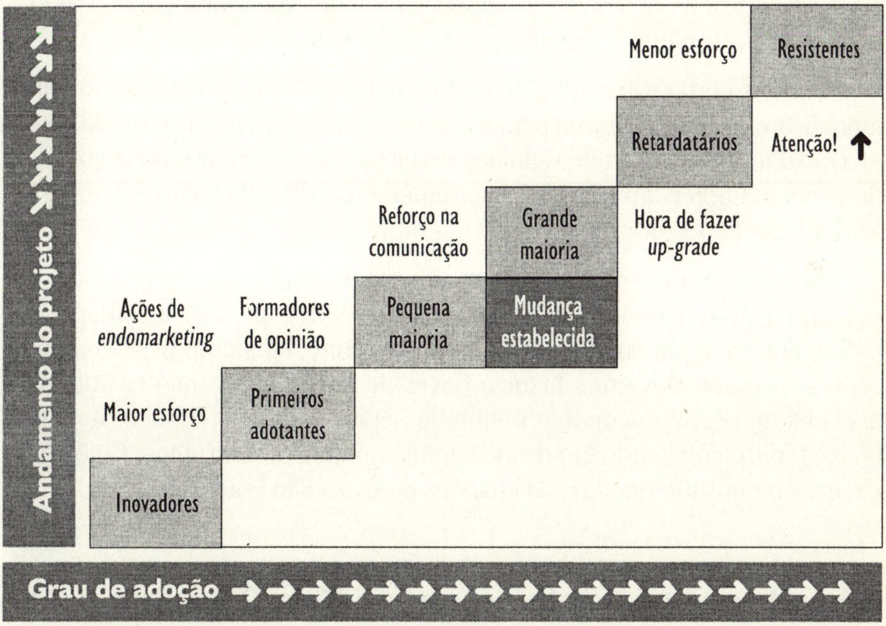

Vivemos uma época de transformações muito rápidas. Se o homem tivesse evoluído na mesma progressão da tecnologia, como estaríamos hoje?

Mais humanos? Acredito que sim. Mas as aberrações atuais nos deixam preocupados. Dentro e fora das empresas. Dentro das empresas? Você sabe... Abuso de poder, assédio moral e intelectual. Particularmente, aposto na melhoria da qualidade de vida das pessoas porque precisamos de trabalhos que desafiem a nossa capacidade criativa; não de empregos e chefes chatos, nem de trabalhos rotineiros e aleijões da mente.

Descobrir a energia que impulsiona as pessoas para a transformação da empresa é um dos maiores desafios de Recursos Humanos na atualidade. O combustível é a capacitação contínua, através da aquisição de novas habilidades, de novos conhecimentos e de renovadas atitudes.

Qualificação já! Ou todos na empresa, inclusive o diretor e o presidente, se conscientizam de que precisam **reaprender**, ou continuarão se queixando e obtendo os mesmos resultados; criando ambientes tóxicos de trabalho, soltando o fantasma da demissão na empresa e defendendo a ferro e fogo suas zonas de conforto (lembre-se de que eles também são humanos e estão em pânico). De que vale o poder sem comandados!?

Palavras como estratégia, marketing, comunicação, comprometimento, motivação, trabalho em times, inovação e ética devem fazer parte da rotina de trabalho, das pautas de reuniões gerenciais e de conversas empolgadas de almoço. Caso contrário, continuaremos fazendo o trabalho de sempre e sem muitas expectativas.

Para desenvolver uma cultura sadia, devemos escolher as pessoas certas, preparar-se com muita fundamentação teórica através de leituras, estudos, participação em bons treinamentos, conversas com pessoas inteligentes. E mais! Devemos fazer o dever de casa elaborando estratégias, negociando trabalhos onde o resultado seja visível para ambos, testando boas idéias e colocando em prática aquilo no qual acreditamos. Colocando o coração em tudo que faz, as chances de êxito são enormes!

Aprendendo a Ler e Interpretar a Vida Organizacional

Historicamente, as teorias organizacionais e gerenciais baseavam-se em princípios universais aplicados à administração. Através de uma abordagem estanque, elementos como indivíduo, tarefa, estilo gerencial, estrutura organizacional e ambiente empresarial eram analisados separadamente.

Na última década, a crescente preocupação com a melhoria da qualidade do trabalho e de vida das pessoas aumentou o interesse pelas abordagens contextuais. Aprender a ler e interpretar o contexto da vida organizacional passou a ser um fator imprescindível para que os profissionais tenham a visão das "árvores e da floresta" e, a partir daí, tomem as decisões acertadas.

Mas o que vem a ser o contexto? São todos os fatores que fazem parte do ambiente de trabalho, mas que não são visíveis a "olho nu". Normalmente, estão fora do campo de visão do profissional, mas são importantíssimos porque dão sentido aos acontecimentos.

Ler um contexto significa estar atento a todos os detalhes, por menores que sejam, que possam interferir ou modificar os procedimentos organizacionais, as decisões gerenciais, o comportamento dos indivíduos e, conseqüentemente, o seu desempenho, impedindo que a empresa atinja seus objetivos.

Muitos gerentes acreditam já possuir a habilidade de ler o contexto, mas o que percebi, observando o comportamento destes em várias empresas por onde passei, foi que eles se baseiam em uma habilidade intuitiva adquirida na infância. Supõem que esta habilidade vai se aprimorando com o tempo, não havendo necessidade de uma revisão racional e prática. Não acredito nisso, pois, se assim o fosse, estaríamos negando a necessidade de aprendizagem contínua das pessoas ao longo da vida. Uma aprendizagem que é variável e depende de cada indivíduo.

Apesar de não existirem técnicas específicas para essa aprendizagem é possível adquiri-la através de relatos de profissionais que descrevem como aprenderam a perceber fatores importantes do seu meio ambiente e como reagiram a eles. Você pode aprender a fazer uma leitura do contexto, a partir de fatores visíveis e invisíveis da cultura de uma organização.

Como deve um profissional de RH ou um gerente proceder ao analisar uma organização? De acordo com a sua forma de ler o contexto, ele vai observar, investigar alguns fatores:

- **Indícios de prosperidade** – evidentes no mobiliário, no equipamento de escritório, nos tapetes e na decoração. Isto revela que alguém dá suficiente importância à organização para se orgulhar dela e alocar recursos (normalmente escassos) para adquiri-los e mantê-los.

- **Organização** – manifestada no leiaute físico do local de trabalho. É orientada de acordo com os objetivos da empresa. Um bom leiaute físico faz com que o local de trabalho pareça menos turbulento e caótico. Há, nesse ambiente, uma espécie de aparente tranqüilidade na forma como as pessoas se ocupam de suas tarefas.

- **Sentido de missão** – Existe um sentimento de compreensão das metas globais da organização e de como cada tarefa está ligada, de uma maneira coordenada, ao atingimento dessas metas. O quê? Por quê? Para onde? Com que propósito? São definições claras para todos.

- **O nível dos recursos humanos** – Pessoas altamente qualificadas constituem um recurso inestimável para qualquer organização. Qual o nível de competência e empenho em relação à missão da organização? Há evidência de alienação em suas atitudes para com a organização e suas metas?

- **Estilo de liderança** – Deve ser facilitador e não controlador. As pesquisas sobre estilo gerencial demonstram que o alto desempenho de um grupo de trabalho está associado a gerentes que apóiam e facilitam as atividades do empregado e não simplesmente supervisionam ou controlam. Nos níveis mais altos da organização esses mesmos fatores são igualmente importantes, mas, neste caso, estão relacionados com a forma pela qual a informação é utilizada e processada. Um líder facilitador encontra-se em posição privilegiada para coletar informações veiculadas através de reuniões e utilizá-las como base para a liderança eficaz.

- **Adesão** – é uma indicação importante de que a maneira pela qual o papel do líder está sendo desempenhado é aceita e respeitada. Os bons seguidores demonstram a sua adesão ao líder na busca das metas da organização e o apóiam de forma positiva e otimista.

- **As estruturas formal e informal** – são complementares e facilitam o trabalho. Uma boa adesão pode ser facilmente prejudicada pelo excesso de organização formal, expressa em um número maior de regras e regulamentos do que o necessário para a operação ou pelo uso excessivo de títulos formais e apego aos canais formais de decisão.

- **Uma estrutura informal saudável** – pode auxiliar o gerente na tentativa de desenvolver elevados padrões de desempenho e qualidade no local de trabalho. Ao mesmo tempo, quando não é bem trabalhada pelo líder, a estrutura informal pode exercer uma influência negativa sobre a produtividade. A estrutura ideal é aquela que, para determinada empresa, responde às suas necessidades. Muitas reclamações podem indicar a necessidade de ajustar a estrutura ao contexto do trabalho. Portanto, cabe ao líder, através da sua percepção, determinar como tornar a estrutura utilizada adequada aos interesses da empresa e ao crescimento do negócio.

- **Sentido forte de comunidade** – indica que as pessoas estão se relacionando de maneira positiva. Isto influencia a comunicação na empresa, contribuindo positivamente para a resolução dos problemas que surgem, pois todos sentem fazer parte de um grupo de trabalho coeso.

- **Um clima de abertura** – é considerado um fator positivo nas organizações. A abertura recíproca facilita a comunicação eficaz dentro dos grupos de trabalho. A abertura por parte da gerência significa que os funcionários poderão relatar, sem receio, tanto os acontecimentos positivos como os negativos. A abertura em relação ao meio ambiente significa que a organização será capaz de reagir rapidamente aos novos fatores ou às condições que requerem atenção e ajustamento.

Um outro aspecto muito importante do clima organizacional são os sentimentos que caracterizam a comunidade onde atua o funcionário. Para o profissional que faz a leitura do contexto são indicadores valiosos da saúde da empresa. Portanto, você deve ouvir não apenas as palavras da comunicação, mas, também e principalmente, os sentimentos que desejam ser transmitidos pelas pessoas. Os estudos dos aspectos não-verbais das comunicações indicam que as palavras que utilizamos transmitem, normalmente, apenas 7% dos sentimentos contidos na mensagem; 38% passam através do tom e das inflexões de voz e os restantes 55% aparecem nas expressões faciais. Dessa forma, um profissional desatencioso pode ouvir apenas as palavras da mensagem e perder grande parte dos sentimentos que estão sendo transmitidos.

O profissional que procura ser um bom ouvinte também conseguirá captar "deixas" importantes quanto ao clima dos sentimentos, reparando nas coisas que emergem de tempos em tempos nos diálogos. O que é importante ou está incomodando o subordinado no momento reaparecerá volta e meia nas conversas. Através desse método, o profissional que é um bom ouvinte poderá desenvolver uma percepção mais acurada desses fatores do que através de reuniões formais. O empregado ao qual se pergunte *O que o incomoda?* dará ao profissional um quadro bem diferente do que seria percebido através do material espontâneo que fosse aparecendo na conversação normal.

Se você quiser conhecer e utilizar um processo mais formal, lembro ao leitor a pesquisa promovida pela Revista Exame – As 100 Melhores Empresas para Você Trabalhar – editada anualmente, com participação gratuita e que está disponível no *site* da revista. O Guia Exame faz uma avaliação profunda do ambiente de trabalho e das práticas e políticas de recursos humanos das empresas. Essa avaliação é feita com base no que pensam os funcionários e na qualidade das políticas de RH. Eles fazem duas pesquisas e uma visita à organização.

A pesquisa com os funcionários nos mostra a satisfação deles em relação à empresa. Ou seja: por que admiram a empresa, por que gostam de trabalhar nela, o quanto o ambiente de trabalho é estimulante, etc. Essa pesquisa é a que tem maior peso no resultado final.

A pesquisa com a empresa revela um panorama detalhado e completo das práticas e políticas de RH, onde são julgados os seguintes itens: salários e benefícios; oportunidades de carreira; segurança e confiança na gestão; orgulho do trabalho e da empresa; clareza e abertura na comunicação interna; camaradagem no ambiente de trabalho; treinamento e desenvolvimento; inovação no sistema de trabalho e responsabilidade social da empresa.

Numa terceira etapa, ocorre a visita por uma equipe de jornalistas para uma última avaliação.

As empresas que conseguem se classificar entre as melhores do Brasil para trabalhar são automaticamente vistas com outros olhos, não apenas pelos talentos que já estão lá dentro, mas, sobretudo, pelos que estão no mercado.

A avaliação feita pelo Guia Exame tem uma enorme credibilidade entre participantes e leitores porque são os funcionários e não os dirigentes da empresa que a avaliam e apontam seus pontos positivos e negativos. O Guia Exame é absolutamente respeitado entre as empresas e tornou-se uma referência no mercado.

Participando do Guia Exame, a empresa fica sabendo exatamente o que seus funcionários pensam dela. Fica claro, através da pesquisa de clima organizacional, onde a empresa está acertando e onde está errando. Só com essas informações é possível centrar forças no que de fato deve ser corrigido. É um bom instrumento para mensurar as práticas de RH e está acessível a quase todas as empresas, de forma gratuita. Mas não aposte sua vida somente nesta metodologia, utilize outras formas de avaliação e monitore com cuidado.

O objetivo deste capítulo é encorajar uma maior conscientização sobre a importância e a compreensão da cultura da empresa e do ambiente organizacional para a criação de maior autoconfiança na leitura de fatores do contexto como uma função primordial para a eficácia profissional de todos aqueles que têm como missão básica a gestão de pessoas. Lembre-se de que tudo começa com a gestão do clima e da cultura organizacionais. Caso contrário, de que servirá atrair e reter os melhores profissionais na empresa?

Breves Histórias de Empresas que Fazem Acontecer em RH

Albras investe em diálogo, treinamento e confiança

A Albras (Alumínio Brasileiro S.A.), maior fabricante de alumínio primário do país, pertencente ao grupo Vale do Rio Doce, vem desenvolvendo ao longo dos últimos dez anos diversos sistemas, programas e ações que visam criar, e manter, um ambiente de trabalho harmonioso. Duas dessas iniciativas se destacam: a de Gestão do Clima Organizacional e a de Gestão por Competências.

O primeiro programa consiste no monitoramento permanente do relacionamento entre os diversos integrantes da empresa. As ferramentas utilizadas incluem reuniões mensais entre gerentes e empregados, encontros mensais dos funcionários com analistas de recursos humanos e entrevistas individuais, solicitadas pelos operários junto à equipe de RH.

Com base nessas informações, analistas elaboram um diagnóstico mensal do clima de cada equipe. A análise do relatório resulta em planos de ação, atualizados mensalmente, que projetam atividades para melhorar o relacionamento entre os integrantes de cada setor.

Uma das ações propostas e colocadas em prática nessas reuniões entre gerentes e empregados foi a eliminação do cartão de ponto para todos os funcionários. O empregado precisa registrar apenas no sistema eletrônico as exceções, como atrasos, faltas ou horas extras.

Para acabar com as queixas freqüentes relativas aos critérios usados para promoções e remunerações foi criado o Sistema de Gestão por Competências. Em primeiro lugar, a empresa definiu as competências necessárias a cada função. Depois, incluiu no sistema a formação, a experiência e os conhecimentos requeridos para os cargos.

Baseado nesses requisitos, o chefe faz a avaliação de cada empregado, que também participa do processo. Ao final da avaliação, o sistema produz um relatório com um plano de ação a ser seguido pelo funcionário, para melhorar seu desempenho.

A política salarial e de benefícios é outro instrumento decisivo para a manutenção de um clima harmonioso. A Albras tem por política pagar salários 10% acima da média do setor de alumínio.

Outra preocupação é com o treinamento. Por ano (2002), a empresa investiu R$ 1 milhão na área de educação – desde o Telecurso até MBA empresarial.

O Modelo de Gestão Albras leva em conta o homem, sua emoção e satisfação no trabalho. Com este objetivo a empresa adota programas como os 5S; Valorização da Comunicação Interpessoal; Conversando com os Diretores; CCQ – Círculos de Controle da Qualidade, que atuam em toda a fábrica, com elevado índice de adesão dos empregados, colocando a empresa na liderança deste processo no país.

Reconhecendo que suas equipes são a base para o êxito empresarial, a Albras proporciona condições de trabalho que correspondam a essa importância, destacando-se a capacitação e o aprimoramento, estimulando o autodesenvolvimento dos empregados. O programa de clima organizacional é sistematizado e estruturado e seus resultados fazem da Albras um bom lugar para se trabalhar, com reconhecimento nacional.

A Albras oferece aos seus empregados e dependentes um plano de saúde que cobre suas necessidades médicas, odontológicas e hospitalares e na fábrica dispõe de infra-estrutura de atendimento médico, incluindo ambulância com UTI móvel. Regularmente os familiares dos empregados visitam a planta industrial, onde conhecem o processo produtivo e o ambiente de trabalho.

Como política de Gestão de Pessoas a Albras emprega, predominantemente, paraenses, sendo a grande maioria originária da própria região na qual a empresa está implantada, dando prioridade, no recrutamento, a filhos de empregados e mantém um programa de *trainees* e estagiários que é referência nacional. As carreiras são regidas por um moderno Sistema de Gestão por Competências.

Um avançado Sistema de Gestão de Segurança garante baixas taxas de freqüência de acidentes, utilizando ferramentas modernas e até inovadoras, como o DDS – Diálogo Diário de Segurança ou o Programa Risco Zero, o que proporciona a conquista de recordes e prêmios nacionais e internacionais.

Modelo de gestão Albras

A Albras adota, desde 1991, um modelo de gestão empresarial baseado nos princípios da Gestão pela Qualidade, preconizados pelo TQC – *Total*

Quality Control e liderado pessoalmente pelos diretores da empresa. Este modelo é sustentado em quatro importantes pilares de gerenciamento: Liderança, Gestão de Processos, Desenvolvimento Tecnológico e Gestão de Pessoas.

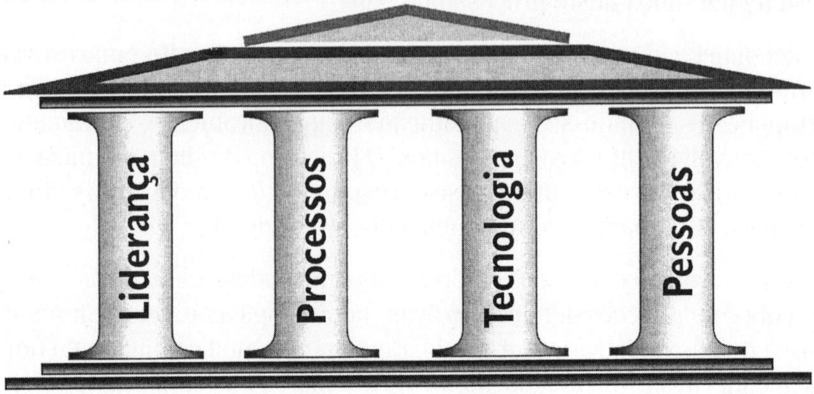

- Missão/Visão
- Diretrizes
- Responsabilidade Social
- Diag. Diretoria
- Análise Crítica

- Des. Fornecedores
- Metas – I. Controle
- Saúde/Segurança e Meio Ambiente
- ISO-14001
- ISO-9002

- Benchmarking
- Contratos
  – ALUMAX
  – HIDRO
  – VALESUL
  – UFPa

- Clima Organizacional
- CCQ/5S
- Autodesenvolvimento
- Perfil Gerencial
- PR

Fonte: site Albras – *in: www.albras.net/gestao.htm*

BankBoston:
MBA, qualidade de vida e desenvolvimento profissional

Em 2002, o BankBoston implantou um programa especial voltado para melhorar a qualidade de vida dos 3,8 mil funcionários. Com investimentos da ordem de R$ 45 milhões, a instituição financeira oferece produtos e serviços diferenciados nas áreas de lazer, saúde e educação.

Um dos carros-chefe do programa é o Boston School, uma universidade corporativa implantada em 1999, que oferece MBA em finanças, especialização em finanças pessoais ou em fundos de investimento, cursos de formação básica e complementar em terceiro setor e um programa de desenvolvimento executivo e em gestão. Os cursos são exclusivos para funcionários da instituição financeira.

Em contrapartida, os alunos do MBA orientam famílias carentes a montar e gerir pequenos negócios no programa social Família 21, um projeto que tem como objetivo dar uma oportunidade educacional a 21 crianças negras de comunidades carentes.

Os menores foram selecionados em escolas públicas municipais de São Paulo. Hoje, eles têm em média 17 anos. Durante três anos, os adolescentes terão um reforço nos estudos para prestar vestibular. Os aprovados em exames de universidades particulares terão todo o curso pago pelo banco.

Nem os estagiários ficaram fora do projeto de qualificação. Eles participam de treinamentos técnico-comportamentais e de atividades práticas. A proposta do banco é que estes estagiários acabem absorvidos pela empresa. O BankBoston gastou, em 2001, R$ 4,1 milhões com programa de qualificação profissional. Com os investimentos, a instituição financeira ampliou em 10% a taxa anual de treinamentos em sala de aula e aumentou em 42% o número de horas-aula de auto-estudo. A comparação é com os resultados do ano anterior.

Para reduzir o estresse no ambiente de trabalho, a empresa disponibilizou uma equipe de profissionais especializada em terapia e medicina alternativa. Os funcionários podem, por exemplo, conversar com o chefe e, sempre que necessário, deixar as atividades profissionais por 20 ou 30 minutos para participar de uma sessão de shiatsu.

O BankBoston instalou ainda uma linha 0800 exclusiva para os funcionários que precisarem, com urgência, de atendimento terapêutico.

Desenvolvimento e educação

O sucesso de um negócio, operação ou projeto não é somente determinado pela capacidade intelectual das pessoas envolvidas mas, principalmente, pela capacidade que elas possuem de se superar, de estabelecer relacionamentos produtivos, de inovar, enfim, de agir de forma condizente com os objetivos e a estratégia da organização.

Por isso, o BankBoston ampliou em 2002 o seu Programa de Desenvolvimento por Competências, que maximiza esse diferencial, estimulando o desenvolvimento dos comportamentos esperados dos funcionários para que possam se tornar ainda mais competitivos. O Programa é composto de abordagens diferentes de acordo com o objetivo de educação definido para cada público. Em 2002, 165 gestores, de um total de 400, participaram do módulo de Desenvolvimento Gerencial. No Desenvolvimento Institucional, mais de 700 funcionários de todo o Brasil assistiram às apresentações do velejador Lars Grael e do consultor Oscar Motomura sobre o tema Mudança. O Desenvolvimento Executivo, direcionado ao nível sênior, completa o Programa de Competências.

Em 2002, os investimentos em qualificação profissional foram de R$ 6 milhões. No ano, a Boston School incrementou em 52,2% as ações de educação. Foram realizadas 15.328 ações com 1.213 turmas, totalizando 307.970 horas de treinamento, uma média de quatro ações por funcionário. Os Centros de Autodesenvolvimento em São Paulo e no Rio de Janeiro, que oferecem total infra-estrutura para cursos de idiomas, gestão, informática e habilidades pessoais, registraram 7.123 atendimentos em horas-aula de auto-estudo. O Centro de Referência, que permite pesquisas em todos os níveis – da educação elementar à pós-graduação e MBA – recebeu 8.416 solicitações.

O investimento em projetos de desenvolvimento ocorre área a área, identificando as competências necessárias a cada função e estabelecendo processos contínuos de avaliação e *feedback*. O objetivo é que cada funcionário possa ter as informações necessárias para elaborar o próprio plano de desenvolvimento e trajetória de carreira. Para isso, ele conta com o auxílio do Menu de Desenvolvimento, um manual que explica como desenvolver as características esperadas para as suas funções a partir de três dimensões: conhecimentos, habilidades e competências.

A premissa deste material é garantir o oferecimento de diversas formas de aprendizagem para a mesma necessidade de desenvolvimento. Esta premissa tem como base dois pontos fundamentais da atuação do BankBoston em relação às pessoas: a constatação de que cada pessoa possui uma forma de aprendizado com a qual se sente mais confortável e o respeito às diferenças.

Algumas possibilidades apresentadas no Menu de Desenvolvimento para o desenvolvimento pessoal e profissional são *on the job training*, cursos e ações de autodesenvolvimento.

Relacionamento com o funcionário

O BankBoston valoriza o relacionamento com os funcionários por meio de uma estratégia integrada em todas as áreas. O diálogo e a liberdade de expressão são estimulados permanentemente. As demandas dos funcionários são atendidas de forma ágil e eficiente pelos consultores internos de recursos humanos, os *Line Personnel Officers*. Os funcionários também contam com o Atendimento ao Funcionário, Serviços Social e Médico e Engenharia de Segurança do Trabalho.

Eles podem ainda falar diretamente com seus gestores ou escalar a organização até o contato direto com os vice-presidentes e o presidente, que, periodicamente, se reúnem com todos os funcionários no auditório, com transmissão eletrônica para as agências. Em 2002, os quatro eventos do programa, chamado de VOE (Veja, Ouça e Converse), reuniram mais de 1.500 pessoas, que puderam fazer perguntas diretamente ao presidente e aos vice-presidentes.

Neste contexto, a comunicação interna é utilizada de forma estratégica para informar e conscientizar os funcionários. Diversos canais de comunicação direta e indireta dão fluidez à troca de informações entre todos os níveis hierárquicos, motivam o quadro de pessoal e permitem a disseminação dos valores e dos objetivos estratégicos do banco.

Para aumentar ainda mais o bem-estar dos funcionários, o BankBoston tem políticas sólidas de segurança e conforto no trabalho. Os equipamentos e o mobiliário das sedes e das agências contam com um padrão ergonômico que preserva a saúde dos usuários. Em 2002, essas políticas foram reforçadas com a tecnologia implantada no Edifício BankBoston. O prédio, o mais inteligente da América Latina, foi concebido para proporcionar o máximo de conforto aos mais de 2.000 usuários. As estações de trabalho foram projetadas para aliar conforto e praticidade. Além de equipamentos ergonômicos, são revestidas com material que reduz a poluição sonora.

Qualidade de vida

O Programa de Qualidade de Vida do BankBoston, desenvolvido há oito anos num conceito amplo e abrangente, foi o pioneiro em instituições financeiras. Engloba não apenas a promoção da saúde, mas também atividades físicas, de lazer e de cultura.

Em 2002, o programa contou com 9.680 participações, entre elas a 5ª Olimpíada BankBoston, que reúne os funcionários a cada dois anos. Ao todo, aconteceram 206 competições esportivas em 26 modalidades diferentes. Na área cultural, foram realizadas várias atividades, entre elas visitas monitoradas a exposições de arte e a espetáculos artísticos, a preços subsidiados.

Eventos como o Dia dos Pais, o Dia das Mães e passeios ecológicos reuniram as famílias. Durante o recesso escolar, o programa Superférias realizou oficinas de artes para crianças e adolescentes filhos de funcionários na sede do banco.

O BankBoston acredita que a prevenção é a melhor forma de garantir a saúde e o bem-estar dos funcionários e de seus familiares. Por isso, trabalha com grupos multidisciplinares que, em 2002, promoveram várias campanhas internas. A Campanha de Doação de Sangue contou com a participação de cerca de 350 pessoas. O banco realizou ainda a 6ª Campanha de Vacinação contra a Gripe, que imunizou 1.500 funcionários e familiares, e exames de prevenção do câncer ginecológico, colesterol e triglicérides, com 624 participações.

Para proporcionar uma alimentação sadia e equilibrada, os restaurantes internos preparam cardápios balanceados e supervisionados por nutricionistas. Programas internos, como turmas fechadas do "Vigilantes do Peso", buscam motivar os funcionários e dar suporte às ações de qualidade de vida.

O BankBoston também apóia e desenvolve iniciativas que promovem a conscientização sobre a preservação do meio ambiente e o uso adequado dos recursos naturais. Em 2002, implantou a coleta seletiva de lixo em todos os andares dos dois edifícios de escritórios. Além de papel, plástico, metal e vidro, os funcionários receberam um incentivo adicional para usar cestos específicos nos quais devem descartar pilhas e baterias, instalados nas garagens. As agências também foram estimuladas a aderir ao programa, recebendo orientação para implantação em suas praças. O Instituto Akatu para o Consumo Consciente é parceiro do banco em campanhas de conscientização e no esforço pela reciclagem. A coleta seletiva de papel, que existe desde 1999, contabilizou, em 2002, 194 toneladas, o que equivale a 2.901 árvores preservadas. Os recursos obtidos com a venda de papel são destinados a projetos sociais da Fundação BankBoston.

Motivação

O BankBoston sabe que seu crescimento constante e sustentado é o resultado do comprometimento de seus funcionários, que colocam a serviço da organização seu conhecimento técnico e sua iniciativa. Por isso, tem como prioridade o reconhecimento da performance de seus funcionários e busca, continuamente, novas formas de fazê-lo. Tanto que, em 2001 e 2002, o pacote de remuneração variável do BankBoston foi destacado pelo Guia Exame – As 100 Melhores Empresas para Você Trabalhar.

Desde 2001, quando ampliou seu Programa Interno de Participação nos Resultados, por meio de avaliações de desempenho, criou condições para que os níveis Iniciais, Técnicos/ Especialistas e Média Gerência recebessem até 60% a mais do que o previsto pelo Acordo Coletivo dos Bancários. O resultado dessa iniciativa pôde ser claramente percebido no início de 2002, quando da distribuição dos lucros do ano anterior: o estímulo a performances diferenciadas trouxe um resultado recorde para a organização, o que possibilitou que os funcionários recebessem um valor até 243,5% superior ao inicialmente estipulado na PLR da Convenção Coletiva.

Marisol: quem faz a diferença é a gente

Gente criativa, talentosa e motivada. É com esta força que a Marisol S.A. faz produtos para vestir o corpo e a alma das pessoas.

Investir no ser humano. Para a Marisol S.A., esta não é uma declaração de intenções. É a expressão de uma realidade que os seus colaboradores têm vivenciado ano após ano. Quem trabalha na Marisol S.A. conta com todas as condições adequadas para produzir e, principalmente, viver com mais qualidade. Além de contar com um ambiente de trabalho humanizado, a eles não falta assistência médica, ambulatorial e odontológica. Um privilégio que é estendido parcialmente às suas famílias.

Eles sabem que podem esperar uma aposentadoria digna, graças ao Plano de Previdência Privada mantido pela Marisol Seguridade Social. Mediante convênios nos municípios onde atua, a Marisol S.A. subsidia o atendimento integral em creches para os filhos dos colaboradores. Assegura alimentação balanceada nos seus restaurantes industriais.

Subsidia transporte para a maioria dos seus colaboradores, além de cursos de 2º e 3º graus e de Pós-Graduação. E investe constantemente em capacitação profissional e treinamento. E, talvez a mais significativa demonstração de reconhecimento da Marisol S.A., oferece o Programa de Participação dos Colaboradores nos Resultados (lucros) da Empresa, mantido desde 1994.

Tem mais. Um clube gratuito para os funcionários, com academia de ginástica, quadras esportivas, ginásio coberto, churrasqueiras e salão de festas, e uma chácara para desfrutar o fim de semana longe da cidade podem simplesmente indicar que a empresa têxtil Marisol corresponde à tradição das indústrias da região de Jaraguá do Sul, em Santa Catarina.

Mas a Marisol foi além. Pioneira entre as empresas do setor têxtil, oferece um diferencial a seus funcionários que inclui uma longa lista de benefícios. Desde 1994, por exemplo, antes, portanto, da medida provisória que tornou obrigatória a participação nos lucros, os trabalhadores da Marisol dividem até 10% do lucro líquido do exercício. E, entre outras coisas, a empresa premia a baixa rotatividade, engordando o pagamento com um salário extra aos que completam 10, 15 e 20 anos de serviço na empresa. Quem completa 25 anos recebe um relógio em ouro. E os trabalhadores com 30 anos de casa podem escolher o seu presente.

Mas até chegar lá, todos na empresa conhecem e podem planejar sua carreira, pela política interna de cargos e salários. A Marisol mantém uma espécie de banco de talentos, reavaliado a cada três anos. De acordo com o gerente de Recursos Humanos, Marcos Zick, uma comissão avalia o potencial e desempenho de cada funcionário, registrando o perfil exigido para cada cargo.

Quando um fica vago, um nome é escolhido no banco de talentos. Com isso, "todos têm condições plenas de desenvolvimento e crescimento profissional, através de programas de polivalência, cargos de carreira e oportunidades diversas vinculadas ao bom desempenho", diz.

Os funcionários não dependem do SUS ou da Previdência para tratamentos médicos e aposentadoria. A empresa mantém dois planos de seguridade social. No básico, ninguém paga nada. A empresa se encarrega de todos os custos e garante um pecúlio de 10 vezes o salário do funcionário.

Como cerca de 80% dos funcionários são mulheres, além de médicos de especialidades variadas disponíveis no ambulatório da empresa e no sindicato da categoria, a Marisol mantém um ginecologista a postos, além de exigir que todas participem do Programa Saúde da Mulher, com palestras e exames preventivos de câncer de colo uterino e mama. Tudo dentro do horário de trabalho. A Marisol assume ainda 30% dos gastos com remédios, além de 100% dos custos de exames médicos e tratamento odontológico.

Comunicação também não falta na Marisol. São cinco jornais internos que circulam em todos os locais, para que ninguém fique sem saber o que acontece em seu ambiente de trabalho. Assim, é mais fácil participar de discussões e fazer sugestões dentro do plano de administração participativa que a Marisol incentiva.

Vamos agora conhecer as bases que fundamentam o sucesso da Marisol:

Visão
Vestir o corpo e a alma das pessoas.
Missão
Encantar clientes e consumidores no segmento do vestuário.
Crenças
– Acreditamos que para realizar uma grande mudança é preciso crer e sonhar, para então transformá-la numa nova realidade. – Acreditamos que são as pessoas os grandes agentes das mudanças e que elas sempre podem superar os seus limites.

Crenças

- Acreditamos que o sucesso do negócio é diretamente proporcional ao grau de envolvimento e comprometimento das pessoas.
- Acreditamos que o cliente não tem razão. Ele é a própria razão. Por isso, precisamos não só satisfazê-lo, mas encantá-lo.
- Acreditamos que para distribuir é preciso antes gerar a riqueza. Por isso precisamos, obstinada e equilibradamente, gerar lucro.

Valores nos quais a Marisol S.A. acredita, traduzidos em compromissos:

- **Acionistas**
  Garantir adequada remuneração do capital investido, criando valor para o Acionista, por meio de gestão dinâmica e transparente.
- **Clientes**
  Satisfazer plenamente o Cliente, superando suas expectativas, é o nosso compromisso permanente.
- **Comunidade**
  Ser agente estimulador, participando e apoiando iniciativas que propiciem o desenvolvimento sociocultural nas comunidades onde atuamos.
- **Finanças**
  Cumprir rigorosa e permanentemente todas as obrigações assumidas, pois o crédito é uma instituição que não se impõe, se conquista.
- **Fornecedores**
  Estabelecer relação de cooperação duradoura com o Fornecedor, que contemple o aperfeiçoamento de produtos e serviços, eleve a capacidade competitiva e respeite os mútuos interesses.
- **Lucro**
  Gerar lucro hoje e sempre é condição indispensável para garantir o crescimento, a justa remuneração do capital e do trabalho e cumprir o papel social da Empresa.
- **Meio Ambiente**
  Utilizar racionalmente os recursos naturais e gerenciar em toda sua extensão os processos produtivos para neutralizar todo e qualquer impacto ambiental.
- **Mudanças**
  Manter permanentemente atitude de prontidão às mudanças, quebrando paradigmas, em função das sinalizações emitidas pelos ambientes internos e externos.
- **Qualidade**
  Garantir a satisfação total dos nossos Clientes, fornecendo produtos e serviços com elevado padrão de qualidade, a preços justos.

Valores nos quais a Marisol S.A. acredita, traduzidos em compromissos:

- **Recursos Humanos**
  Reconhecer que são as pessoas que fazem a diferença e que o sucesso está diretamente relacionado ao grau de participação e comprometimento dos Colaboradores para com os objetivos globais da Empresa, razão pela qual adotamos o princípio da "Liberdade com Responsabilidade" como política central da valorização do SER HUMANO.
- **Tecnologia**
  Investir continuamente na atualização tecnológica dos meios de produção e do conhecimento, fixando-os, para garantir a eficácia dos processos e a competitividade.

Modelo de Liderança Marisol	
Características do verdadeiro Líder:	
• Saber ouvir; • Elogiar; • Estar comprometido e incentivar; • Motivar e saber estimular o grupo; • Dar e receber "*feedback*"; • Ser sensível às pessoas.	• Ser flexível, ponderar outras opiniões; • Conhecer seus subordinados; • Ser seguro, justo e imparcial; • Estar sempre atualizado; • Ser criativo e inovador; • Decidir.
Modelo de Administração	
São instrumentos da gestão participativa:	
• Comitês Operacionais; • Núcleos de Análise de Valor; • TQC – Controle de Qualidade Total; • CCQ – Círculos de Controle de Qualidade.	• Gerenciamento pelas Diretrizes; • Gerenciamento da Rotina; • SOL – Segurança, Organização e Limpeza.
Objetivos Permanentes	
Processo de aprimoramento contínuo:	
• Assegurar o nível de exatidão das informações; • Cumprir rigorosamente os prazos internos e externos; • Elevar a capacidade competitiva; • Eliminar os desperdícios.	• Garantir a lucratividade; • Manter elevados padrões de qualidade dos produtos e serviços; • Reduzir o ciclo de produção; • "Nós precisamos ser grandes o suficiente para servir aos nossos clientes e pequenos o suficiente para conhecê-los."

Todas as empresas precisam ter um “norte” que sirva de orientação para as lideranças e funcionários. Esta direção tem uma finalidade específica que é o desenvolvimento empresarial sustentável ao longo do tempo. Estaremos construindo uma empresa não para passar (de ano, de crises, de ondas de mercado), mas para durar.

Capítulo

5

RECURSOS HUMANOS:
Por Mais que se Queira Melhorar Uma Vassoura, Ela Jamais Será Um Aspirador de Pó

"De tudo o que fiz, o mais importante foi coordenar o talento daqueles que trabalharam para nós e indicar-lhes o objetivo pretendido."
Walt Disney – *criador do Mickey*

O Papel Estratégico de Recursos Humanos: Os Desafios da Transformação para a Nova Economia

Nas décadas de 60 e 70, quando as empresas estavam orientadas para a produção, inseridas num ambiente típico de revolução industrial, as atividades de RH estavam centradas no atendimento e na satisfação das necessidades básicas do ser humano. Nesse período, manter a motivação do empregado dependia de fatores como: restaurante no chão da fábrica, assistência social, transporte, seguro de vida, clube de empresa, complemento de aposentadoria e demais vantagens ou "pacotes" de benefícios extensivos à família.

Esta visão paternalista, apoiada pelo sindicato, pela família e pela Igreja, fez o sucesso de muitos executivos da área que continuaram a utilizar este modelo de gestão na década de 80, mas acrescentando dois novos componentes: o treinamento de pessoal e os planos de carreira. Este último, um sinal claro de insatisfação do empregado com a falta de perspectiva de futuro. Com a especialização, as estruturas de RH cresceram para "atender as necessidades dos usuários". Resultado: Distanciou-se do foco de negócio da empresa, enredadas em seus próprios esquemas de trabalho.

E foi assim que passamos boa parte dos anos 80 e 90 com greves, reivindicações e discursos tecnicamente corretos e eficazes para a época. Durante esse período, muitos advogados trabalhistas foram contratados como gerentes de RH para, numa primeira instância, proteger o patrimônio da empresa. Não é difícil imaginar que opiniões os dirigentes de empresas formaram a respeito da contribuição de RH para os resultados do negócio:

> – *Se pagamos o salário em dia, damos cesta básica, assistência médica, vale-transporte... etc. etc., por que fazer greve? O que eles querem?*

Convivemos com essa idéia até hoje. Em muitas empresas, a área de Recursos Humanos é vista como o "Departamento Pessoal", órgão regulador do comportamento dos funcionários e com cara de CLT. E foi ao longo dos anos 90 que vimos desfilar, no cenário empresarial, teorias administrativas, entre elas o *downsizing*, a terceirização, a reengenharia e o *empowerment*, todas elas prometendo fazer voltar o lucro para o bolso dos acionistas. Algumas deram certo, outras nem tanto. Nesse ínterim, acompanhamos a inquietação dos profissionais de RH quando questionados sobre a contribuição da área para os resultados da empresa. Preocupação justa, uma vez que já ouvi de muitos profissionais a seguinte frase: "Aguardando mudanças". E elas passam...

A era do Departamento de Recursos Humanos como conhecemos está com os dias contados. Mais do que um provedor de pessoas, RH deve assumir papéis diferentes e desafiadores de acordo com os novos tempos. Na última década vimos empresas moverem-se de canais geográficos de distribuição para o comércio eletrônico e uma onda global de fusões, aquisições e alianças estratégicas modificarem completamente o mapa de negócios. A força física perde lugar para a força da inteligência, estabelecendo uma nova missão para RH: desafiar o intelecto dos funcionários para criar vantagens competitivas sustentáveis. E para que isso aconteça é preciso atrair e reter os melhores profissionais na empresa. Com essa missão em foco, temos uma nova oportunidade de rever o modelo de gestão de pessoas praticado, direcionando-o para as principais preocupações e desafios da empresa.

Olhando um pouco para a história, vimos durante o século XX as organizações optarem predominantemente pelos sistemas fabris com vistas a produzir bens de consumo. As ciências deram sua contribuição à excelência operacional trazendo velocidade, automação, administração científica, produção em massa e produtividade. Estas organizações olhavam mais para dentro de si mesmas e menos para as necessidades do mercado. Nos anos 90, as organizações iniciaram a abertura em direção ao consumidor, procurando entender as suas necessidades, desejos e expectativas. Grandes investimentos foram feitos buscando estabelecer uma linha direta com o consumidor, assegurando a ele realizar uma compra personalizada e de acordo com o seu gosto. Chamamos a isto marketing de relacionamento – a coqueluche da atualidade – somente operacional através dos sistemas informatizados. Processamento eletrônico de dados, administração da informação, ferramentas e técnicas de análise de informações, tudo isso para dar apoio às decisões com eficiência e eficácia.

Nós estamos agora na era do conhecimento e a única arma que irá criar vantagem competitiva é a capacidade de inovação, da geração de novas idéias. Uma pesquisa realizada pela consultoria Marketing Intelligence Service (2002), de Nova York, revela que nos últimos 10 anos o número de novos produtos dobrou, mas o potencial de produtos efetivamente inovadores caiu para menos da metade. O que observamos é que por mais rápidas que sejam as inovações propostas pelas empresas, outras irão copiá-las. Surge, então, o desafio: como inovar, manter-se à frente da concorrência e continuar ganhando dinheiro? Resposta: privilegiando o intelecto através da busca e da retenção de pessoas competentes e do seu conhecimento.

Atualmente, a inteligência domina os processos organizacionais e os dados e informações que foram sistematizados nos últimos 20 anos são uma condição fundamental e necessária para a criação e administração do conhecimento nas empresas. Agora, a análise, a síntese, as correlações entre as variáveis de processo e o ambiente são tarefas que somente as pessoas são capazes de realizar. A questão passa a ser a seguinte: por mais que a tecnologia avance, o ser humano sempre estará na linha de frente decidindo o que, onde e quando aplicar o conhecimento adquirido.

Com base neste novo cenário, desenhamos alguns **desafios** a serem superados e, posteriormente, os **passos iniciais** – para ajudar os executivos e profissionais de Recursos Humanos a alavancar a contribuição do departamento e aumentar o poder de influência na empresa:

1º Desafio da Transformação:
Atrair, reter e motivar talentos ou profissionais de alto potencial e desempenho.

De fato, o conhecimento é uma riqueza pessoal quando é alcançado e um recurso quando é compartilhado e institucionalizado na organização. A partir desta visão é fácil entender que o papel da Área de Recursos Humanos está na habilidade para atrair e reter talentos, visando maximizar a produtividade intelectual em prol da organização. Buscar esse equilíbrio significa identificar talentos e executar planos de desenvolvimento que retenham e motivem estes funcionários que podem ser considerados *high potation*. A Alcatel Telecomunicações, empresa francesa com atividades em São Paulo, faz tão bem esse trabalho que ganhou o TOP de RH 2002 promovido pela ADVB – Associação dos Dirigentes de Vendas do Brasil – e pela ABRH – Associação Brasileira de Recursos Humanos. Ela identificou os talentos da organização e desenvolveu um plano para potencializar o desempenho, preparar os funcionários para assumirem posições-chave no futuro e, com isso, preservar o capital intelectual. Para a Alcatel, implantar um projeto dessa natureza é uma condição básica para a sobrevivência do negócio porque está diretamente relacionada a sua capacidade de oferecer respostas competitivas frente à terrível concorrência que caracteriza o setor de telecomunicações e o exigente perfil de clientes que possui.

A partir da missão e das competências críticas da organização, desenvolve-se todo o trabalho de identificação e mapeamento das competências comportamentais e técnicas exigidas para todos os funcionários e, em perspectiva, daqueles profissionais considerados de alto potencial. É uma tarefa imprescindível para as organizações que não querem perder um capital tão volátil e tão perecível como é o capital intelectual de seus funcionários.

2º Desafio da Transformação:

Ensinar as pessoas a trabalhar em times e por projetos.

Para atuar de forma colaborativa, aquela visão de caixinhas do organograma da empresa deixa de existir e dá lugar a uma nova forma de organização, a qual chamamos de *Project Office*. A tendência à multiplicação de projetos e a necessidade de método para justificar investimentos econômicos que envolvem vários setores de um mesmo negócio são fatores que têm contribuído para a implementação de *Project Office* ou "Escritório de Gerenciamento de Projetos" (EGP) nas empresas. Os benefícios são evidenciados quando encontramos situações de trabalho como: prazos não cumpridos, entregas não feitas, projetos que estouram orçamentos ou que vão por água abaixo por causa de mudanças constantes nas metas ou nos processos.

Soa familiar? Profissionais enfrentam os desafios de projetos complexos todos os dias. Atualmente, existem ferramentas para tornar possíveis desafios que antes pareciam insuperáveis. Ao longo da última década, foram refinadas e formalizadas técnicas específicas para ajudar a entregar produtos de qualidade pontualmente e dentro do orçamento. As técnicas de Gerenciamento de Projetos ensinam os profissionais a vincular metas e objetivos do projeto às necessidades da empresa, enfocar as necessidades dos clientes, criar equipes de projeto de alto desempenho, trabalhar além de limites funcionais, desenvolver estruturas de divisão de trabalho, fazer estimativas dos custos e calendários de projetos usando técnicas simples e comprovadas, cumprir restrições de tempo, calcular riscos e estabelecer um sistema confiável de controle e monitoramento de projetos.

A HP Consulting (2002) formou um *Project Office* há alguns anos no país. Começou com dois profissionais e hoje, já unida à Compaq, conta com 180 profissionais e 103 projetos. Não existem limites departamentais e as pessoas trabalham e são alocadas por projetos. Unem-se para desenvolver idéias, elaboram planos, executam, avaliam e acompanham os resultados. Não constroem os seus castelos de areia à parte das necessidades organizacionais, mas envolvem e comprometem outros profissionais como o pessoal de finanças, marketing, vendas, operações, logística, etc.

Essa competência de ensinar as pessoas a trabalhar por projetos, de forma integrada (que extrapola as caixinhas do organograma), é um dos desafios da transformação do RH.

3º Desafio da Transformação:
Ensinar os funcionários a entender as mudanças no comportamento do consumidor.

O cliente não quer mais pagar pela ineficiência administrativa de uma empresa. Portanto, valores e serviços tornam-se fundamentais. Hoje, o consumidor tem opções ilimitadas para determinar alternativas, avaliar vantagens simultâneas, fazer escolhas em um mercado aberto e de fácil acesso. Em outras palavras, o consumidor não está disposto a comprar o que está disponível à primeira vista ou ser influenciado por anúncios atrativos de produtos que prometem demais e entregam de menos. Produtos que estavam distantes e longe do alcance estão agora disponíveis no ambiente do consumidor a um preço acessível. As funções organizacionais precisam integrar-se para efetuar o atendimento ao cliente, como um de seus pilares da excelência empresarial, e isso pressupõe cooperação e colaboração entre os departamentos para trazer os consumidores para dentro da empresa.

A Área de Recursos Humanos atua como facilitadora da aquisição desta nova competência, ensinando as pessoas que não é a empresa que determina o sucesso de uma marca ou produto no mercado, por mais que ele seja conhecido, nem mesmo pelo seu preço, mas a percepção do consumidor quanto aos atributos e benefícios que o produto pode trazer para ele, influenciando, assim, na decisão de compra.

4º Desafio da Transformação:
Ensinar as pessoas a fazer *business intelligence*.

Os consumidores determinarão quem fica e quem sai do mercado. Hoje, tais consumidores, em especial os que trafegam pela Internet, estão alimentando a grande rede com dados e informações que irão desenhar um banco de dados global sobre pessoas e seus hábitos de consumo, perfil de renda, gostos, desejos, etc. A empresa que souber desenvolver a capacidade de pesquisar o mercado e de transferir o conhecimento para as equipes de trabalho, utilizando-se das ferramentas tecnológicas existentes, estará capacitada a antecipar-se às demandas do consumidor, planejando operações de campo, eliminando perdas de produção e reduzindo custos.

A área de RH pode contribuir para esse desafio educando as pessoas a utilizar a tecnologia da informação, não somente para aprender a operar uma planilha do Excel, por exemplo, mas ensiná-las a alimentar a empresa com informações e a pesquisar banco de dados virtuais, desenvolver o pensamento estratégico, pesquisar informações sobre a concorrência, e todas as fontes possíveis que ajudem a empresa, e seus funcionários, a entenderem o mercado onde atuam. Em geral, essa tarefa é delegada ao Marketing da empresa, quando a questão não deveria ser tratada assim. Se perguntarmos ao motorista da empresa o que ele anda ouvindo sobre o nosso produto ou o que a concorrência anda aprontando ele, provavelmente, terá informações valiosas que podem definir o sucesso ou o fracasso do próximo lançamento. É uma ilusão achar que os concorrentes não dispõem de informações sobre a nossa empresa.

O RH pode apoiar esse trabalho em parceria com o Marketing, capacitando os funcionários a trabalhar com informações e "vendendo" para eles a importância da contribuição para o sucesso da empresa. Não esquecendo de incentivar e premiar o novo comportamento.

5º Desafio da Transformação:
Ajudar os funcionários a entender onde eles estão metidos, fazendo-os conhecer profundamente o negócio da empresa.

O ciclo de vida de produtos e serviços está cada vez menor e a única receita para o sucesso é a capacidade de inovação contínua. A obsolescência de produtos é a marca registrada dos novos tempos, e este fato tem tirado o sono dos profissionais de Marketing quando, na verdade, deveria ser um assunto de responsabilidade de toda a empresa. Para produtos industrializados, o ciclo de vida também está encurtando e isso a menos de uma década. Para concessionárias de veículos, por exemplo, venderem automóveis virou um pesadelo. Os ganhos estão migrando para a prestação de serviços de manutenção, acessórios, seguros, etc.

O desafio de Recursos Humanos é capacitar funcionários para entenderem o mercado onde atuam, as características desse mercado, os clientes, os competidores e o impacto de seus comportamentos no dinâmico relacionamento externo. Devemos educar os funcionários para comercializar os valores que estão embutidos (ou agregados) nos nossos produtos e serviços.

6º Desafio da Transformação:
Preparar as pessoas para lidar com a diversidade cultural.

As barreiras físicas, geográficas, nacionais, internacionais e tarifárias estão caindo por terra. O emprego se tornou um fenômeno transnacional e os profissionais transitam de um lugar para outro, de uma empresa para outra, com a mesma facilidade de quem atravessa uma rua. A descentralização geográfica remove a identidade nacional da marca, encontrando modos de fabricar e operar onde o retorno do capital é atraente. No Brasil, estamos vivendo um momento de intensa chegada de expatriados. Europeus, americanos, asiáticos, entre outros, vêm assumindo postos de comando nas empresas e, conhecendo muito pouco da cultura do trabalhador brasileiro, imprimem ritmos de trabalho provenientes de suas culturas que, às vezes, entram em choque com a cultura local. Conseqüência? Conflitos se multiplicam. Ou a situação contrária: como suas matrizes estão fora do país e o negócio no Brasil não representa mais do que 5% da fatia de negócios globais, os expatriados administram, aqui nestas terras, com a mente e o coração lá fora. Resultado? Dissonância, desequilíbrio, falta de sinergia, entre outros dissabores mais visíveis nos balanços financeiros.

A missão estratégica do RH nesse caso é capacitar as pessoas para trabalhar com diferentes percepções de vida e de trabalho, provenientes de culturas diferentes. Neste caso, desenvolver programas que facilitem a integração dos expatriados, visando conhecer a cultura brasileira e os funcionários da empresa, e, com o mesmo empenho, elaborar programas de comunicação interna para amenizar o impacto dos boatos e das fofocas, muito comuns nos processos de fusões e aquisições.

7º Desafio da Transformação:
Elaborar um perfil de competências para candidatos que desejam trabalhar na empresa (antes de contratá-los!).

O papel do departamento ou do responsável pela seleção de pessoas é identificar as exigências de habilidades atuais e necessidades futuras a partir dos projetos ambiciosos da empresa. Deve-se identificar fontes apropriadas – internas e externas – para cumprir tais exigências e estabelecer níveis mínimos de entrada que caracterizem o perfil de competências que todo profissional a ser contratado pela empresa deverá ter. A ênfase deve ser dada para cargos-chave ou de liderança da organização porque são críticos para o negócio. Para não ter problemas com atitudes negativas no futuro, uma boa sugestão é elaborar um mapa de princípios (ou um código de conduta) onde são relacionadas e explicitadas as atitudes que a empresa espera do novo funcionário. Por exemplo: Comprometo-me a evitar boatos e fofocas, preservar a imagem interna e externa da empresa, agir com lealdade, ética e transparência, cumprir as metas e os objetivos da empresa, trabalhar motivado e com entusiasmo, sugerir melhorias e inovações etc. Façamos o novo funcionário assinar uma cópia. Lembre-se, estamos no Brasil e as relações de trabalho ainda são "difíceis".

8º Desafio da Transformação:
Incentivar os funcionários a compartilhar o conhecimento disponível na empresa.

Uma exigência mínima para as empresas competirem eficazmente no mercado é fazer com que as pessoas compartilhem umas com as outras o conhecimento disponível na organização. A área de Recursos Humanos deve incentivar uma cultura colaborativa para que as pessoas busquem o conhecimento onde quer que esteja disponível, independentemente de sua fonte ou posição na hierarquia. Ao criar uma cultura para compartilhar o conhecimento, a área de RH estará criando um ambiente de confiança. Se um time de trabalho vai desenvolver um novo projeto, por que não consultar um banco de dados onde experimentações semelhantes já foram realizadas e estão registradas? É possível cortar caminho e custos aproveitando o conhecimento de outro time que já trabalhou num projeto semelhante no passado? Sim. Ganha-se tempo e dinheiro. Será que precisamos ir à França para aprender sobre determinado problema técnico de produto, se dispomos de uma análise completa na intranet da empresa? Claro que não. Esse é o benefício prático da gestão do conhecimento. Ou do *learning organization* ou administração do capital intelectual. Dêem o nome que quiserem. O importante é que a idéia é simples, porém trabalhosa, tanto pela infra-estrutura a ser montada como pelo medo das pessoas: "Se eu falar tudo o que sei, posso perder o emprego".

O desafio do RH é incentivar as pessoas a colocarem o seu conhecimento, as experiências de trabalho, disponível na rede interna. E isso somente será possível se o funcionário não se sentir ameaçado. Talvez o maior trabalho seja esse.

9º Desafio da Transformação:
Habilitar as lideranças para atuarem como treinadores.

Este nono e último desafio da transformação é o mais crítico de todos. Iniciar um processo de mudança no papel das lideranças da empresa significa migrar da influência pelo poder e autoridade para a influência e autoridade pelo conhecimento. O líder passa a ser um administrador das relações entre a organização e o ambiente, para gerenciar as complexidades e ampliar, de forma realista, capacidades e funções organizacionais. O líder é a ponte entre a realidade da empresa (situação atual) e a concretização de sua visão (situação desejada).

A área de Recursos Humanos atua como facilitadora da preparação de líderes, ensinando-os a administrar as pessoas através do treinamento, do desenvolvimento e da educação. Na agenda desse novo líder sempre estarão presentes palavras como missão, estratégias, objetivos, metas, idéias, comprometimento, reconhecimento e resultados. O profissional de RH ajuda o líder a desenhar atividades para suas equipes de trabalho que lembram continuamente a missão e os objetivos da empresa. Ensinar os gerentes a serem educadores é um dos desafios da transformação. Mas essa estratégia não pode estar desvinculada da necessidade de também desenvolver nos líderes o orgulho, a confiança, a integridade, a credibilidade, a justiça e a responsabilidade mútua, itens que devem constar da doutrina básica da organização e que envolvem todos os funcionários.

Os Passos Estratégicos da Transformação de RH: Construindo a Ponte

1º passo

Onde estamos ou... Conhecendo o terreno: Devemos realizar um diagnóstico da atuação de Recursos Humanos, avaliando as funções, entrevistando clientes internos, fazendo pesquisa de clima e cultura organizacionais, fazendo *benchmarking* e, a partir de tudo isto, elaborar uma radiografia da área evidenciando os pontos fortes e fracos, as ameaças e oportunidades. Assim podemos apontar os desafios da transformação.

2º passo

Onde desejamos estar daqui a algum tempo ou... Planejando a construção da ponte: Com base no diagnóstico realizado, vamos esboçar o novo modelo de RH. Nesse caso, as melhores práticas pesquisadas no mercado podem dar a direção que devemos seguir. O que precisamos fazer é avaliar se o que vimos pode ser aplicado à nossa realidade, ao nosso negócio. Feito isso, algumas perguntas são pertinentes: desejamos continuar com as atividades rotineiras de pessoal ou devemos terceirizar? Desejamos nos aproximar das áreas da empresa? Se queremos isso, como vamos fazer? Formar consultores internos de RH? Temos em nosso quadro pessoas com esse perfil? Quais as competências que devemos adquirir para atuar de forma estratégica? Nos organizaremos por processos? Todos devem saber tudo de RH, ou não? Respondendo a estas perguntas, e talvez a mais meia dúzia delas, estaremos aptos a desenhar aquilo que será a nova área de Recursos Humanos. O nosso plano está pronto.

3º passo

Colocando em prática o plano ou... Construindo a ponte: Os alicerces da ponte deverão ser construídos nesta etapa. Significa realizar todas as mudanças internas em RH que atendam às necessidades do plano elaborado. Assim, vale considerar em que medida devemos terceirizar atividades rotineiras de pessoal. Essa análise também pressupõe o estudo das competências prioritárias da empresa para desenvolver um modelo de gestão de RH por competências que atenda aos objetivos empresariais. Implica ainda rever ou desenhar novos processos, contratar, treinar e influenciar as lideranças para aceitarem as responsabilidades pela gestão das pessoas em seus departamentos.

Estaremos migrando do papel de policiador e controlador para o papel de facilitador da gestão dos recursos humanos da empresa. Isso requer, durante o processo, a realização de algumas reuniões gerenciais para explicar o novo papel do RH e a predisposição em ajudá-los a alcançar resultados de forma mais rápida e melhor do que era antes. O RH precisa ajudar a empresa a vender e a lucrar mais hoje do que ontem.

4º passo

Desenhando formas de reter as pessoas na empresa e cuidar delas ou... Avançando na construção da ponte: Temos muitas tarefas nesta etapa. Além de cuidar da porta de entrada da empresa contratando pessoas competentes, devemos desenhar sistemas de remuneração que privilegiem o desempenho individual, os esforços de inovação e facilitem o alcance dos objetivos da organização.

As ações de treinamento deverão estar diretamente alinhadas com os planos da empresa. Se um treinamento não pode ser medido é porque ele não serve. Para treinar é preciso que haja alguma deficiência no desempenho ou implantação de uma nova tecnologia ou um novo processo de trabalho. Treinamento comportamental também deve ser medido. Caso contrário é desperdício de dinheiro.

Depois de todo o esforço de mudança nos processos de RH, está na hora de cuidar do estilo de vida dos funcionários. Temas como qualidade de vida, ergonomia, saúde, benefícios, ambiente de trabalho harmonioso e produtivo, comunicação e *endomarketing* passam a fazer parte dos planos de RH. A tecnologia da informação pode auxiliar a empresa na disponibilização desses e de outros serviços.

Como RH pode criar uma cultura forte para produzir melhores resultados

1. Fundamentar o sistema de RH no grande quadro referencial de "navegação" da empresa – A sua visão, a sua missão, os seus valores, as estratégias e os objetivos.
2. Articular os valores e elaborar um código de conduta.
3. Mapear as competências que todos os funcionários devem "entregar" à empresa.
4. Criar um ambiente de trabalho que ofereça espaço para a inovação e a gestão do conhecimento.
5. Encorajar a diversidade interna como fator de criatividade e inovação.
6. Preparar as lideranças para atuar como treinadores.
7. Encorajar o espírito empreendedor para que as pessoas se sintam desafiadas.
8. Encorajar o trabalho colaborativo entre todos os departamentos da empresa.
9. Estabelecer o compromisso de aprender incentivando o autodesenvolvimento.
10. Comunicar as coisas boas na empresa.
11. Recompensar e premiar as contribuições individuais para a inteligência da empresa.

5º passo

Implantando a gestão do conhecimento ou... Concluindo a ponte: Do enfoque de processo, passamos agora para um estágio superior: o enfoque de conteúdo. Vamos prover agora recursos para alavancar o conhecimento na empresa. Por exemplo, poderemos criar políticas que permitam aos funcionários navegar na Internet durante duas horas por dia para desenvolvimento profissional ou fazer um dos cursos online disponíveis na intranet.

Uma outra iniciativa é criar um laboratório do conhecimento, como fez a Unilever, na sua divisão Van den Berg, de São Paulo (SP). A empresa disponibilizou uma sala de *learning* com equipamentos conectados à Internet e à intranet, além de vídeos empresariais, livros e outros recursos para que os funcionários pudessem passar algumas horas pesquisando e se aperfeiçoando.

Outra iniciativa poderá ser a de incentivar a prática da pesquisa pelos funcionários – já apresentada num dos desafios da transformação. Devemos lembrar sempre a importância de acentuar as iniciativas das pessoas reconhecendo e recompensando suas atitudes. Nesse caso, a comunicação interna deverá funcionar muito bem.

6º passo

Comunique, comunique, comunique e depois avalie, avalie, avalie ou... Testando a ponte: Devemos ser caçadores de boas notícias na organização. Foco nas contribuições, no monitoramento do uso do conhecimento na empresa, na propaganda interna de tudo aquilo que vem agregando valor aos resultados da organização. Projetos, pessoas, conquistas, inovações, lançamento de produtos ou serviços, informações de mercado, como posicionamento, concorrência, campanhas internas, tudo! Tudo aquilo que venha a refletir o espírito da empresa promulgado na sua carta de navegação (visão, missão, valores, códigos de ética, etc.). Avalie tudo e, estando no caminho certo, continue comunicando, comunicando, comunicando.

Um dos sinais de prosperidade de uma organização é a taxa de crescimento de todos os seus componentes – estratégias, sistemas, competências e capacidades organizacionais, tecnologia, habilidades, níveis de serviço, responsabilidade, qualidade e produtividade dos recursos. É fácil dizer que pessoas boas farão isto acontecer. Para assegurar tal crescimento, a organização tem de investir no crescimento e na renovação das pessoas. Para tanto, será preciso desenvolver um Programa de Administração da Mudança para que as lideranças da empresa entendam as implicações e os desafios do novo mundo e o impacto na organização e nos processos de RH.

São muitas as transformações necessárias. A realização dessa mudança, até por conta da dimensão que ela assume, com freqüência é vista como uma tarefa utópica, algo que parece ser maior do que nossa capacidade. No entanto, a transformação se faz necessária muito mais no âmbito interno de cada pessoa do que no ambiente que a cerca. Se predispusermos as pessoas para a mudança, a transformação será uma decorrência, primeiramente, dessa postura e não da introdução, mera e simples, de novas tecnologias ou metodologias. No entanto, para que a mudança seja efetiva e duradoura, devemos ser tão radicais quanto as transformações que estão ocorrendo no mundo... E em todos os sentidos.

Quais as Competências do Profissional de RH para Atuar em Um Novo Cenário?

Assistindo a um programa do Discovery Channel, uma frase chamou-me a atenção: *O volume de informações dobra a cada 20 meses*. Aonde vamos parar nesse ritmo alucinante? Como as empresas estão lidando com este volume de informações? De onde elas estão vindo? Internet, intranet, *e-mail's*, *sites*, provedores, televisão, jornal, CD's, multimídias, vídeos, cassetes, faxes, telefone, correio, mala direta, impressos em geral etc.

Enfim, são dezenas ou centenas de caminhos de comunicação, integrados ou não, que chegam até você e na sua empresa. E como nós estamos vivendo um ambiente de competição mercadológica, vale tudo!

Por que será que a teoria da *Learn Organization* (Peter Senge) ou "a empresa que aprende" tomou tanta força nestes últimos anos? O autor desta teoria diz que devemos aprender a aprender.

Se pensarmos na velocidade com que as informações circulantes no mundo estão modificando a maneira de fazer negócios, então podemos dizer que estamos diante de um novo paradigma.

Quando Nicolau Copérnico, no século XVI, comprovou que a Terra era redonda, ocorreu um verdadeiro "deus-nos-acuda". Todos, naquela época, sabiam e acreditavam que a Terra era quadrada. Pensando assim, as expedições tinham os seus limites. O limite do medo de chegar no horizonte e cair no precipício.

Mas quando Copérnico provou a sua teoria, tudo mudou. Os aventureiros partiram para as suas expedições sem medo do desconhecido. A motivação levou-os à descoberta de novas terras e riquezas.

Esta história exemplifica a questão do paradigma e, como dizem os especialistas em futuro: *quando um paradigma muda, o conhecimento volta a zero*. Voltou a zero com a revolução tecnológica. Portanto, precisamos reaprender.

Novas tarefas, novas tecnologias, novas competências, novas profissões, novos valores e, por que não, "renovados" seres humanos.

A série de perguntas apresentadas a seguir deve provocar a reflexão sobre a necessidade de um novo papel para o profissional de RH. Estas questões ultrapassam os muros do departamento e, por isso, podem gerar reações adversas caso não tenhamos respostas para todas elas:

1. Por que é tão difícil realizar mudanças comportamentais na empresa?
2. Por que os treinamentos realizados atendem pouco, ou quase nunca, as expectativas de todos?
3. Como estamos conectando as competências e o desempenho das pessoas ao desempenho global da empresa?
4. Por que é difícil remover as barreiras entre departamentos e amenizar o impacto dos feudos de poder nas organizações?
5. Como administrar o volume de informações que entram na empresa através de seus vários canais?
6. Como quebrar a monotonia do ambiente de trabalho, o tédio e a desmotivação?
7. Como as pessoas estão se adaptando às novas tecnologias?
8. Qual a percepção dos nossos funcionários com relação aos produtos ou serviços que vendem?
9. Que imagem eles possuem da própria empresa em que trabalham?
10. Como estamos trabalhando a integração dos interesses pessoais dos funcionários aos interesses corporativos?
11. Qual o impacto das ações da concorrência no nosso negócio?
12. Como estamos medindo a nossa contribuição para o negócio da empresa?

Enfim, são perguntas, dentre outras, que nos remetem à formulação de um novo papel profissional de Recursos Humanos.

Competências que o Profissional de RH deve "entregar" à empresa
1. Acompanha as mudanças ambientais e traduz estas variáveis em assuntos de aprendizagem organizacional para todos os níveis da empresa.
2. Sabe vasculhar, como procurando uma "agulha no palheiro", as informações importantes e relevantes para a empresa e transformá-las em assuntos de aprendizagem interna, de capacitação gerencial.
3. Filtra o lixo informacional que existe hoje e prospecta "pérolas" para o benefício da empresa.
4. Atua como um "provedor" de informações às várias áreas da empresa.
5. Atua como um elemento sinérgico, contribuindo para que todos tenham uma visão global da empresa.
6. Auxilia a empresa na descoberta e seleção de práticas de ensino-aprendizagem, traduzindo-as em planos de ação para aquisição de novas competências.
7. Está permanentemente "ligado" com o que há de mais atualizado no mundo da gestão empresarial.
8. Sabe prospectar informações sobre mercados, clientes, fornecedores, concorrentes etc., traduzindo-as em informações úteis e estratégicas para a empresa.
9. É reconhecido como um Agente de Mudança e Facilitador por todas as áreas da empresa.
10. Utiliza ferramentas de marketing para promover os produtos e serviços do RH e da empresa como, por exemplo, a imagem institucional, os seus produtos, serviços e clientes.
11. É um estrategista. (Acredito que esta será a profissão de maior demanda do futuro.)
12. Auxilia a presidência a disseminar a visão, a missão e os valores da empresa.
13. Integra as ações de RH às atividades de Marketing, fazendo-as trabalhar juntas com a visão do cliente interno e externo, reconhecendo-os como peça importante para o sucesso dos produtos e serviços da empresa.
14. Auxilia as lideranças a cumprirem o seu papel de *coach* e difusor de uma cultura saudável na empresa.
15. Auxilia os funcionários a "entregarem" as competências exigidas pelo negócio.

Aí estão as quinze competências-chave para o desempenho do novo profissional de RH, cuja formação se dará através de um longo processo de capacitação e desenvolvimento. Não se forma um profissional desse quilate da noite para o dia. Mas você poderia perguntar: "E as competências interpessoais? São tão importantes!"Concordo plenamente. Competência emocional para lidar com as fantasias, as resistências e as neuroses organizacionais. Maturidade, empatia, simpatia e habilidade para trabalhar e negociar eficazmente com pessoas e grupos.

Agindo como um guerreiro samurai, devemos dominar um pouco de cada arte. Isto significa compreender a dinâmica organizacional tendo como pressuposto básico que a excelência empresarial é o resultado do equilíbrio entre o lucro, como fator de perpetuação do negócio; os funcionários, como seres humanos com interesses e expectativas; e os clientes, a razão de existir da empresa. Qualquer desequilíbrio num desses três aspectos põe em risco a saúde do negócio.

Um excesso de orientação da empresa para o lucro gera resultados de curto prazo, causa estresse nas pessoas e afugenta clientes. A médio e longo prazos, a estrutura desaba e inicia-se um processo lento e gradual de deterioração organizacional. Perdem-se bons profissionais, posições no mercado, rentabilidade e lucratividade. No meio do caminho, estão muitas empresas que pegam carona em tecnologias de última geração na expectativa de reverter o quadro desfavorável. Porém, não aplicando o mesmo peso de investimentos para aqueles que farão funcionar as "novas tecnologias" – os funcionários – tais investimentos não passarão de doce ilusão, por mais empenho que se tenha para "encantar clientes". Portanto, o equilíbrio é necessário. Neste momento, entra em cena o profissional de recursos humanos, atuando como agente decisivo para integrar os interesses de acionistas, funcionários e clientes.

Como o foco de atuação de RH está nos funcionários, todos os esforços devem estar voltados para ações que mantenham as pessoas, em todos os níveis, motivadas e comprometidas com os objetivos da empresa. Nesse sentido, as práticas de RH passam pela utilização profissional de ferramentas de marketing, uma vez que o público interno deve ser convencido a "comprar" a empresa que trabalha. Se o funcionário está convencido e compra o produto que faz, convence o cliente a comprar!

Pesquisa de mercado, plano de comunicação, imagem, público-alvo, *endomarketing*, propaganda, promoção, canais de distribuição, treinamento, satisfação de fornecedores e clientes, lealdade, plano de vendas, impacto e influência nas atitudes, concorrência, posicionamento, sistema de informações e *Balanced Scorecard* são alguns dos temas que já estão fazendo parte do dia-a-dia dos profissionais de RH, comprometidos com os resultados da organização.

E por falar em pesquisa, um perfil do profissional de RH foi traçado com companhias instaladas no Rio de Janeiro. Segundo a antropóloga Lívia Barbosa, que organizou a pesquisa (2002), resultado da parceria da Escola

Superior de Propaganda e Marketing e da Associação Brasileira de Recursos Humanos (RJ), foi constatado que as funções não-estratégicas ainda prevalecem no dia-a-dia desses profissionais. Os resultados partiram de entrevistas com 237 profissionais de RH, de vários níveis hierárquicos, em 159 empresas com, no mínimo, 200 funcionários. A maioria deles se considera mal-informada e despreparada do ponto de vista do cotidiano do negócio. Segundo as respostas, as atividades menos exercidas são *coaching* e *mentoring* – consideradas as primeiras na lista das práticas estratégicas de RH.

Na década do cliente exigente, de um mercado competitivo e sem fronteiras, de funcionários ansiosos e de lucratividade medida a conta-gotas, não podemos deixar de fazer um "realinhamento" na maneira de fazer as coisas em Recursos Humanos, sob pena de sermos sugados pelo aspirador da inovação, com a vassoura nas mãos!

Case Andrade Gutierrez (2001)
RH: Um Aliado Estratégico do Negócio

A construção pesada, no final dos anos 80, que tinha o Poder Público como seu principal cliente, entrou numa crise que foi decisiva para que a Andrade Gutierrez revisse suas formas de atuação no mercado e buscasse garantir o futuro da empresa e de seus funcionários segmentando suas atividades. Para isto, ela sabia que precisava investir em seus profissionais.

A empresa

A Andrade Gutierrez é um dos maiores grupos privados da América Latina, com atuação em quatro setores da economia: construção pesada, concessões de serviços públicos, telecomunicações e investimentos imobiliários. Em 2001, a receita bruta do Grupo atingiu R$ 3,1 bilhões.

Cada área de negócios tem atuação independente, com seu próprio planejamento estratégico e operacional, elaborado a partir das peculiaridades de seu setor. Assim, cada gestor coordena basicamente uma operação, com o objetivo de atingir maiores níveis de produtividade e de retorno sobre o capital empregado.

A transformação de Recursos Humanos

O Centro de Serviços de Recursos Humanos – CSRH, como importante agente nesse processo, com o objetivo de concentrar as ações relacionadas a Pessoal e a Resultados, considerou o contexto do Brasil e da Andrade Gutierrez e iniciou seu processo de mudança. O primeiro passo reuniu vários momentos de auto-avaliação, como os seminários internos realizados e a pesquisa de opinião de clientes. A partir daí elaborou o seu planejamento estratégico, constituído de sua Visão, Missão, Princípios e Objetivos.

Visão

Ser um centro de serviço reconhecido por contribuir de forma estratégica para a qualidade de vida das pessoas e os resultados da empresa, através do comprometimento, efetividade, proximidade, agilidade e inovação.

Missão

Concretizar ações de RH que favoreçam a melhoria contínua da qualidade de vida das pessoas e o alcance dos resultados empresariais.

Princípios

Comprometimento – Efetividade – Proximidade – Agilidade – Inovação.

Identidade e cultura AG (Andrade Gutierrez)

Sedimentação da cultura organizacional – modelo de gestão, estilo de liderança e valores – favorecendo o clima interno e os resultados da organização, através dos projetos Mapeamento 360º e *Work Out*.

Qualidade dos Recursos Humanos

Garantia de disponibilidade dos recursos humanos necessários à empresa, em qualidade e quantidade, favorecendo os resultados organizacionais. Contempla os projetos de Gestão das Carreiras, incluindo o Projeto de Sucessão e o Programa de Habilidades.

Manutenção dos Recursos Humanos

Garantia de organização, fixação e motivação dos recursos humanos da Andrade Gutierrez, através do conceito da gestão da remuneração total, alinhada com a cultura da empresa e com sua estratégia de negócios – integrando os componentes e as funções de RH, de modo a favorecer os resultados globais da empresa. Os projetos são Gestão da Remuneração Total, incluindo a Remuneração Fixa e os Benefícios, e a Remuneração Variável.

Custos dos Recursos Humanos

Melhoria da gestão e composição dos custos de mão-de-obra da empresa, através da busca da eficiência fiscal, previdenciária e trabalhista. O projeto nessa dimensão é o Planejamento do Custo de Mão-de-obra – PCMO.

A atuação estratégica do CSRH foi desenvolvida, ao longo dos últimos cinco anos, em paralelo com a nova estrutura de gestão de negócios da Andrade Gutierrez. A organização atual da empresa confere a cada área de negócios maior autonomia e transparência – fundamentais para a formação de parcerias – e posiciona a construtora para participar da retomada do desenvolvimento econômico do país.

O trabalho de preparação da Andrade Gutierrez para o novo milênio, iniciado na virada da década de 90, culminou numa verdadeira revolução na cultura de trabalho do grupo. A empresa investiu na formação de seu quadro de profissionais, preparando-os para assumir os desafios dos novos tempos. Além disso, promoveu completa reestruturação de métodos e processos, aumentando a qualidade dos serviços prestados e a capacitação dos seus recursos humanos. Hoje, a Andrade Gutierrez está mais ágil, seus executivos têm a clara visão dos negócios para o futuro e a empresa está focada e integrada para aproveitar as oportunidades do mercado.

A contribuição do CSRH nesse processo foi decisiva, mas só se tornou possível graças à colaboração e ao empenho de todos que ajudaram a construir as transformações necessárias. Em se tratando de gente, nada mais esperado. Só o homem muda a História, traça caminhos e colhe resultados.

Introdução

Há muito que o trabalho dos profissionais de RH não se limita às questões legais e de controle, tipo folha de pagamento, férias, benefícios etc. Não que esses processos não sejam importantes. No entanto, outros papéis passaram a predominar a atuação de RH. A captação, o desenvolvimento de talentos e o compartilhamento da gestão da empresa ampliam muito a sua atuação, tornando-se o foco da Gestão Estratégica de RH.

É nessa direção que foi estabelecida, em 1996, a Visão do Centro de Serviços de Recursos Humanos da Construtora Andrade Gutierrez. Este trabalho mostra o caminho percorrido para o alcance de sua Visão, as etapas do processo e os principais projetos desenvolvidos pela equipe do CSRH.

Contexto externo e a Andrade Gutierrez

Criada em 1948, com o objetivo de executar obras de infra-estrutura e desenvolvimento urbano – como rodovias, portos, aeroportos, hidrelétricas, grandes unidades industriais, hipermercados, shopping-centers e escolas, no país e no exterior – a Construtora Andrade Gutierrez passou por várias fases em suas atividades.

A primeira, vivida na época do plano de metas do governo Juscelino Kubitschek, tinha como cenário a criação do Plano e do Fundo Rodoviários, além de uma proposta de mecanização da construção pesada e civil.

A segunda, a partir da década de 60, foi marcada pela construção da BR-319, com 879 quilômetros de extensão, ligando Manaus, no Amazonas, a Porto Velho, em Rondônia, obra que exigiu o desenvolvimento de técnicas e equipamentos especiais para enfrentar as condições adversas da floresta tropical.

Os anos 70 trouxeram um crescimento acelerado, o chamado "Milagre Brasileiro". A Andrade Gutierrez participou ativamente da ampliação e modernização da infra-estrutura instalada no país, construindo grandes indústrias, aeroportos e usinas hidrelétricas. Uma das estratégias de crescimento foi a diversificação para outras atividades e áreas, como mineração e química.

Nos anos 80, com a Nova República, é inaugurada a terceira fase da Andrade Gutierrez. Os esforços da empresa foram direcionados para execução de grandes obras de desenvolvimento urbano e para o mercado internacional. No início dos anos 90, quando a economia mundial ainda ensaiava as profundas e rápidas transformações que se seguiriam, a Andrade Gutierrez traçou seu modelo de atuação para o século XXI. A ideologia da globalização acabara de adquirir vulto no Brasil, tardiamente em relação aos países ricos da América do Norte, Europa e Japão, trazendo os conceitos de competitividade, liderança e sucesso. O resultado das inovações foi uma crise sem precedentes, com a falência de vários setores da economia brasileira.

O setor da construção pesada e civil também sofreu as conseqüências de mudanças tão bruscas. A Andrade Gutierrez chega aos anos 90 sob forte crise no mercado, com resultados deficitários e ausência de investimentos significativos. Este cenário gerou uma imagem extremamente negativa para o segmento da construção pesada o que, por si só, passou a exigir um posicionamento imediato da Andrade Gutierrez em relação aos seus públicos-alvo e à sociedade brasileira.

No começo da década de 90 tem início um processo de racionalização na empresa, com a simplificação dos sistemas, eliminação das atividades desnecessárias e redução da burocracia. Em 1992, a Andrade Gutierrez vive um período de reorganização interna, com uma evolução da estrutura organizacional, a descentralização da área técnica, a redução dos níveis hierárquicos, a fundação do AG-Prev – o plano de previdência privada da empresa – e a criação das Unidades de Negócios e dos Centros de Serviço. No decorrer de 1993 a 1994, são criados novos instrumentos gerenciais, além do Plano Operacional, do Plano Individual de Metas e do Programa de Remuneração Variável. A empresa investe também nas habilidades e no estilo gerencial de seus funcionários.

Planejamento estratégico AG

Visão
Ser um centro e serviço reconhecido por contribuir de forma estratégica para a qualidade de vida das pessoas e para os resultados da empresa.

- Comprometimento
- Efetividade
- Proximidade
- Agilidade
- Inovação

Missão
Concretizar ações de RH que favoreçam a melhoria contínua da qualidade de vida das pessoas e o alcance dos resultados da empresa.

Objetivo 1 **Atender ao cliente** Diagnóstico permanente das suas necessidades e retorno efetivo às suas demandas.	Objetivo 2 **Suprimento** Pessoas alinhadas aos valores e características da AG.	Objetivo 3 **Qualificação** Desenvolvimento da competência das pessoas.	Objetivo 4 **Clima** Estímulo à motivação e ao compromisso.

Mas é em 1995 e 1996 que se consolida o reposicionamento definitivo da Andrade Gutierrez no mercado, com a definição das estratégias das Unidades de Negócios – em termos de clientes e formas de atuação – e da corporação. A Estratégia Corporativa da Andrade Gutierrez se traduz na formalização da Visão da Empresa, com suas ideologias, valores, perspectivas de futuro, objetivos e vantagens competitivas; no funcionamento da cúpula e nas políticas corporativas, com seus parâmetros estratégicos, concessões, concorrências, clientes industriais e *project finance*.

A empresa passou a refletir naquele momento sobre questões que seriam estratégicas para o seu futuro. A construção continuará sendo um bom negócio? Os acionistas pretendem continuar com a empresa? Os jovens terão possibilidade de fazer carreira? O que é preciso realizar para acompanhar essa revolução? A isso se some o fato de que as pessoas não tinham a mesma percepção dos problemas, nem havia consenso sobre as perspectivas de futuro e sobre o que deveria ser feito.

Do ponto de vista do mercado, a perspectiva de desaquecimento de obras de infra-estrutura realizadas pelo governo era certa. Tudo isso levou a Andrade Gutierrez à redefinição de sua estratégia corporativa e ao redirecionamento do seu foco de atuação.

Ao fim dessa etapa, o que a empresa precisava saber estava claro: as perspectivas de futuro, o rumo a seguir, o que se pretendia obter e como agir para chegar aos objetivos da organização.

A visão corporativa da Andrade Gutierrez

Qualquer empresa precisa ter uma ideologia que explicite, claramente, um conjunto dos preceitos básicos cultivados por todos. São esses princípios que vão orientar, congregar, estimular, uniformizar e dar sinergia às atuações dessa empresa e dar também sentido à vida profissional de cada um.

Depois de um extenso trabalho de pesquisa, envolvendo fundadores, acionistas e funcionários, a Andrade Gutierrez definiu sua Visão Corporativa:

- Ser a melhor é ser a mais Rentável, a mais Sólida, a mais Eficaz, a mais Inovadora, a mais Atuante.

- Ser a melhor é ser a Preferida do cliente.
- Ser a melhor não é necessariamente ser a maior mas Estar entre as Maiores.
- Ser a melhor pela Valorização das Pessoas e pelo Ambiente de Trabalho.
- Ser a melhor pela busca incessante da Excelência em tudo o que fizer.
- Ser a melhor pelo comprometimento com a plena Realização Pessoal de cada um.

A trajetória do CSRH para a Gestão Estratégica de Recursos Humanos

Ao longo de 1995, o Centro de Serviços de Recursos Humanos – que, como outros centros de serviços, trabalhava com a filosofia de privilegiar a atuação e a linguagem empresariais, atuando como unidade empreendedora, orientada para o cliente, para a qualidade e custos dos serviços, e foco em resultados – anteviu que seu papel seria de extrema importância no contexto de mudanças da Andrade Gutierrez.

O primeiro seminário interno do CSRH

Em setembro do mesmo ano, antes, porém, que a empresa elaborasse a sua Estratégia Corporativa, o CSRH realizou o Primeiro Seminário Interno para fazer uma auto-avaliação. Os resultados apontavam para uma correção urgente de rumos: havia desconhecimento dos serviços prestados pelo CSRH entre os próprios funcionários de RH; a melhoria da comunicação interna era fundamental; o discurso e a ação precisavam ser unificados; e havia um desejo de mais cooperação e envolvimento permanente dos funcionários da equipe. Uma das principais ações decorrentes do Primeiro Seminário foi a realização do Levantamento de Opinião e Satisfação de Clientes do CSRH.

Em síntese, pode-se dizer que os resultados apontavam para maior necessidade de foco em seus clientes internos e de uma atuação com maior autonomia, desenvolvendo ações eficazes para ampliar sua comunicação e o nível de conhecimento de seus produtos e serviços. Além disso, o CSRH necessitava de investimento na melhoria das áreas de Saúde e Benefícios, e de reavaliar, também, os seus custos internos.

A principal conclusão do Primeiro Seminário foi que o CSRH precisava fazer uma revisão mais ampla de sua atuação. Era preciso rever suas políticas, processos e práticas. Em 1996, portanto, dando continuidade a seu processo de realinhamento, o CSRH elaborou o seu Planejamento Estratégico. Nele, o Centro de Serviços estabeleceu sua Visão, Missão, Princípios e Objetivos.

Novos desafios e os primeiros resultados

Em outubro de 1996, as necessidades de mudança e maior efetividade do CSRH já começavam a ser respondidas. Durante a realização do Segundo Seminário Interno, os resultados globais apontavam para a ampliação da identidade da área, com uma nova cara e uma nova postura. A construção das bases para a Gestão Estratégica de RH estava concluída, associada às diretrizes estratégicas da Andrade Gutierrez. Internamente, o sentido de equipe estava ampliado, permitindo às pessoas ver, com clareza, o seu papel, além de ocupar espaços e propiciar uma aproximação maior com o cliente.

As metas para o ano de 1997 também foram traçadas durante o Segundo Seminário. Elas consistiam de:

- Consolidação da base da Gestão Estratégica de RH.
- Dar o tom e o ritmo aos assuntos de RH, fazendo-os acontecer.
- Manter o foco no pessoal interno da área:
  – nos clientes;
  – na remuneração total;
  – na renovação e nova geração da Andrade Gutierrez;
  – na sustentação da Estratégia Corporativa da empresa;

- Sustentar um RH voltado para o *holding*, para a base e para todos os níveis.

Em 1997, o CSRH inova outra vez com o Plano Diretor de RH, onde são definidos os projetos e as suas metas para o biênio 98/99, buscando a consolidação do grande objetivo: o alcance de sua Visão.

A estratégia adotada definiu a atuação do CSRH em quatro dimensões: Identidade Andrade Gutierrez, Qualidade dos RH's, Manutenção dos RH's e Custos de RH. Cada uma delas tinha seu objeto de ação, seus projetos e objetivos.

Identidade Andrade Gutierrez

Busca sedimentar a cultura organizacional Andrade Gutierrez – como o Modelo de Gestão, o Estilo de Liderança e os Valores Essenciais – em todos os níveis funcionais, favorecendo o clima interno e os resultados organizacionais. Os projetos eleitos foram a Cultura Andrade Gutierrez e o Clima Organizacional.

Qualidade dos Recursos Humanos

Tem como objetivo assegurar à empresa os profissionais necessários, em nível qualitativo e quantitativo, favorecendo os resultados organizacionais. Os projetos que buscam resultados nessa área são o Projeto de Gestão das Carreiras e o Programa de Habilidades.

Manutenção dos Recursos Humanos

A área busca assegurar à organização a captação, fixação e motivação dos seus recursos humanos, através do novo conceito da Gestão da Remuneração alinhada com o mercado, com a cultura organizacional e com a estratégia de negócios, integrando seus componentes e as funções de RH, de modo a favorecer a obtenção e superação de seus resultados. Os projetos definidos para atingir esses objetivos são os de Remuneração e Benefícios.

Custos dos Recursos Humanos

Visa assegurar à organização a melhor gestão da composição e dos custos de mão-de-obra, através da melhoria da eficiência fiscal, previdenciária e trabalhista. O projeto definido para essa dimensão é o Planejamento do Custo da Mão-de-Obra – PCMO.

Identidade e Cultura Andrade Gutierrez

As transformações globais eram reais e, com elas, a Construtora Andrade Gutierrez sabia da importância de buscar competitividade, qualidade e eficiência nos mercados em que atuava ou pretendia atuar. A empresa também sabia que, sem a participação e o envolvimento das pessoas, nada poderia ser feito.

O Centro de Serviços de Recursos Humanos criou um informativo próprio, chamado *Gente*, que passou a vir encartado dentro do jornal interno da empresa. Neste suplemento, o CSRH passou a divulgar, de forma sistemática, suas ações, programas, idéias e objetivos, para aproximar-se de seus clientes. Além do *Gente*, foram criados outros meios de comunicação, como manuais e informativos sobre assuntos relevantes e urgentes.

Para sedimentar a imagem da empresa, alinhada com a Identidade e Cultura Andrade Gutierrez, o Centro de Serviços de Recursos Humanos desenvolveu dois grandes projetos: *Work Out* e o Mapeamento 360°.

O *Work Out*

O *Work Out* foi inicialmente implantado na General Electric em 1989, por solicitação de seu presidente, Jack Welch, como forma de possibilitar a participação dos funcionários nas decisões estratégicas da empresa.

> *"É um processo que possibilita redefinir o relacionamento entre chefes e subordinados, buscando substituir a hierarquia por equipes interfuncionais, transformar gerentes em líderes e dar uma autonomia radical para todos os trabalhadores que ainda obedecem aos chefes."*
>
> *Jack Welch*

O *Work Out* caracteriza-se por uma metodologia que se propõe a identificar e superar barreiras ao desempenho da organização. Implantado na Andrade Gutierrez em 1998, o projeto já apresentou resultados importantes para a evolução de várias áreas da empresa e conta com a participação de funcionários de diversos setores e níveis.

O *Work Out* visa a consolidação de um modelo de gestão participativo, com Maior Autonomia, Liderança, Agilidade e Compromisso com Soluções. São os próprios profissionais, de diferentes funções e níveis hierárquicos, que levantam problemas e propõem soluções para assuntos diversos, como políticas de Recursos Humanos, modelo de gestão de obras, integração de áreas e ação comercial. O processo tem início com uma reunião de cerca de três dias, envolvendo todos os profissionais participantes, para tratar da eliminação de barreiras, solução de problemas e otimização do desempenho de áreas e temas de interesse comum ao grupo. O trabalho é conduzido para permitir uma conclusão sobre o assunto, através da formulação de um plano de ação que é submetido, no último dia da reunião, à aprovação direta pela alta gerência, que se compromete a tomar uma decisão imediata em relação às soluções propostas pelo grupo.

O trabalho tem continuidade com a distribuição de funções e responsabilidades entre os participantes, que assumem o compromisso de efetivar a implantação das propostas feitas, criando uma dinâmica que energiza os envolvidos, integra as gerências e os demais níveis operacionais e administrativos e proporciona grande objetividade na solução de problemas e na busca de melhorias internas e externas.

Foram realizados quatro *Work Out's*:

- Melhoria dos Processos de Execução de Obras (julho/98 – 53 participantes).
- Evolução da Ação Comercial (dezembro/98 – 55 participantes).
- Melhoria da Gestão Tributária, Trabalhista e Previdenciária (fevereiro/99 – 50 participantes).
- Como aumentar a contratação de obras, com lucro para a Unidade Internacional (abril/99 – 35 participantes).

Essas sessões de *Work Out* geraram 27 novos projetos em diversas áreas da empresa. O objetivo do CSRH era buscar a sedimentação desses projetos e disponibilizar, através da intranet AG, os principais aspectos e recomendações dos projetos do *Work Out*, distribuídos nas fases de gestão de um contrato, da prospecção ao encerramento da obra.

Mapeamento 360°

Dentro dos projetos voltados para a Identidade e Cultura Andrade Gutierrez, destaca-se o Mapeamento 360°, um processo no qual os executivos recebem o retorno de sua atuação e de seu alinhamento com os valores, princípios e estilos de liderança demandados pela empresa. Isso facilita a adequação ao perfil da organização, através do autoconhecimento de seus líderes.

A metodologia do projeto é desenvolvida para sedimentar os valores e a cultura da organização; consolidar um estilo de liderança; apoiar o autodesenvolvimento das pessoas; e incentivar a melhoria contínua das performances, após o processo de mudança da Andrade Gutierrez.

Resgatando valores e referências, o processo tem como objetivos complementar o portfólio de informações e avaliações de cada profissional; desenvolver a prática de dar e receber *feedback*; fornecer subsídios para Gestão das Carreiras, Remuneração e Planejamento de RH, envolvendo os programas de treinamento, desenvolvimento, sucessão, contratação e renovação do quadro de pessoal.

Além de receber uma "fotografia" de sua atuação fornecida por aqueles com os quais trabalha, o profissional vê onde precisa mudar, aproveitando melhor as oportunidades de aprimoramento e desenvolvimento oferecidas pela empresa. Este processo, sem dúvida alguma, tem agilizado as mudanças organizacionais.

Na fase de implantação do Mapeamento 360°, foi realizado um seminário de sensibilização, do qual participaram avaliados e avaliadores, num total de 650 pessoas, para compreender os conceitos e as metodologias do projeto, além de disseminar os valores relativos à empresa e à pessoa. De 1998 a 2000, foram realizadas três rodadas de mapeamento, fechando o ciclo de avaliações deste período.

Qualidade dos Recursos Humanos

Em um mundo globalizado, o sentido de participação e envolvimento das pessoas é fundamental para gerar um retorno maior para a empresa. A criação de políticas e diretrizes para a melhoria da qualidade das relações entre a empresa e seus funcionários torna-se, então, a base para que uma organização atinja suas metas.

Para estimular a qualificação dos recursos humanos da Andrade Gutierrez, foram selecionadas duas linhas de trabalho, focadas no Programa de Habilidades e na Gestão das Carreiras, sendo que esta última inclui o Projeto de Sucessão.

Programa de Habilidades

Voltado para o desenvolvimento das habilidades dos profissionais da Andrade Gutierrez, visando prepará-los para assumir cargos e exercer funções compatíveis com os novos desafios impostos pelo mercado, o Programa de Habilidades trabalha em duas frentes: o MBA em Gestão de Negócios e o Programa de Capacitação de Líderes.

O MBA prepara os profissionais através do desenvolvimento, aprofundamento e atualização de conhecimentos no campo da administração. Implantado há três anos, como parte de um programa corporativo de desenvolvimento de habilidades, o MBA em Gestão de Negócios já formou quatro turmas, 116 participantes, gerando 24 projetos aplicativos para a empresa. Os cursos são feitos em parceria com a Fundação Instituto de Administração da Universidade de São Paulo (FIA-USP).

Além do MBA, a empresa está investindo no programa de Marketing, com 191 participantes; em cursos de pós-graduação, com 79 pessoas; no programa de Desenvolvimento Gerencial para Trainees, com 46 funcionários; no programa de Sensibilização para o Mapeamento 360°, totalizando 650 participantes; e no programa de Capacitação de Líderes, voltado para 45 líderes da empresa.

O programa de Capacitação de Líderes visa municiar de informações e habilidades as pessoas que têm cargos de liderança na Andrade Gutierrez, ajudando essas pessoas a enfrentar desafios com alto nível de excelência. Um outro objetivo importante do programa é transmitir aos líderes a experiência bem-sucedida dos profissionais de destaque na empresa, permitindo uma homogeneização dos conhecimentos específicos necessários ao bom desempenho das novas funções.

O programa de Capacitação de líderes busca garantir a qualificação das pessoas e prossegue na etapa de avaliação, de forma a assegurar o acompanhamento do desempenho profissional e o perfil exigido de cada líder envolvido.

Ao longo de sua implantação, o programa de habilidades exigiu investimentos da ordem de R$ 3,6 milhões.

Gestão das Carreiras

É um conjunto de políticas, diretrizes e procedimentos que visam a qualificação e o crescimento profissional das pessoas que compõem a empresa. Nele estão incluídos os planos de Carreira e Sucessão, Avaliação de Desempenho, Avaliação de Potencial e de Talentos, o Programa de Renovação dos Recursos Humanos.

Juntamente com o Planejamento de Recursos Humanos (PRH), o Programa de Gestão das Carreiras avalia, qualitativa e quantitativamente, a necessidade de profissionais para a obtenção das metas empresariais de curto, médio e longo prazos.

O programa visa tornar a empresa eficaz em suas movimentações de pessoal, auxiliando no desenvolvimento profissional das pessoas – identificando chances na carreira – e no correto preenchimento das oportunidades internas. Isso vale, também, para a programação das promoções, sucessão de cargos-chave e necessidade de pessoal externo, através da identificação de áreas onde poderia ocorrer descontinuidade de gestão. Além disso, o programa busca recrutar, no mercado, os recursos humanos que empresa necessita a curto prazo.

Subsidiando o processo de Gestão das Carreiras, o Planejamento de Recursos Humanos (PRH) objetiva discutir e eleger a demanda de profissionais para a Andrade Gutierrez e suas Unidades de Negócios, definindo quantidade, qualificação, habilidades e potencial, além de identificar oportunidades de desenvolvimento e carreira.

Na primeira fase, o CSRH descreveu funções, conceitos básicos e trajetória de carreira; criou uma tabela de cargos e salários; elaborou grades de maturidade e habilidades; e implantou um Banco de Dados.

Na segunda fase, criou os Comitês de Recursos Humanos; enquadrou cargos e funções; elaborou políticas de Admissão, Movimentação; e validou estimativas de potencial.

Na terceira, o CSRH implantou o Planejamento de Recursos Humanos e passou a divulgar a Gestão das Oportunidades.

O projeto de sucessão

Dentro do Plano de Gestão das Carreiras, o projeto de Sucessão visa renovar as lideranças da empresa, buscando a evolução da estrutura organizacional, a partir do contexto de mudanças externas e internas. Para ser líder no mercado, a Andrade Gutierrez precisa de empreendedores com agilidade e eficácia nas decisões, pessoas que consigam gerenciar, simultaneamente, a ação comercial, de produção, administração, finanças e recursos humanos.

Os objetivos do Projeto de Sucessão incluem a identificação de cargos-chave, mapeando necessidades de recursos para essas posições; identificação de *back-ups* para os cargos-chave; identificação de situações para as quais será necessário desenvolver recursos ou buscá-los no mercado; e definição de estratégia para o desenvolvimento de *back-ups*.

O projeto foi implantado em quatro fases: elaboração de um plano geral de trabalho, definindo prazos, amplitude e a previsão dos problemas iniciais; conhecimento das estratégias e tendências dos negócios da Andrade Gutierrez, buscando compreender a estrutura, os desafios e as atividades em expansão e declínio do mercado; identificação das competências e capacitações que a empresa espera de seus profissionais, desenvolvendo os programas necessários para eles.

A última etapa, relativa à implantação do processo, visa definir formas de avaliação dos profissionais; acompanhar os programas e a evolução dos funcionários envolvidos; focar a atuação nos talentos; e desenvolver programas específicos de renovação do quadro de pessoal, aposentadoria, entre outros.

Para identificar os empreendedores, o CSRH realizou um mapeamento de habilidades e conhecimentos de seus gerentes comerciais e de obras, o que gerou o treinamento específico, além do Programa de Formação de Líderes.

A participação efetiva do CSRH na elaboração, condução e realização do Projeto de Sucessão contribuiu para a mudança do Modelo de Gestão da Andrade Gutierrez e para a escolha de um novo grupo de líderes, o que deu início ao processo de sucessão da atual geração, preparando a empresa para o mercado do novo século.

Manutenção de Recursos Humanos

Para cuidar dos aspectos de remuneração e benefícios, o CSRH vem trabalhando ativamente com quatro projetos: a Revisão de Procedimentos de Remuneração, a Revisão da Gestão de Remuneração, o Plano de Remuneração Variável (PRV) e a Política de Benefícios.

Revisão de Procedimentos de Remuneração Fixa

Com o objetivo de rever valores e procedimentos praticados pela Andrade Gutierrez, adequando-os a uma nova realidade de mercado, de maneira gradativa, este programa visa, também, evitar impactos fortes na vida dos profissionais envolvidos no que diz respeito à remuneração.

O programa divide-se em duas políticas: Adicional de Transferência e Ajuda-Moradia. A primeira tem como objetivo compensar o profissional transferido para locais onde as obras são desenvolvidas, levando-se em conta as condições de saúde, saneamento, lazer, locomoção e serviços oferecidos no local. Considera, ainda, a necessidade do profissional casado residir longe de sua família. Além disso, leva em conta o tempo acumulado com atividades em obras onde o profissional está lotado.

A Política de Adicional de Transferência, aprovada e implantada em março de 1998, atingiu todas as obras em janeiro de 2000.

A Política de Ajuda-Moradia, que visa conceder moradia aos profissionais transferidos, por interesse da empresa, para locais fora de sua região de origem, também foi aprovada e implantada aos contratos de aluguel formados a partir de março de 1998, estando com todos os contratos de locação enquadrados em março de 1999.

Resultados

A Política de Adicional de Transferência gera uma economia anual em encargos de R$ 2,4 milhões.

Com relação à Política de Ajuda-Moradia, os resultados são:

- Número de profissionais e contratos abrangidos pela política:
  - Nível médio: 493.
  - Nível superior: 173.
  - Economia gerada: R$ 2 milhões.

Revisão da Gestão da Remuneração

Este projeto foi criado para desenvolver pesquisas sobre as práticas de remuneração existentes no mercado nacional de construção, com base no conceito de remuneração total (salário-base + benefícios), integrado à Gestão das Carreiras.

Ele tem como objetivos a avaliação da remuneração dos executivos no mercado, considerando os componentes: salário, adicional de transferência e benefícios; a consolidação do ajuste da política de adicional de transferência; e a realização de um ajuste salarial para contemplar todos os fatores da formação da remuneração, como mercado, resultados da empresa, evolução profissional e equilíbrio interno.

O projeto foi implantado em seis fases:

- Desenvolvimento dos levantamentos de mercado – fevereiro a março de 98.
- Análise e apresentação dos resultados – abril a junho de 98.
- Aprovação, junto ao Conselho de Administração, do ajuste salarial médio de 25% sobre o salário-base.
- Desenvolvimento de critérios de ajuste salarial com foco na gestão das carreiras.
- Apresentação dos resultados da pesquisa salarial e dos critérios de movimentação salarial para todos os diretores e gerentes da empresa.
- Implantação dos ajustes salariais a partir de agosto de 98, retroativos a julho de 98.

Resultados

Julho/98

- 414 executivos avaliados, considerando a remuneração profissional.
- Ajuste salarial médio de 24,54% sobre o salário-base, sendo 8,15% sob forma de ajuste geral e 16,39% sob a forma de ajustes de carreira, mérito e potencial.
- 45 (11%) dos executivos tiveram promoção vertical.

Plano de Remuneração Variável (PRV)

É um instrumento estratégico da empresa, baseado em critérios objetivos e tem como princípios básicos ser:

- flexível, permitindo ajustes sempre que necessário, em função dos objetivos e diretrizes da empresa;
- estimulante, despertando nos colaboradores o sentimento de ser sócio e parceiro do negócio.

Com o objetivo de maximizar os resultados da organização, através de incentivo atraente, justo e saudável para as pessoas envolvidas, o PRV visa impactar significativamente os resultados da empresa, através das pessoas.

Embora o PRV tenha sido implantado em 1995, ele evoluiu ao longo do tempo de forma a acompanhar o enfoque estratégico da empresa, valorizando determinados segmentos, objetivos e resultados. A metodologia nasceu tendo como principal indicador a Margem de Obra que, já no primeiro ano, passou a apresentar lucro operacional e hoje tem como parâmetro o *EVA* (*Economic Value Added*) – uma estrutura integrada de gerenciamento de negócios e remuneração variável que estabelece um novo direcionamento dentro da organização.

A evolução da metodologia busca reforçar a performance das pessoas, áreas e unidades cuja atuação interfere diretamente na obtenção dos objetivos da empresa.

O programa de Participação em Resultados Excepcionais (PRE) é mais uma ferramenta, dentro do PRV, para estimular as pessoas na busca da maximização dos resultados empresariais. Foi criado em 1996 e trata de uma premiação destinada aos profissionais que contribuírem pessoalmente, de maneira marcante, para a superação das metas previstas.

O PRV contribui para:

- a sedimentação do conceito de "Planejamento" na empresa;
- atuação com foco e comprometimento dos resultados;
- evolução da performance gerencial dos executivos;
- obtenção de bons contratos. Os novos contratos obtidos nos últimos dois anos apresentaram a rentabilidade real de 18% enquanto a rentabilidade prevista nos orçamentos era de 13,5%;
- motivação dos executivos na busca constante de melhorias na execução dos contratos. Nos últimos quatro anos, 38 contratos superaram os seus resultados em 32%.

Benefícios

Destacam-se os principais benefícios concedidos pela Andrade Gutierrez:

- Seguro de Vida em Grupo, com taxas reduzidas e com coberturas bem acima dos seguros concedidos pelos concorrentes e pelo mercado.

- Seguro Saúde, com abrangência nacional; aquisição de medicamentos através de um convênio direto com distribuidoras, que possibilita a compra de medicamentos a preço de custo; refeição em seus próprios refeitórios, apenas com desconto e o desenvolvimento de Áreas de Convivência para a melhoria do ambiente de trabalho.

AGPREV – Fundo de pensão

Embora a empresa já adote a previdência privada desde 92, algumas decisões importantes foram tomadas.

Vesting

Em caso de desligamento, se não for elegível à aposentadoria da previdência privada, o funcionário pode resgatar, por liberalidade da empresa (a partir de 1º de outubro de 1999), até 100% do valor depositado pela empresa, além da devolução integral de suas contribuições. O percentual da contribuição da patrocinadora a ser liberado está vinculado à idade e ao tempo de casa do profissional. Esta deliberação foi incorporada ao regulamento do plano de aposentadoria.

Garantia de benefícios

O propósito da AGPREV é propiciar a seus empregados a aposentadoria suplementar em torno de 60% do salário, incluindo aí o benefício do INSS. No entanto, como a AGPREV foi implantada em 1992, muitos profissionais, que se dedicaram com empenho ao sucesso da Andrade Gutierrez, não teriam tempo de contribuição suficiente para formar a poupança necessária para este benefício.

Portanto, a empresa garante o benefício equivalente a 60% do salário da ativa aos participantes que em janeiro de 1996 tinham idade igual ou superior a 50 anos, mínimo de 10 anos de serviço contínuo, e que, na data do desligamento, tenham direito ao benefício da aposentadoria antecipada ou normal. Isto vale para os profissionais que, na data da aposentadoria, tenham mais de 30 anos de serviço contínuo na empresa.

Custos dos Recursos Humanos

Esta dimensão, definida pelo CSRH para responder as questões relacionadas ao custo de seus serviços, baseia-se no Planejamento do Custo de Mão-de-Obra ou PCMO, que tem por objetivo eliminar o passivo trabalhista nas unidades da Andrade Gutierrez, buscando o menor custo nas práticas ligadas às relações de trabalho. Para isto, o PCMO visa a implantação de procedimentos disponíveis na legislação ou de possíveis negociações coletivas.

O PCMO começou a ser implantado em 1998, com a identificação e análise das ferramentas disponíveis na legislação trabalhista que poderiam ser utilizadas na gestão da mão-de-obra nos contratos da empresa. Depois disso, houve uma atuação permanente junto aos sindicatos patronais e de trabalhadores, em especial nas localidades e nos estados de interesse da Andrade Gutierrez. A isso, seguiram-se:

- Divulgação interna do estudo dos projetos, junto às áreas técnicas e aos gerentes de contrato.
- Parceria com o Jurídico Trabalhista.
- Desenvolvimento de estudos específicos para cada projeto, levando-se em conta o tipo de obra, a sua localização, a representação patronal e laboral, a mão-de-obra necessária, o histograma da obra, o cliente e as características do contrato.
- Elaboração do PCMO, respeitando-se a especificidade de cada projeto e sua região.

Resultados

Realização de negociações com sindicatos dos trabalhadores, objetivando acordos coletivos que resultaram em práticas de RH com menores custos:

- Pagamentos de remuneração variável com isenção de encargos de R$ 34 milhões.
- Economia na concessão de transporte de R$ 4,2 milhões.

- Implantação de Banco de Horas e Contratação por Prazo Determinado, gerando a economia de R$ 1 milhão.
- Revisão interna da forma de contratação e pagamento de profissionais para atuação no exterior, com economia anual de R$ 1,4 milhão.
- Manutenção da jornada de trabalho de 8 horas para profissionais submetidos a turnos ininterruptos de revezamento, com economia de R$ 1 milhão.

Tecnologia

A intensa utilização da informática na gestão das políticas e práticas do CSRH tem garantido maior segurança, visibilidade e transparência a seus processos junto a seus clientes.

A intranet propiciou uma série de avanços na comunicação interna do CSRH e na sua integração junto às pessoas e áreas da empresa. Através da intranet AG, o Centro de Serviços de Recursos Humanos divulga sua Missão, Visão e Princípios, além de uma série de outros serviços, podendo se destacar:

- Produtos de cada área do CSRH.
- Organograma.
- Tabela de preços desses produtos.
- Administrativo Online, um sistema disponível na Gestão do Conhecimento, que compreende normas, padrões e procedimentos referentes às questões fiscais, tributárias e trabalhistas. Trata-se de um dos *sites* mais visitados na intranet AG.
- Recursos estratégicos de obras, que estão vinculados ao Planejamento e Desenvolvimento de Profissionais Estratégicos de obras, visando a agilidade na sua gestão, uma vez que o seu banco de dados refere-se às informações de cadastro desses profissionais, suas carreiras, treinamento, registros e atualizações online.
- Atualização do currículo profissional dos funcionários da sede e das obras.

Dada a necessidade de coordenar e acompanhar os projetos decorrentes do *Work Out*, no Brasil e no exterior, e a divulgação de sua evolução, o CSRH desenvolveu, em parceria com o Centro de Serviços de Sistemas, o *site Work Out*. Nele, o CSRH disponibilizou o sistema para gerenciamento dos projetos, consulta e atualização, permitindo o acesso de todos na Andrade Gutierrez às informações disponíveis no *site*.

Outro uso importante da tecnologia é o Sistema de Gestão de RH. Através dele, em rede, é feito o acompanhamento das metas anuais de cada área do CSRH, permitindo a correção de rumos.

Nos cinco anos dedicados a fazer do Planejamento Estratégico do CSRH uma realidade, a equipe envolvida neste desafio trabalhou muito. Mas o saldo é mais do que positivo. Valorizando as pessoas, apostando na capacidade delas em mudar comportamentos e trabalhar em equipe, alinhando-se com as estratégias globais da Construtora Andrade Gutierrez, o Centro de Serviços de Recursos Humanos pode se orgulhar, com certeza, de pelo menos uma vitória: ter crescido e rejuvenescido junto com todos aqueles que acreditam no potencial do ser humano. E isso faz a diferença.

Conclusão do Case

Toda pessoa, líder, grupo ou organização que traçou para si ou para seus colaboradores uma visão desafiadora, buscando atingir objetivos futuros, sabe das dificuldades que vai enfrentar para chegar ao seu destino. Muitas vezes, essa visão já está pronta dentro de cada componente da equipe, como um desejo latente. Por isso, quando o desenvolvimento de um projeto começa, a visão que foi definida parece familiar ao grupo, embora também seja vista como algo muito distante.

O Projeto de Recursos Humanos da Construtora Andrade Gutierrez partiu, como tantos outros, da vontade de uma equipe para mudar, realizando uma proposta diferente, consistente e que agregasse valor à organização. A busca de uma atuação estratégica para a empresa significava, também, a obtenção das motivações e demandas da equipe envolvida.

Foi exatamente a convergência desses interesses e motivações – da empresa e dos seus funcionários – que se tornou um elemento fundamental para o desenvolvimento das ações e atividades propostas. A atuação da equipe foi plantada em um terreno fértil dentro da Andrade Gutierrez: liberdade para propor mudanças e novas formas de trabalho; decisão de atuar em um ambiente competitivo; nova concepção de trabalho implantada nas áreas de apoio, através do conceito de Centros de Serviços; maturidade, talento e intencionalidade das ações desenvolvidas pela equipe.

Após estabelecer a sua Visão, o CSRH passou a atuar nos principais movimentos de mudança organizacional, contribuindo significativamente para os resultados da Andrade Gutierrez, influenciando e apoiando as decisões da organização nos seus principais processos, em especial:

- Consolidação de novos valores, habilidades e aspectos culturais da empresa.
- Estruturação de um programa de desenvolvimento de habilidades ligado aos mercados onde a Andrade Gutierrez atua e voltado para as necessidades e características específicas da construtora.
- Mudança do patamar de qualificação do quadro de executivos. Hoje, cerca de 50% deles têm um curso de pós-graduação.
- Preparação do quadro executivo para a nova realidade do mercado.
- Programa de Desligamento Incentivado.

A participação do CSRH favorece, ainda, a tomada de decisões estratégicas para a empresa, atuando no desenvolvimento e na implantação do Novo Modelo Organizacional da Andrade Gutierrez, na estruturação do Programa de Sucessão – que envolve os principais níveis sucessórios da Construtora para indicar e avaliar seus possíveis sucessores – e apoiando a direção e o Conselho de Administração na escolha dos profissionais para os cargos em questão.

Além disso, o CSRH está assegurando à empresa os menores custos de mão-de-obra, com:

- significativa redução das reclamações trabalhistas nos novos contratos;
- desenvolvimento de novas formas de contratação de mão-de-obra;

- consultoria interna para a contratação de mão-de-obra terceirizada;
- atuação intensa junto aos sindicatos, visando a redução da ocorrência de greves e facilitando negociações e acordos salariais;

Do ponto de vista da melhoria da qualidade de vida dos empregados da Construtora Andrade Gutierrez, o trabalho desenvolvido pelo CSRH também gerou resultados concretos. Visando assegurar a fixação e motivação dos funcionários da empresa, ela evoluiu a AGPREV, o Plano de Previdência Privada – exclusivo para as pessoas da Construtora – e implantou também o Plano de Saúde.

O conjunto de todas essas ações implicou uma grande mudança, em um espaço de tempo relativamente curto. O desafio se constituía de apoiar a transformação necessária para que a Andrade Gutierrez enfrentasse o novo ambiente, com o mercado cada vez mais competitivo.

A Construtora Andrade Gutierrez é hoje capaz de atender tanto a clientes públicos quanto privados, levando em conta um elevado grau de exigência e um nível de cobrança de resultados infinitamente maior do que há cinco ou seis anos. Nesse novo mercado, onde a competição é, de fato, acirrada, imperam como valores o menor preço, a qualidade dos serviços e a conquista e satisfação plena dos clientes. A Construtora Andrade Gutierrez está preparada não só para atender a essas demandas como também para enfrentar os desafios futuros.

Capítulo

6

UNIVERSIDADES CORPORATIVAS: Vieram para Ficar?

"Os analfabetos do próximo século não são aqueles que não sabem ler ou escrever, mas aqueles que se recusem a aprender, reaprender e voltar a aprender."
Alvin Toffler – *futurologista*

Apesar de não ter a tradição de educação corporativa que se vê em países como os Estados Unidos, o Brasil já dá passos importantes na implantação de uma cultura de formação de pessoas, transcendendo as paredes do antigo centro de treinamento.

Mito ou Realidade?

Segundo o Instituto de Pesquisa Econômica Aplicada – IPEA – o nosso PIB (produto interno bruto) é composto por 98,7% de pequenas e médias empresas (2002) e sabendo que tais empresas estão no berçário da profissionalização, filhos adotados da Família ISO, a idéia de Universidade Corporativa no Brasil – cujas práticas estão inseridas no cenário das grandes empresas – ainda é algo incipiente em termos de modelo de gestão de Desenvolvimento de Recursos Humanos.

Se, de um lado, a maioria das pequenas e médias empresas está na fase oral de atendimento aos requisitos de um Programa de Melhoria da Qualidade para obtenção do direito de participar do comércio internacional, de outro, as grandes empresas exportam seus modelos de desenvolvimento de RH e se adaptam às idiossincrasias culturais das regiões onde se instalam.

Na balança, podemos dizer que evoluímos a ponto de entender que não dá mais para jogar dinheiro fora com ações de educação, treinamento e desenvolvimento simplesmente porque "eu preciso de um treinamento de..." Esse é um sinal da consciência chegando às empresas que passam a alocar recursos ao que proporciona valor para o negócio e seus clientes. Valor de marca, valor do cliente na cadeia de produção, valor da liderança eficaz, valor do espírito de equipe, valor da responsabilidade social e valor do relacionamento com os vários públicos com os quais a empresa interage.

Estamos vivendo uma época de alta valorização de idéias, de soluções diferenciadas e, por tudo isso, da busca de talentos que façam a diferença na ponta da linha. Se uma empresa que possui um processo de Educação Corporativa privilegia este cenário é provável que esteja trabalhando alinhada com os mais modernos princípios da organização que aprende, desaprende, erra, acerta, e continua o seu ciclo evolutivo, independente dos gostos e vontades de seus principais executivos.

Nos últimos cinco anos temos ouvido em seminários e palestras, com bastante freqüência, assuntos relacionados com as Universidades Corporativas. Mais teoria do que prática. Isso é natural, se considerarmos que as inovações levam um tempo para serem absorvidas. A aplicação do conceito resume-se, no Brasil, a pouco mais de 40 empresas (das quais 80% de capital estrangeiro) e várias delas ainda em processo de criação, desenvolvimento, alinhamento e realinhamento de suas UC's. Quer dizer: Será que entendemos realmente o significado – ou o impacto – de uma "Universidade Corporativa" dentro da empresa? O que nós sabemos sobre ela? É um "guarda-chuva" estratégico que agrupa todas as funções de T&D, sejam presenciais ou à distância. São parcerias com universidades.

É o treinamento que vai até clientes, fornecedores etc. É uma forma de organizar o conhecimento da empresa. É uma forma de responder ao sufocante mundo competitivo dos negócios. É a constatação de que os ativos intangíveis estão valendo mais do que os ativos tangíveis. É tudo isso e mais um pouco. O desafio maior da Educação Corporativa nas empresas é o de ensinar os funcionários a ler, interpretar, agir e reagir diante de novas situações nunca enfrentadas antes.

A tecnologia da informação, a velocidade dos acontecimentos, o aprender através das redes de conhecimento, tudo isso nós até sabemos que existem, pois sentimos na pele. O que não sabemos é como capitalizar essas mudanças para aplicação em nossas empresas. E, para complicar ainda mais, sabemos das conseqüências emocionais provocadas pelo estresse de estar sempre um passo atrás da modernidade.

No bojo da evolução tecnológica e pela incapacidade dos departamentos de treinamento em responder a novas demandas de mercado, que mais se parecem com o vôo de uma borboleta, foi que surgiu a idéia de UC para combater o imediatismo das ações do treinamento tradicional.

Uma pesquisa da PriceWaterhouseCoopers (2002) através do 1º Estudo de Melhores Práticas e Tendências na Gestão de Pessoas revela que quando se trata de levantamento de necessidades de desenvolvimento, em **quase metade** das organizações pesquisadas, o enfoque ainda é de curtíssimo prazo, realizado conforme demanda – tipo: Preciso de um treinamento de... A amostragem foi realizada com 32 empresas da Argentina, 78 do Brasil, 35 do Chile e 28 da Colômbia, com receita bruta média de US$ 554 milhões por empresa, cobrindo as práticas de gestão que afetam diretamente cerca de meio milhão de empregados.

Sem dúvida, aprendemos muito sobre UC's nos últimos anos e vimos florescer esse tema dentro de empresas no Brasil, como: Accor Brasil, Algar, Alcatel, Alcoa, Ambev, Amil, Associl, BankBoston, Carrefour, CEF, Coca-Cola, Correios, Datasul, Elektro, Eletronorte, Elma Chips, Embasa, Embraer, Embratel, Illy Café, Martins Distribuição, McDonald's, Metrô, Microsiga, Motorola, Nestlé, Novartis Agribusiness, Oracle, Orbitall, Origin, Petrobras, Previdência, Redebahia, Real-ABN Amro Bank, Renner, Sabesp, Siemens, Souza Cruz, Telemar, Tigre, Unimed, Unysis, Vallé, Visa, Volkswagen e Xerox. Outras empresas estão em desenvolvimento, como é o caso da Peugeot Citroën do Brasil.

Segundo o Professor Dr. Martius Vicente Rodriguez y Rodriguez – Gerente de Desenvolvimento em Gestão Empresarial da Universidade Petrobras – *"A Universidade Corporativa é um dos elementos que irão auxiliar as empresas a migrar para a Sociedade do Conhecimento, mas o caminho a ser percorrido não é simples e nem rápido. Deve ser reforçado que, num primeiro momento, poderá haver apenas a mudança do nome, da imagem e até do visual, mas o fundamental estará na mudança de postura e da real conexão às questões estratégicas da organização"*. Concordo plenamente com a afirmação de que a UC está intimamente conectada às questões estratégicas da empresa. Este é o aspecto mais crítico do planejamento de UC's. Mas para tanto é preciso, na transformação do departamento de treinamento para a UC, subir na escala do poder e aliar-se às questões mais críticas do negócio – as competências essenciais que tornarão a empresa mais competitiva.

Veja o que revela a pesquisa da PriceWaterhouseCoopers (2002):

Hoje, as atividades estratégicas representam para as estruturas de RH apenas 23% do tempo despendido em suas atribuições. O conhecimento da organização é o aspecto mais crítico a ser preservado em função da volatilidade. Quanto a isso, a Price revela mais informações: A iniciativa de Gestão do Conhecimento é avaliada entre importante e muito importante por 90% das empresas, mas está presente em somente 16%. Desses, encontra-se estruturada formalmente em pouco menos da metade (48%). Somente para o Brasil, o principal motivo para implantar a Gestão do Conhecimento é manter competências essenciais (51%). Quando o funcionário vai embora, leva com ele uma parte da história e do presente da empresa. E isso não tem preço! Entendemos agora o porquê da neurose das empresas em reter talentos.

A agressividade do ambiente de negócios, as brechas deixadas pelo ensino médio e superior de currículos míopes à realidade, o desemprego estrutural, o aumento da competição em todos os segmentos e os sistemas de gestão de RH implantados pela metade nas empresas revelam a complexidade do assunto. Temos questões básicas como a competitividade das políticas de remuneração e de incentivo a serem tratadas em nossas empresas, antes de investir de corpo e alma na construção de UC's.

A Deloitte Touche Tohmatsu coordenou uma pesquisa em 2002 considerando os últimos oito anos de Recursos Humanos – Políticas, Práticas e Tendências de Administração de Recursos Humanos, Remuneração, Benefícios e Qualidade de Vida. Foram pesquisadas 115 empresas dos mais variados segmentos econômicos e de todas as regiões do Brasil, as quais concentram 201 unidades de negócios, mais de 291.675 empregos diretos e consolidam um faturamento global anual superior a US$ 52 bilhões. A pesquisa revelou que 28% das empresas pesquisadas adotam algum software específico como ferramenta para gestão de Recursos Humanos e que ainda são poucas as empresas que estão atualizadas em recursos tecnológicos para planejamento e gestão do seu capital humano.

Na pesquisa da Price apresentamos mais um dado interessante: "Para sustentar os padrões de competitividade, 92% das empresas pesquisadas têm passado por transformações. A reestruturação organizacional envolve desde uma mudança de direção (CEO e diretoria) até a implantação de sistemas de gestão".

Uma reflexão sobre este resultado pode sugerir um momento adequado para a instalação de um processo de Educação Corporativa, porque estamos redesenhando novos processos para a empresa e, provavelmente, serão processos orientados para o cliente e para o mercado. Neste caso, uma ótima oportunidade para direcionar o foco de todos os colaboradores para o que verdadeiramente interessa à empresa: conquistar, satisfazer e fidelizar clientes. As três dimensões fundamentais do Marketing competitivo.

Para sair da teoria e das reflexões a respeito do assunto, vamos ver algumas experiências práticas de empresas e, com isso, aprender com elas.

As Experiências Práticas com Educação Corporativa

Estas experiências revelam para o leitor a ênfase ou o foco que os processos de Educação Corporativa deram ao buscar o alinhamento com o negócio. Falar é fácil. O problema é tornar essa idéia uma realidade. Observe os destaques e aproveite estas práticas bem-sucedidas:

A Academia Accor (2002) tem como missão a educação continuada através do conceito "Ensinar a Ensinar" e "Aprender a Aprender", promovendo a difusão dos valores e da cultura empresarial, o desenvolvimento da comunicação interna e externa, a constante pesquisa e inovação gerencial e a multiplicação e sinergia dos conhecimentos adquiridos pelas Unidades de Negócio em seus campos específicos de atuação. Empreendimento pioneiro no Brasil, aberto em 1992, na cidade de Campinas, tem como objetivo estratégico a formação dos 20.000 colaboradores da Accor Brasil, distribuídos em Unidades Estratégicas de Negócio, que congregam as 17 marcas do grupo no Brasil, com valores culturais e empresariais comuns.

A academia é uma ferramenta de eficiência empresarial, possibilitando desenvolver homens e mulheres no que tange não somente à natureza profissional, mas também, ao crescimento pessoal com o alargamento das visões e das fronteiras. Atuando para obter uma maior capacidade em resolver problemas complexos, tomar decisões rápidas e precisas e impulsionar o desenvolvimento e progresso das empresas do grupo, a Academia interfere positivamente na excelência, no crescimento, na cultura interna e na imagem da Accor Brasil.

A Universidade da Motorola (2001) iniciou suas atividades como um centro de treinamento e educação e, durante a década de 80, procurou auxiliar a corporação a criar uma cultura de qualidade. Com o passar dos anos, a universidade diversificou e estabeleceu parcerias acadêmicas com outras instituições no mundo, objetivando transmitir a cultura empresarial da Motorola para todos os seus empregados.

Já a Universidade Souza Cruz (2002) teve como intuito, ao lançar a sua UC, oferecer uma maior flexibilidade para que seus funcionários pudessem estudar da melhor maneira possível, de forma que eles se desenvolvessem adequadamente para o mercado de trabalho, estando, assim, aptos a desempenhar suas funções com segurança.

A USC (Universidade Souza Cruz) tem como conceitos fundamentais o autodesenvolvimento e a empregabilidade. Através de modernas ferramentas de *e-learning*, a Souza Cruz põe ao alcance de todos os seus funcionários diversos cursos e treinamentos virtuais, que possibilitam uma maior flexibilidade tanto em relação à metodologia de aprendizagem utilizada, como ao horário para o cumprimento destes. Foram investidos quase 1,5 milhão de reais até 2002.

A Universidade Unimed (2002) foi criada para atender à crescente demanda de aperfeiçoamento e reciclagem dos participantes das cooperativas Unimed. É a Universidade Corporativa do Sistema Unimed, planejada para garantir a adequação dos profissionais às novas exigências do mercado. São ministrados cursos de extensão, fóruns e seminários planejados para os cooperados e funcionários das Unimed's que desejam aperfeiçoar seus conhecimentos em administração e gestão de cooperativas. Na área de saúde, a Universidade Unimed oferece cursos de pós-graduação e extensão para os cooperados do Sistema Unimed.

A atenção com a formação dos funcionários no McDonald's é tanta que a empresa mantém um dos centros de treinamento privados mais avançados do Brasil, a Universidade do Hambúrguer (2002), localizada em Alphaville, São Paulo, para ministrar cursos de especialização em todos os aspectos da operação dos restaurantes. A universidade pode oferecer até três cursos simultaneamente, para 240 alunos ao todo. Além de cursos para os ocupantes de cargos de gerência, tanto dos restaurantes próprios quanto dos franqueados, a universidade também conta com turmas do Curso Avançado de Operações (CAO), específico para formação de gerentes operadores e empresários em treinamento para assumir uma franquia. O Centro de Treinamento recebe anualmente 800 alunos para diversos cursos de formação. O Curso Avançado de Operações, ápice do processo de treinamento, tem em média 250 inscrições por ano, metade dos alunos oriunda de países da América Latina e de países de língua portuguesa, como Portugal.

O Instituto de Formação Carrefour (2002) é um centro de desenvolvimento e de disseminação das formações da empresa, servindo como base para os processos de aprendizagem dos seus recursos humanos em todos os níveis. O instituto assegura a educação e o desenvolvimento dos recursos humanos com uma vocação que visa elevar as suas competências, o nível de cidadania e, conseqüentemente, o nível de qualidade de uma sociedade. O objetivo fundamental é criar uma ampla gama de experiências e processos de formação que sustentem e alavanquem as estratégias e os objetivos do Grupo Carrefour e que atendam, com excelência, os seus recursos humanos em suas necessidades específicas de melhoria permanente de desempenho.

A Cisco Systems (2002) também pode ser considerada uma empresa que possui uma UC quase que totalmente virtual. Por ter várias unidades corporativas no mundo e por trabalhar com informações atualizadas, a Cisco Systems tinha vários problemas em utilizar metodologias presenciais nos seus programas de educação profissional. Os funcionários reclamavam quando eram retirados de seus postos de trabalho, interrompendo contatos com clientes, o que nem sempre resultava em bons retornos financeiros. A necessidade de se modificar a estrutura de educação profissional na empresa era clara. O volume dos programas oferecidos presencialmente, cerca de 85%, já não acompanhava o ritmo evolutivo dos negócios da empresa. Para Tom Kelly, vice-presidente mundial da área de treinamento da Cisco, "a sala de aula simplesmente não dá conta das necessidades empresariais".

A convergência dos programas de educação profissional da Cisco para o meio virtual agilizou o processo de capacitação profissional, possibilitando uma melhor propagação da cultura e dos valores organizacionais, bem como uma economia de 40% a 60% dos custos com treinamento corporativo, o que equivale a 30 milhões de dólares por ano. Mesmo com os problemas obtidos com as antigas formas de se oferecer os programas presenciais, a empresa não abandonou totalmente este meio, visto que ela ainda promove cursos que podem ser realizados de forma mista.

Observamos, com estes depoimentos, que as atividades de educação e treinamento presencial e à distância devem ser balanceadas de acordo com os objetivos, com o perfil do público-alvo e com a infra-estrutura disponível. Jamais poderemos relegar a segundo plano o contato presencial, o calor e a emoção dos relacionamentos, que proporcionam a química que nos faz mais humanos. O meio virtual tem a vantagem de quebrar barreiras geográficas e agilizar a tomada de decisões.

A Universidade Empresarial Sabesp (2002) está em operação plena. O que diferencia a UES do treinamento tradicional é a convergência dos processos de aprendizagem com o foco estratégico, a vinculação com as necessidades específicas do negócio, aliando a teoria à prática, desenvolvendo competências necessárias à organização e o estímulo ao autodesenvolvimento. A implantação da UES provocou alto impacto por causa da convergência dos processos de aprendizagem com o foco estratégico da empresa, buscando desenvolver competências imprescindíveis para a organização.

O cliente interno é permanentemente informado sobre as diversas atividades da Universidade Empresarial Sabesp – UES. As ações desenvolvidas são amplamente divulgadas por todos os instrumentos de comunicação interna. Existe também o portal UES na intranet que apresenta todas as informações sobre cursos, relacionando-os com o desenvolvimento das respectivas competências a serem desenvolvidas. No portal são divulgados também livros e CDs que poderão contribuir com o desenvolvimento de determinadas competências. Desta forma, o permanente aprimoramento tem estimulado a conscientização crescente da sua aplicação e a necessidade de desenvolvimento contínuo dos empregados.

Com a implantação da UES o indicador homem/hora/treinamento, se comparado ao modelo de treinamento tradicional, aumentou em 60% para gerentes, 30% para universitários e 100% para técnicos e operacionais da empresa. Em relação às parcerias, a UES desenvolve projetos com universidades e faculdades, consultorias empresariais e com o Senai.

Os principais atrativos oferecidos aos clientes internos pela UES são:

- Promoção da educação contínua.
- Estímulo ao autodesenvolvimento e aprimoramento contínuo.
- Facilidade de acesso.
- Subsídio para cursos de especialização e pós-graduação.
- Está atrelada ao desenvolvimento de competências específicas e necessárias.

Os programas da UES não são comercializados para o público externo, como fornecedores, parceiros de negócios e clientes, assim como as lideranças não atuam como facilitadores. Esta tarefa é desenvolvida pelas universidades, faculdades, consultorias e Senai.

A UES possui como alicerce a Política Institucional de Recursos Humanos e surgiu da implantação de mecanismos de disseminação do conhecimento. Está estruturada em quatro núcleos que estabelecem os focos de atuação: Competências, Funcional, Cultura e Estratégia Empresarial e Gestão do Conhecimento. Com isto, a UES fortalece a cultura e os valores empresariais da Sabesp.

Com relação a atividades educacionais à distância, 55% dos programas são virtuais. As informações denotam que a Universidade Empresarial Sabesp é uma realidade, direciona ações para toda a cadeia de valor da empresa: empregados, familiares de empregados, clientes, fornecedores e comunidade. Utiliza todos os recursos disponíveis reais e virtuais, presenciais e à distância, facilitando assim o acesso de todos, como também a ampliação do desenvolvimento de profissionais com foco no negócio "massa crítica".

A Uniredebahia (2001) – Universidade de Negócios Rede Bahia, a primeira universidade corporativa do Norte-Nordeste, vem atender às expectativas do grupo de comunicação no sentido de promover uma maior sinergia entre a estratégia e a operação das áreas de negócios, além de disseminar a cultura empresarial e valores. Um outro objetivo é o de desenvolver competências pessoais de forma atrelada aos objetivos.

Um dos programas da Uniredebahia é o projeto Aliança do Futuro, que tem como objetivo promover a reflexão sobre o ambiente empresarial. Dentro do conceito de "guarda-chuva" educacional, o projeto pretende, sobretudo, estimular a integração e proporcionar a reflexão sobre o ambiente empresarial, enfatizando elementos específicos como, por exemplo, a importância de se estabelecer e perseguir objetivos, a tolerância a mudanças, a importância da estratégia, a orientação para resultados, a importância do desempenho individual e coletivo e o desenvolvimento de uma atitude positiva nas relações entre as pessoas.

A UNIPREV (2003) é a Universidade Corporativa da Previdência Social voltada para a educação continuada. Por meio da Internet e da intranet, abriga diversas informações, notícias e eventos ligados ao Programa de Educação à Distância, bem como *sites* das Gerências e Agências de todo o país. Possibilita, também, a qualquer servidor, o acesso aos diversos cursos, através de um campus virtual. Os referênciais básicos da UNIPREV são:

Missão
Promover o alinhamento das competências essenciais do INSS com as competências de seus colaboradores, estimulando o autodesenvolvimento e o compartilhamento do conhecimento.
Visão de futuro
Ser uma Comunidade de Aprendizagem, atuando de forma presente e efetiva na gestão do conhecimento e na disseminação das crenças e valores organizacionais.
Objetivos
Promover a construção de uma comunidade de aprendizagem, contribuindo para a sedimentação da cultura de educação permanente, transformando as habilidades, percepções, crenças e valores num crescente desenvolvimento pessoal e profissional.
Valores
I - Cultura: a comunidade é mais do que a soma de indivíduos, capazes tão-somente de tecer uma rede de compromissos com trocas simbólicas. Uma proposta de Educação deve promover o caráter comunitário da pessoa, reconhecendo a teia cultural que une a equipe, entendida como um "todo" que compartilha passados, valores, crenças, temores e desejos futuros.
II - O Valor da Linguagem resulta compreender que quando somos confrontados por interpretações múltiplas do "mundo real", a alternativa a procurar determinar o que é certo é admitir interpretações múltiplas e buscar aquelas que sejam mais úteis para um propósito particular, entendendo que, em última análise, não existe interpretação correta. A linguagem estrutura o mundo e é parte da organização prática da vida. Esta perspectiva básica para o processo da discussão do conhecimento destaca a importância da rede e estabelece um modo de viver, de atuar, de emocionar e de se emocionar.
III - As redes são elementos fundamentais das organizações. Atentar para o valor da rede significa promover a observação de todos os agentes dos processos educacionais como um conjunto de interações e não como um aglomerado de pessoas. Por outro lado, o indivíduo se reconhece e é reconhecido como ator do processo de aprendizagem, já que é capaz de fazer a diferença, agregar valor.
Crenças
Um programa de treinamento abrangente, com ações interdependentes e mutuamente sustentadas, procura contemplar as cinco dimensões básicas da formação do profissional-cidadão: Cultural, Institucional, Social, Gerencial e Tecnológica. A abordagem destas dimensões, como toda e qualquer ação humana, pressupõe valores intrínsecos que acabam por influenciar indiretamente a seleção e interpretação dos fatos. O Programa de Educação à Distância está organizado em torno de três eixos capazes de promover uma efetiva comunidade de aprendizagem contínua.
Competências críticas
• Conhecimento da organização e do beneficiário. • Reconhecimento do seu papel. • Conhecimento tecnológico. • Trabalho em parceria.

A Gestão do Programa de Educação à Distância do INSS

O Programa de Educação à Distância do INSS funciona com ações diferenciadas, em três níveis hierárquicos, segundo o modelo abaixo:

- DRH – Coordenação Central.
- Gerências executivas – Coordenação Regional.
- Agências – atividades descentralizadas.

Coordenação Central

O programa é coordenado pela DRH – Diretoria de Recursos Humanos, tendo como competências:

– Promover e articular a integração entre as agências e demais personagens do processo.

– Promover a realização de palestras e eventos que estimulem e motivem o servidor na consecução do programa.

– Gerir o Programa de Educação à Distância para os servidores do INSS, objetivando a redução efetiva dos custos na produção e disseminação de conteúdos didáticos, através da complementaridade de competências e da divulgação de informações acerca das alterações nos processos de trabalho.

Coordenação Regional

As funções de coordenação nas gerências executivas abrangem as mesmas competências da Coordenação Central, só que em nível regional.

Atividades Descentralizadas

As agências de atendimentos são responsáveis por:

– Promover, no âmbito da agência, um ambiente favorável à capacitação profissional, com ênfase nos recursos de auto-aprendizagem monitorada à distância, com vistas a desenvolver as competências necessárias nos servidores e terceirizados para que cumpram a sua missão profissional e social.

– Implantar os recursos operacionais responsáveis pelo bom desempenho do Programa de Educação à Distância.

Cada agência é potencialmente considerada um ambiente de aprendizagem. Cada ambiente tem uma estrutura básica com equipamentos, acesso à Internet e material didático básico para consulta.

O que o aluno deve saber

Personagens do programa de educação a distância

O Programa de Educação a Distância do INSS conta com o suporte de personagens que atuam em diferentes níveis de gestão e de execução, cujas atribuições estão descritas a seguir.

Gestor Master

É a pessoa física indicada pelo Conselho Deliberativo para gerir o Programa de Educação a Distância do INSS. Faz a integração entre as Gerências Executivas e os demais personagens do programa: o tutor, o monitor, o dinamizador Web e o aluno.

Tutor

É a pessoa física que possui pleno domínio dos temas abordados pelo curso. Mantém freqüente contato com os alunos, através dos eventos programados pelo monitor. É responsável pela atualização do conteúdo do curso e pela elaboração de alguns materiais de aprendizagem. Opera a partir de uma base central de atendimento, podendo coincidir, ou não, com a localidade de sede do INSS. O contato com o tutor ocorrerá através das comunidades virtuais, quando o curso for auto-instrucional.

Monitor

É a pessoa física que gerencia a equipe de dinamizadores Web, ficando sediada na gerência. É responsável pelo estabelecimento da relação material didático-aluno e pela sustentação do processo ensino-aprendizagem. Coordena as comunicações entre os alunos e os tutores e cria as comunidades virtuais. Nas Websalas, assume o papel de receptor, intermediando a relação entre os alunos e o tutor, sendo também o responsável técnico. Você poderá comunicar-se com o monitor através das comunidades virtuais.

Dinamizador Web

Pessoa física que atua de forma descentralizada, em cada agência, integrando os servidores na sistemática do ensino a distância, fomentando a motivação e o interesse dos alunos e tirando as suas eventuais dúvidas sobre as ferramentas. Possui conhecimento das ferramentas e estará fisicamente próximo aos alunos, esclarecendo as eventuais dúvidas.

Aluno

Pessoa física que atua no INSS e participa dos cursos oferecidos pela UNIPREV.

Tutoria nos cursos

Num programa de educação a distância, a tutoria é o sistema de apoio organizado com o objetivo de oferecer ao aluno o auxílio necessário ao seu processo de aprendizagem, motivando-o para a realização das atividades e para a aplicação dos conhecimentos à sua realidade concreta. Deve ser um instrumento que supere a distância, tornando o estudo menos solitário.

Dependendo do tema, da complexidade do assunto, dos objetivos e das condições de funcionamento do curso, a tutoria poderá ocorrer em grupo ou individual, presencial ou a distância, mediada por algum meio de comunicação, síncrona ou assíncrona.

Tutoria síncrona é quando a interação é simultânea, em tempo real, abrindo possibilidade para a utilização de recursos pedagógicos, tais como chat e áudio e videoconferência, dentre outros. A tutoria assíncrona é quando não existe interatividade em tempo real, ou seja, não requer que os alunos estejam online ao mesmo tempo.

A depender das restrições definidas nas camadas de política e de ambiente, alguns cursos podem ser auto-instrucionais, isto é, dispensam a figura do tutor. Vale a pena ressaltar que estas definições não estão, necessariamente, relacionadas ao conteúdo do curso a ser desenvolvido.

Ferramentas de comunicação

As Comunidades Virtuais

As comunidades virtuais tornam possível o contato entre professores e alunos separados geograficamente. Elas promovem a interatividade entre os personagens envolvidos na educação a distância, permitindo a troca de mensagens, de arquivos e de endereços de *sites*, em tempo real, além do exercício de atividades de aprendizagem como: a formação de grupos de estudos, a publicação de textos e tira dúvidas com professores, dentre outras. Com a utilização de uma câmera digital, pode, também, proporcionar a realização de sessões de interatividade áudio-vídeo-textual entre alunos, tutores e monitores.

Websala

A Websala funciona como uma reprodução, previamente programada pelo monitor do curso, do ambiente de sala de aula para grupos fechados ou aulas particulares online, via Web.

Pode ser utilizada, também, para integração entre salas de aula, promovendo o acesso compartilhado à Internet em ambientes onde os participantes não tenham computadores ou não tenham acesso à rede. Utiliza-se ainda para aulas individuais remotas e simultâneas.

Fórum

É um recurso de interatividade, utilizado para a discussão de um determinado tema, a partir de questões formuladas no próprio curso. O aluno só terá acesso ao fórum daquele tema à medida que o assunto for abordado.

Orientações de conduta

O espaço virtual não pode ser utilizado para a veiculação de mensagens ou informações que atentem contra a vida, a dignidade humana e a moral. A violação dessa regra é um comportamento antiético e ilegal, passível de punição. Todas as informações veiculadas, através da comunidade virtual, ficam armazenadas no sistema.

Avaliação

Do curso

O aluno será convidado a ajudar no aprimoramento do curso do qual participou, respondendo a um formulário, online, em que emitirá as suas opiniões sobre o conteúdo do curso, os recursos utilizados, a tutoria, dentre outros aspectos. Isso permitirá realizar melhorias, se necessárias, oferecendo um melhor curso.

Da aprendizagem

Ao final de cada etapa do curso, o treinando encontrará uma avaliação, composta por quatro testes diferentes, cada um deles contendo cinco questões com três alternativas.

O objetivo da diversificação dos testes é fornecer a possibilidade do aluno ser avaliado quatro vezes distintas, para lhe dar mais chances de sucesso. Isto acontece porque o aluno só poderá seguir adiante se obtiver 80% de aproveitamento em cada um deles.

Caso o aluno não obtenha o aproveitamento desejável no primeiro teste, serão oferecidas mais três oportunidades. São outros testes, com o mesmo número de questões, porém abordando o assunto a partir de uma nova perspectiva com o objetivo de reforçar as possibilidades de êxito.

Se o aluno não alcançar a média de aproveitamento desejável (80%), esgotando todas as possibilidades que lhe foram oferecidas, deverá retornar ao início da etapa em que ele está sendo avaliado, para aprimorar os conhecimentos. Esta sistemática de avaliação oferece para cada questão, independente do acerto ou do erro, comentários sobre as respostas escolhidas, objetivando, assim, mais um momento de reflexão e fixação do conteúdo estudado.

Certificação

Ao final de cada curso o aluno poderá imprimir o seu certificado pela Internet.

Um Destaque Especial: A Universidade Corporativa Banco do Brasil

A partir de uma rápida introdução ao entendimento do processo de educação corporativa no Banco do Brasil, descrevemos as principais filosofias de atuação, sua estrutura, a visão de futuro e os parceiros, proporcionando ao leitor uma perspectiva integrada de atuação da UCBB. Uma excelente fonte de *benchmarking*.

Educação corporativa

O Sistema de Educação Corporativa do Banco do Brasil existe há 37 anos. Ao longo desse tempo, tem buscado a excelência em Educação Empresarial, propiciando condições de desenvolvimento pessoal e profissional aos funcionários. Gradativamente, foi estendendo os programas a clientes, fornecedores e parceiros. A UCBB opera em constante interação com todos os segmentos do banco, com o meio acadêmico e com as mais variadas fontes de produção de conhecimento no Brasil e no Exterior.

Os programas e as ações de aprendizagem fundamentam-se em princípios estratégicos e educacionais claramente definidos e orientados pelos seguintes propósitos:

- Desenvolver a excelência humana e profissional dos funcionários.
- Prover soluções para problemas de desempenho profissional.

- Aperfeiçoar a performance organizacional.
- Formar sucessores para quadros técnicos e gerenciais do Banco do Brasil.

A produção e o acesso ao conhecimento ocorrem através de um sistema que foi organizado para disponibilizar as seguintes oportunidades:

- Aprendizagem por meio de diversificadas e modernas tecnologias educacionais, dentre as quais ensino presencial, treinamento em serviço e a distância (mídia impressa, vídeo, treinamento baseado em computador e na Web).
- Programas em parceria com as melhores instituições de ensino do País.
- Variadas opções de autodesenvolvimento, tais como biblioteca para consultas a livros e periódicos especializados, bancos de teses, dissertações e monografias.
- Portal Virtual, com acesso via Internet e intranet, que permite acessar publicações digitalizadas, biblioteca virtual, sumário de periódicos, trilhas de desenvolvimento profissional, treinamento baseado em tecnologia Web, dentre outros.

O Banco do Brasil mantém os seguintes programas de Educação Corporativa, voltados para o aperfeiçoamento contínuo dos seus funcionários:

- Ciclo de Palestras, destinado à atualização técnico-gerencial.
- Cursos internos, presenciais, auto-instrucionais e em serviço.
- Programa de Formação e Aperfeiçoamento em Nível Superior, que inclui:
  - – bolsas de graduação;
  - – bolsas de pós-graduação *lato sensu*, em nível de especialização;
  - – bolsas de pós-graduação *stricto sensu* – mestrado e doutorado.

- Programa de Desenvolvimento em Idiomas Estrangeiros.
- Programa BB MBA – Treinamento de Altos Executivos.
- Programa Excelência Executiva, destinado ao aperfeiçoamento das competências estratégicas dos dirigentes do BB.
- Outros eventos de atualização profissional – cursos, palestras e congressos diversos.

Papel da Universidade Corporativa Banco do Brasil

Desenvolver a excelência humana e profissional de seus públicos, por meio da criação de valor em soluções educacionais, contribuindo para a melhoria do desempenho organizacional e para o fortalecimento da imagem institucional do Banco do Brasil.

Aprendizagens essenciais – Unesco

A Universidade Corporativa Banco do Brasil propõe-se a desenvolver as quatro aprendizagens consideradas essenciais para os profissionais do século XXI, segundo a Unesco:

Aprender a Conhecer – Conciliar uma cultura geral, ampla o suficiente, com a necessidade de aprofundamento em uma área específica de atuação, construindo as bases para se aprender ao longo de toda a vida.

Aprender a Fazer – Desenvolver a capacidade de enfrentar situações inusitadas que requerem, na maioria das vezes, o trabalho coletivo em pequenas equipes ou em unidades organizacionais maiores; assumir iniciativa e responsabilidade em face das situações profissionais.

Aprender a Conviver – Perceber a crescente interdependência dos seres humanos, buscando conhecer o outro, sua história, tradição e cultura e aceitando a diversidade humana. A realização de projetos comuns e a gestão inteligente e pacífica dos conflitos envolvem a análise compartilhada de riscos e a ação conjunta em face dos desafios do futuro.

Aprender a Ser – Desenvolver a autonomia e a capacidade de julgar, bem como fortalecer a responsabilidade pelo autodesenvolvimento pessoal, profissional e social.

Eixos metodológicos

O processo educacional na Universidade Corporativa é orientado pelos seguintes princípios metodológicos:

1. Participante – sujeito da educação – O aprendiz é reconhecido como agente da educação; daí ser denominado "participante". É ressaltada a dimensão da cidadania, ou seja, a ação efetiva de cada indivíduo para interferir no destino da comunidade. As tendências pedagógicas que buscam formatar o educando como ente passivo, mero receptor de conteúdos, são rejeitadas.

2. Problematização da Realidade – Os temas estudados referem-se a questões relevantes para os participantes e são apresentados de maneira não-dogmática. Nas ações educacionais internas, os problemas concretos do Banco são levantados e analisados pelos funcionários, possibilitando o desenvolvimento da capacidade crítica, a partir de uma visão multilateral da realidade.

3. Método Socializador e Dialógico – O trabalho educacional é cooperativo, dirigido à elaboração conjunta de um saber que resulta da síntese entre teoria e prática. Além das técnicas de ensino individuais, utilizam-se técnicas socializadoras, fundamentadas no diálogo e no trabalho em equipe.

4. Democratização do Saber – A vida no trabalho e na sociedade é parte da produção coletiva do saber; assim, o conhecimento e a oportunidade de aprender são compartilhados num espaço de igualdade.

5. Educação Contínua – A aprendizagem é fundamentada na visão da educação como processo permanente e no propósito de autodesenvolvimento, favorecendo a humanização dos homens e mulheres que participam da ação educativa. A educação no trabalho é dinâmica e contínua e leva em consideração a atividade (tarefa), as pessoas (funcionários) e o contexto (ambiente).

6. Visão Global e Integrada da Dinâmica do Banco – As ações educacionais direcionadas aos funcionários consideram o Banco do Brasil em sua totalidade (unidades, funcionários, clientes, fornecedores e parceiros) e em suas relações com o País e o mundo. A interdisciplinaridade e a troca de experiências entre os funcionários concretizam a idéia da dependência entre as partes e o todo. O planejamento educacional procura adequar o processo de ensino-aprendizagem às características do banco, inserido num contexto social em permanente transformação.

Estrutura

Além da estrutura virtual, a UCBB conta com 12 unidades regionais, localizadas nas principais capitais do País. Essas unidades oferecem confortáveis ambientes para aprendizagem e contam com profissionais experientes e preparados para prover opções de aperfeiçoamento pessoal e profissional aos funcionários da empresa, além do provimento de todos os produtos e serviços de Gestão de Pessoas em nível regional. No total, são 94 salas de aula, podendo atender a 2.600 treinandos simultaneamente. Contam ainda com 11 auditórios, com capacidade total para 1.100 pessoas (2002).

Para implementar a ampla gama de cursos presenciais, as unidades regionais são atendidas por mais de 1.000 educadores corporativos, instrutores.

Princípios filosóficos e organizacionais

1. O Alinhamento Estratégico – As ações da universidade alinham-se com o Direcionamento Estratégico do Banco do Brasil. Contribuem para a realização da missão do banco, a concretização de sua visão de futuro e o desenvolvimento de suas crenças e valores, consolidando o compromisso da organização com os acionistas, os clientes, a sociedade e os funcionários.

2. O Trabalho – A Universidade Corporativa Banco do Brasil parte da concepção de que o trabalho é criador de riquezas, desenvolvimento social e qualidade de vida, além de espaço para o exercício da cidadania.

3. O Espaço Educativo – O Banco do Brasil constitui um espaço educativo essencial na vida de seus profissionais. As políticas e os programas de educação são formulados em estreita relação com o trabalho e operacionalizados por meio de ações de capacitação e desenvolvimento de curta, média ou longa duração. A educação para o trabalho desenvolve competências essenciais para a organização e consciência social e profissional para o indivíduo. Fundamenta-se na relação indissociável entre o pensar e o fazer, como forma de evitar processos de ensino e aprendizagem mecânicos e inibidores da criatividade. Os processos de ensino são desafiadores, dinâmicos e fundamentados no diálogo. Além disso, o espaço educativo estende-se às relações que o banco estabelece na sociedade e no mercado. Ele se amplia à medida que a empresa influencia e é influenciada por esses relacionamentos, a partir de suas ações cotidianas. Portanto, a organização pode contribuir com ações de desenvolvimento dirigidas aos familiares de funcionários, clientes, parceiros e fornecedores, de modo a garantir a qualidade de seus relacionamentos negociais e sociais.

4. A Estratégia Educacional – As ações da universidade fundamentam-se na estratégia de educação contínua, algo que ocorre ao longo de toda a carreira do indivíduo, que está em constante processo de transformação e de crescimento. A educação permanente representa a contínua construção do ser humano, do seu saber e das suas aptidões, assim como da sua faculdade de julgar e de agir. As experiências profissionais, as tecnologias de aprendizagem, as atividades culturais e de lazer representam um potencial educativo que se soma à base educacional formal – as ações da universidade são direcionadas à expansão de oportunidades educacionais ligadas à profissionalização, ao desenvolvimento da cidadania, da qualidade de vida e da cultura.

Visão de futuro

A Universidade Corporativa:

- Contribui para o fortalecimento da imagem do Banco do Brasil.
- Desenvolve a excelência humana e profissional de seus públicos.
- Estimula a criatividade e a inovação.

- Favorece o desenvolvimento da cultura empresarial.
- Amplia as oportunidades de pesquisa.
- Cria uma base corporativa de conhecimentos que assegura a competitividade do banco.
- Estimula a organização de espaços educativos em todas as unidades do banco.
- Amplia a comunidade de aprendizagem do Banco do Brasil.
- Expande oportunidades educacionais ligadas à profissionalização, ao desenvolvimento da cidadania, da qualidade de vida e da cultura.
- Democratiza o acesso ao conhecimento, por meio de recursos de educação a distância.
- Valoriza o papel de gestores e executivos, que atuam como educadores.
- Estabelece parcerias com instituições de ensino.

Busca:

- Ser amplamente reconhecida pela qualidade de seus programas.
- Ser percebida pelos funcionários como um importante espaço de desenvolvimento pessoal e profissional.
- Contribuir para intensificar o relacionamento do banco com a sociedade e o mercado.
- Contribuir com a ampliação dos negócios.
- Desenvolver o Capital Intelectual da organização.

Comunidade de aprendizagem

Além da formação do corpo funcional, a educação corporativa tem sido gradativamente estendida para outros públicos, contribuindo para o aprimoramento das relações negociais e para o desenvolvimento pessoal e profissional dos participantes da cadeia de relacionamentos do Banco do Brasil. Cursos de Formação Geral e Específica, abrangendo as áreas gerencial e tecnológica, ministrados em diversos locais do país, desenvolvidos em parceria com universidades de renome.

Mais de 8.000 executivos já passaram pelo Programa BB MBA – Treinamento de Altos Executivos. Deste total, 1.751 são profissionais de empresas e entidades clientes, fornecedoras e parceiras do banco que foram para a sala de aula junto com os funcionários (2002).

Eventos de Atualização Técnico-Gerencial, com participação de especialistas e pesquisadores de renome nacional e internacional, que abordam o "estado da arte" em temáticas de interesse das organizações.

Clientes, parceiros e fornecedores também têm a oportunidade de participar do Ciclo de Palestras. Eventos já foram estruturados em parceria com outras organizações, denotando a importância que o conhecimento vem adquirindo no contexto atual.

Eventos que abordam conhecimentos básicos relativos à área internacional, com os módulos Importação, Exportação, *Drawback*, Práticas Cambiais, Carta de Crédito e Financiamentos à Exportação.

Ações de capacitação também estão presentes nas consultorias que o banco presta a seus clientes em Negócios Internacionais. São disponibilizados treinamentos para empresas e profissionais ligados ao comércio exterior, contribuindo para o sucesso da atuação das empresas em mercados externos e para o incremento dos resultados da balança comercial do país.

Contamos também com os Treinamentos em Negócios Internacionais, desenvolvidos com a finalidade de proporcionar conhecimentos básicos sobre o funcionamento do mercado internacional, operações de câmbio, modalidades de financiamento e outras questões essenciais para quem atua ou pretende atuar no mercado externo.

A Universidade Corporativa vem agregar valor a este conceito, ampliando gradativamente a comunidade de aprendizagem, compartilhando conhecimentos com a cadeia de relacionamentos e com a sociedade e disponibilizando notícias, informações e conteúdos relacionados com desenvolvimento profissional.

Parceiros

A Universidade Corporativa Banco do Brasil atua em parceria com as mais renomadas instituições de ensino, consultorias, profissionais de educação e universidades tradicionais. A escolha dos parceiros segue critérios de flexibilidade, reputação, experiência, capacidade técnica e excelência do corpo docente, além dos conceitos emitidos pela CAPES (Ministério da Educação), o que garante a qualidade dos programas oferecidos.

Entre nossos principais parceiros institucionais (2002), estão:

- Amana-Key Desenvolvimento e Educação.
- CITISCHOOL.
- Dorsey, Rocha & Assoc. – FDC.
- Fundação Getúlio Vargas – FGV.
- Pontifícia Universidade Católica do Rio de Janeiro – PUC-RJ.
- TREND SCHOOL.
- Universidade de São Paulo – USP:
  - Fundação Instituto de Administração (FIA);
  - Fundação Instituto de Pesquisas Econômicas (FIPE);
  - Fundação Instituto de Pesquisas Contábeis, Atuariais e Financeiras (FIPECAFI);
  - Fundação para Pesquisa e Desenvolvimento da Administração, Contabilidade e Economia (FUNDACE);
  - Fundação de Estudos Agrários "Luiz de Queiroz" (FEALQ).
- Universidade Federal da Bahia – UFBA.
- Universidade Federal de Minas Gerais – UFMG.
- Universidade Federal de Pernambuco – UFPE.

- Universidade Federal do Rio Grande do Sul – UFRGS:
  - Escola de Administração;
  - Faculdade de Ciências Econômicas;
  - Instituto de Informática.
- Universidade Federal de Santa Catarina – UFSC.
- University of Texas at Austin.

Ao seu modo e atendendo aos requisitos de competitividade e inovação, as empresas e seus processos de Educação Corporativa estão construindo a cultura da aprendizagem contínua e permanente, integrada, sistêmica, coletiva, individual, presencial, a distância e orientada totalmente para as suas competências críticas. Méritos! Experiências de valor gratificam as pessoas, motivam e fazem crescer e desenvolver empresas. Neste novo ambiente de aprendizagem que estamos construindo nas empresas, consideremos o seguinte:

Se antes a hierarquia das prioridades do negócio era acionista em primeiro, fornecedor em segundo, distribuidor em terceiro, trabalhador em quarto e consumidor em último lugar, agora, é só colocar de cabeça para baixo: em primeiro o consumidor, em segundo o trabalhador, em terceiro o distribuidor, em quarto o fornecedor e, em último, o acionista. Só que nesse novo modelo todos saem ganhando, porque quando o consumidor ganha ninguém perde. Este será um enfoque poderoso para estabelecer um norte para a Universidade Corporativa de sua empresa.

Sem dúvida, criar uma Universidade Corporativa é um salto qualitativo e uma responsabilidade social das mais significativas. Estará a organização cumprindo o seu papel de empresa-cidadã? Sim!

Trabalhando com o foco da empresa que aprende continuamente – tarefa de difícil mensuração, sujeita a variações emocionais de líderes e liderados – estaremos construindo mais do que uma Universidade Empresarial, mas um processo de educação continuada com resultados positivos para todos. Acionistas, líderes, liderados, clientes, fornecedores, distribuidores, representantes, enfim para todos aqueles que fazem parte do universo da empresa. Com ética, bom senso e pé no chão.

As Perguntas mais Freqüentes sobre Universidades Corporativas

O que é uma Universidade Corporativa?

É uma atividade estrategicamente orientada para integrar o desenvolvimento das pessoas, como indivíduos, ao desempenho esperado delas como equipes, onde todos possuirão uma visão estratégica do que a organização deseja no futuro. Simplificando, é um guarda-chuva estratégico que possibilita a conjunção de tecnologias e parceiros em prol da aprendizagem organizacional permanente.

Por que as empresas constroem Universidades Corporativas?

Dentre os motivos pesquisados, os mais freqüentes são:

1. Para dar autonomia aos empregados em todos os níveis para inovar e operar dentro da estratégia global da empresa.
2. Maximizar o capital (ou propriedade) intelectual dos conhecimentos gerados internamente.
3. Aprender a competir globalmente.
4. Dominar as complexidades do ambiente empresarial e das incertezas do futuro.
5. Reforçar a cultura e a lealdade dos empregados, ensinando novas habilidades.
6. Disponibilizar recursos, ferramentas e soluções para melhorar a rentabilidade na linha de frente.
7. Utilizar a Internet como recurso de aprendizagem personalizado e on-line.
8. Diminuir ou substituir a instrução de sala de aula.
9. Amarrar currículos de T&D à estratégia de negócios da companhia.

10. Apoiar as reais necessidades da organização, preocupando-se em atender às demandas atuais, e principalmente futuras, de novas habilidades.

Como o treinamento tradicional difere da UC?

Departamento de treinamento	Universidade Corporativa
Reativo	Proativo
Descentralizado	Centralizado
Grande audiência, mas aprofundamento limitado	Currículo individualizado para cada função
Uso de salas de aula	Uso de tecnologias que atingem milhares de pessoas
Conduta: 80% tática e 20% estratégica	Conduta: 80% estratégica e 20% tática

In: Carta de Management – jan.-mar., 1999 – SENAC/AMA.

Quais os fatores críticos de sucesso de uma UC?

1. Forte compromisso da administração sênior com o desenvolvimento e a educação da força de trabalho.
2. A estratégia empresarial da organização dirige a estrutura da UC.
3. As experiências de aprendizagem da UC são distintas dos processos tradicionais de RH.
4. Desenvolvem sistemas de aprendizagem totalmente fundamentados na missão, nos valores e na cultura da organização.
5. Todas as unidades da organização, em todos os seus níveis, têm consciência da importância da UC.
6. Possuem estreito relacionamento com universidades tradicionais.
7. Consideram a UC como uma ferramenta poderosa para criação e administração do capital intelectual da empresa.

8. Para implementar novas tecnologias, a UC faz um exame minucioso das necessidades da organização, para somente depois transformá-las em ações de aprendizagem.

9. As UCs definem as metas de treinamento e as exigências, para depois identificar o público-alvo da intervenção.

10. Reúne as melhores práticas de administração e disponibiliza para todos os empregados.

11. Monitora o ambiente empresarial, trazendo informações relevantes para dentro da organização.

Quais as principais etapas na montagem de uma UC?

1. Identificação da visão, missão, valores e fatores críticos de sucesso da empresa.

2. Alinhamento das informações do item 1 e desenvolvimento dos propósitos e da filosofia da UC ou Educação Corporativa.

3. Elaboração do Mapa de Competências da organização e de todos os cargos/funções da empresa.

4. Elaboração do Plano de Desenvolvimento de Competências para todos os cargos/funções da empresa (aliado a um Plano de identificação de talentos e sucessão).

5. Desenho da Universidade Corporativa identificando parcerias e alianças com universidades, fornecedores, clientes, entidades como Federações da Indústria ou do Comércio, orgãos do Governo etc.

6. Identificação das formas e dos meios de aprendizagem que serão utilizados.

7. Desenho das grades curriculares de treinamento e desenvolvimento com base nos Planos de Desenvolvimento.

8. Elaboração do processo de administração, comunicação e controle das atividades da UC.

9. Endomarketing da UC (adesão de lideranças e liderados – responsabilidades).

10. Operação, manutenção da UC e melhoria contínua com vistas a obter resultados tangíveis a partir de seus serviços prestados.

Atualmente, a tendência das empresas vai além de proporcionar o treinamento imediato de seus funcionários. O despreparo das escolas convencionais em formar profissionais é o principal estímulo das empresas privadas para investir na criação de Universidades Corporativas. Com a globalização e a compexidade do ambiente empresarial, a visão de educação tornou-se mais ampla e, dentro deste conceito, os conhecimentos devem ser adquiridos de forma continuada, tendo como foco os negócios da empresa ou a sua estratégia principal. Essa é a razão de existir de um processo de educação corporativa. Por tudo isso, vale a pena investir!

Capítulo

7

TREINAMENTO COMERCIAL EM FOCO: Mais Resultado, Menos Papo!

"Tens de beijar muitos sapos antes de encontrares um príncipe."
Princípio da 3M

O Simulador de Guerra

Treinando pessoas com foco em resultados

As pessoas ficam fortalecidas e encorajadas quando dispõem das informações, do conhecimento e das habilidades na medida certa.

Cena 1

São 8 horas da manhã e os vendedores estão chegando para o treinamento. Nada convencional, eles são recebidos por soldados com metralhadoras em punho e no ambiente externo ao treinamento um cenário de "guerra" decora aquilo que será uma batalha para os treinandos naquele dia. Arame farpado, sinalizações de minas espalhadas pelo chão, uma réplica de um tanque de guerra, uma sirene toca a cada 5 minutos. A sala é decorada com motivos de uma verdadeira guerra e um telão apresenta cenas de batalhas e de comerciais de produtos da empresa e dos concorrentes. Na sala de aula (ou sala de guerra), surpresa! Produtos da concorrência entre os produtos que a empresa comercializa no mercado. Vai começar o treinamento.

Cena 2

De segunda a quinta, às 14 horas, reúnem-se na "sala de guerra" mecânicos, operadores, administradores e executivos de grande empresa do segmento de produtos hospitalares e ortopédicos para discutir as metas, o fluxo de caixa, a inadimplência de clientes e informações estratégicas da companhia. Daí, saem as decisões importantes. Resultado: 8 prêmios Top Hospitalar, numa pesquisa de preferência por produtos hospitalares que envolveu 7.500 estabelecimentos no país. É líder de mercado com 60% de *market share* e vem abrindo fronteiras no Exterior. "Criatividade, motivação e treinamento foram os elos poderosos da nova realidade da empresa", afirmou um membro do comitê executivo numa matéria para a revista Empreendedor.

O que têm em comum as duas cenas anteriores? Quase tudo, se uma delas não fosse fictícia. A cena 1 é fruto de nossa inesgotável capacidade criativa. E a cena 2 é real.

Mas em todo caso, consideremos que a cena 1 está ocorrendo em algum lugar e é provável que esteja mesmo. Com essa história de globalização, enquanto nós dormimos os japoneses estão fazendo exatamente isto... Preparando-se para a guerra comercial. Portanto, o que era ficção virou realidade. Existem empresas preparando seus funcionários para o combate empresarial, utilizando táticas de guerrilha e muita munição informacional disponível no mercado.

Você pergunta: "Como?" Simples! Compre um produto ou serviço concorrente, prove, comprove, compare com o seu, descubra os pontos fortes e fracos, compare-os, consulte a Internet, converse com o *boy* (ainda existe este cargo nas empresas?), vá até o ponto de venda e descubra por que o consumidor escolheu o seu produto ou o do concorrente, fique ligado nas pesquisas de consumo, de opinião, de mídias, nas revistas, nos jornais, em catálogos, nos congressos e seminários, nas palestras, nas feiras e exposições (um bom lugar para obter informação de concorrentes). Enfim, pense um pouco! Não é necessário espionagem, grampo ou coisa do gênero. As informações estão disponíveis, em muitos casos gratuitas, e não pense que é antiético fazer isso. Quando o técnico da seleção brasileira vai assistir a uma partida do próximo adversário é uma atitude antiética? Não. É estratégica. Portanto, as informações estão aí. Procure-as e achará.

Você deve estar pensando que este texto foi escrito para um profissional de marketing e que está no livro errado. Engano! Foi escrito para gerentes, profissionais de recursos humanos e de treinamento que, vez por outra, frustram-se com a pouca contribuição da área para "os negócios da companhia".

Com as informações colhidas e conhecendo os seus "soldados" é hora de elaborar a estratégia de treinamento. Depois dela, aí sim, vamos montar o programa de treinamento e qualificar o pessoal para enfrentar os concorrentes "armados até os dentes" (se você não estiver, alguém que atua no seu mercado estará).

Desenvolver uma estratégia de treinamento passa pelo reconhecimento das metas e de como vamos incendiar as pessoas para atingi-las. Se você me perguntasse hoje qual é a palavra-chave que anda rolando nas empresas, eu diria: VENDER. Sempre foi assim mas hoje, nestes tempos de tantas incertezas, mais ainda. Para obter êxito, vincule o programa de treinamento a um programa de incentivo viável. É importante frisar isto, porque muitos programas de incentivo fracassam até mesmo antes de começar. É que o pessoal de vendas (que de bobo não tem nada!) percebe que é inatingível. A motivação some!

Preste atenção a isso! O treinamento deve estar vinculado a uma meta, a meta deve justificar a ação de treinamento e o treinamento deve incentivar a conquista do resultado esperado. Todo treinamento deve incentivar a adoção de uma nova atitude, uma nova habilidade ou um novo conhecimento a ser aplicado no trabalho e deve agregar algum valor ao negócio. Caso contrário, não faça treinamento. Vai desperdiçar tempo, dinheiro e aumentar a frustração de todos.

Uma aproximação estratégica com a área comercial é um bom começo para aqueles que desejam medir resultados em treinamento. Quando você ouvir aquela frase da diretoria: *Precisamos aumentar nossas vendas*. – Ôpa! – É aí que eu entro! Coloque um capacete de soldado, uma metralhadora (de brinquedo!) e entre em cena. Parece brincadeira mas não é! O treinamento é um verdadeiro simulador de guerra, onde se esgotam todos os argumentos e objeções em vendas. As pessoas saem fortalecidas e encorajadas quando dispõem das informações, do conhecimento e das habilidades na medida certa. A atitude vencedora é conseqüência do estímulo positivo oferecido.

Agora, que tal montar uma sala de guerra em sua empresa e começar a criar uma cultura de treinamento focada em resultados? Como exercício, comece pela área comercial e aos poucos vá incrementando em outros departamentos da empresa, até que você consiga medir resultados em programas de difícil tangibilidade, como trabalho em equipe, motivação, lealdade, comprometimento etc. Em breve a sua **War Room** transformar-se-á no QG estratégico da empresa. Decisões importantes serão tomadas lá! E melhor, você poderá estar participando ativamente!

Nota de interesse estratégico: Os alunos de pós-graduação da Escola Superior de Propaganda e Marketing – ESPM – exercitam a **sala de guerra** numa das cadeiras da Escola. Pergunto: Será que um destes alunos não está trabalhando no seu concorrente?

Mais uma pergunta: Você ainda acha que este texto é dirigido para profissionais de marketing?

Acabou a época do analista de carteirinha. Visão e atuação global na empresa, compreensão de todos os *players* envolvidos no negócio e muita capacidade de influenciar as lideranças pelo poder do conhecimento são os requisitos do trabalho eficaz em Treinamento & Desenvolvimento.

A Metamorfose Ambulante e o Treinamento de Vendas

Atrás de cada ato da vida, há um ato de venda

É interessante notar como existem profissionais de vendas despreparados no mercado. O que mais se vê são tiradores de pedidos ou meros entregadores de mercadorias, pessoas que não têm o mínimo de conhecimento da necessária psicologia e técnica de vendas, sem a mínima aptidão para a atividade.

Em todos os segmentos da economia é comum observar-se a falta de preparo desses profissionais. Para comprar um carro, uma geladeira, um sapato, colocar gasolina no carro, alugar um imóvel ou mesmo adquirir um ingresso para o teatro, os comportamentos são muito parecidos: mau humor, falta de atenção, desinteresse, desmotivação. E muitos vendedores demonstram claramente a insatisfação ao consumidor, como se estivessem fazendo um favor a esse "chato" – o consumidor. É perceptível, aos consumidores mais sensíveis, que as relações de consumo normalmente são movidas a sorrisos amarelos, desde a abordagem até o fechamento da venda. Isso, quando a venda é fechada!

O inverso também é verdadeiro: quando somos bem atendidos em todas as etapas da venda, notamos imediatamente a qualidade da performance do vendedor e o resultado é a grata sensação de ter feito um bom negócio. Compramos e voltamos a comprar de novo com aquele mesmo profissional que nos atendeu. A experiência foi positiva.

No Brasil, somente as grandes empresas investem no treinamento de vendas profissional. Na maioria das vezes, os vendedores são recrutados no mercado, já supostamente treinados e o pré-requisito de seleção é a experiência anterior; o que não significa, hoje, competência em vendas. Mas por que somente hoje? Por uma razão muito simples: no passado, o ciclo de vida do produto era longo. Passavam-se anos para que um produto fosse substituído por outro melhor, mais econômico, com mais benefícios etc. Tais produtos nasciam, cresciam, amadureciam e perenizavam por longos anos. Além disso, até o início da década de 90 não tínhamos tantas opções de escolha como temos atualmente. Veja o exemplo dos automóveis. Até 90, tínhamos não mais do que 5 marcas e hoje nós temos, rodando em nossas estradas, 34 marcas e 420 modelos diferentes. O ciclo de vida do produto hoje é curto, curtíssimo. O produto não amadurece, quiçá chega à adolescência... Puf! Transformou-se! Produtos e serviços estão em constante metamorfose, assim como o próprio mercado. A inovação e a pressão da concorrência impulsionam a mudança. Veja o sabão em pó OMO. Temos sempre uma novidade que lava cada vez mais branco. Resultado: as empresas estão lançando a toda hora novos produtos ou rejuvenescendo marcas, sempre agregando valor aos olhos do consumidor que, confuso com tantas opções de escolha, também modificou seu comportamento de compra. Fortalecido pelo Código de Defesa do Consumidor, este está mais atento, sensível ao bolso e mais consciente nas suas transações comerciais. E do ponto de vista do vendedor? A grande maioria, alheia às mudanças de comportamento do mercado, continua com velhos hábitos de "empurrar o produto", usando terríveis vícios de linguagem com expressões do tipo "francamente este produto é o melhor", "aqui você tem o melhor preço..." aqui estou para atendê-lo", "vou ver o que posso fazer". São expressões que aborrecem o consumidor e geram respostas como: "Estou só olhando, obrigado". Há ainda aqueles vendedores que diminuem a concorrência, sem conhecê-la, provocando reações de indecisão e a necessidade de, antes de comprar o produto, conhecer os concorrentes.

Por essas e outras, chegamos à conclusão de que quase todos os vendedores precisam de treinamento e contínua reciclagem. Por ser o elo de ligação entre o produto e o consumidor, o vendedor deve ser a pessoa mais bem informada da empresa. Não somente conhecer muito bem o seu produto, mas também as campanhas de comunicação publicitária e promocional, o esquema de comercialização, os produtos da concorrência etc. Mas não é assim que acontece na prática.

Treinar vendedores é uma tarefa hercúlea. São pessoas que, pela natureza do trabalho que realizam, são avessas a ficar sentadas numa sala de aula. Sentem-se numa verdadeira prisão. Teoricamente, são pessoas sem relógio e sem patrão, sendo difícil segurá-las num evento. Valorizam mais a conversa descontraída do cafezinho e do almoço.

Para obter sucesso com treinamento de vendedores é preciso criar ambientes atrativos, dinâmicos, com testes e jogos concorridos que abordem o conteúdo que deve ser passado para eles; brincadeiras e mil diferentes artifícios para que o evento seja bem-sucedido. Recursos eletrônicos devem ser utilizados como estímulos visuais e auditivos. Por exemplo: multimídia, projeção de filmes, *slides*, *banners* e *charts*. A organização do plenário deve estar alinhada com a metodologia do evento. Caso haja muitos exercícios em grupo, as equipes devem ser organizadas em mesas redondas, em uma ou mais salas de apoio. Normalmente, nestes eventos, os vendedores realizam trabalhos de planejamento em equipe por regiões ou territórios de vendas.

Não se deve esquecer, também, de fazer o endomarketing do evento. Termos como curso, seminário, treinamento, ou coisas parecidas, devem ser evitados. O termo é pejorativo para esse público. O melhor a fazer é convidar os vendedores para participar de um encontro, uma reunião de vendas. É mais simpático e tem melhor receptividade, principalmente se for criado um tema para o evento. Por exemplo: "I Encontro de Vendas – Desafios e Oportunidades 2002" ou "Vencendo a Concorrência – O Cliente de 500 Mil Reais". Enfim, a criatividade (através de uma produtiva sessão de *brainstorm* – ou tempestade de idéias) deve guiar o planejamento do evento, não esquecendo dos objetivos e da metodologia, que devem ser claramente elaborados para que os vendedores adquiram as novas competências. A tarefa de definir o objetivo do evento é a mais importante, pois é ela que irá determinar o sucesso ou o fracasso dos seus esforços, que normalmente consomem tempo e milhares de reais na execução.

Para finalizar, apresentamos três bons motivos para priorizar um trabalho competente de educação e desenvolvimento para os profissionais de vendas de sua empresa. Ou, quem sabe, todos os empregados? Afinal...

1. A empresa existe em função do mercado. Se o mercado não compra, a empresa não existe.
2. Dentro da empresa só existem custos. O lucro está lá fora, no mercado.
3. O seu produto está dizendo para os seus vendedores: "Prefiro ser essa metamorfose ambulante do que ter aquela velha opinião formada sobre tudo" – Raul Seixas.

Trocando Competências em Vendas

Do indivíduo para a empresa, e vice-versa

O que diferencia um excelente vendedor de um vendedor normal? Esta pergunta está sempre presente nas rodas de discussão e nos cursos de vendas. Será que nestes tempos de tanta competição é necessário somente cumprir as metas de vendas? Incendiar a equipe para resultados imediatos? Ou isso não passa de uma miopia gerencial para o que realmente está acontecendo no mercado? Será que o esforço de curto prazo garantirá resultados futuros? Não! O processo de seleção de vendedores, que normalmente é feito pelo dono da empresa e em segundo lugar pelo gerente (porque nós estamos falando de pequenas e médias empresas), deve atentar para o fato de que não são somente as competências técnicas que fazem o sucesso nos negócios. Mas também, e de um peso enorme, as competências comportamentais e de atitudes, valores, ética, entusiasmo e motivação. Do ponto de vista da empresa, algo ocorre de muito parecido. A empresa também tem as suas competências de negócio e elas devem estar claras para todos na organização. Afinal, a empresa é uma entidade viva.

Para uma melhor compreensão desse artigo vamos conceituar o que vem a ser competência. Dentre os vários conceitos pesquisados, apresento este da Professora Maria Tereza Fleury (2002), da FEA – USP, que traduz uma nova realidade onde o termo competência abrange os dois lados, da empresa e do indivíduo: "Saber agir de maneira responsável (...) implica mobilizar, integrar, transferir conhecimentos, recursos, habilidades, que agreguem valor econômico à empresa e valor social ao indivíduo".

Complementando este conceito com o comentário de Joel Souza Dutra (2002), também professor da FEA – USP: "Na realidade, existe uma troca de competências. A empresa transfere seu patrimônio para as pessoas, enriquecendo-as e preparando-as para enfrentar novas situações profissionais e pessoais, dentro ou fora da organização. As pessoas, por seu turno, ao desenvolverem sua capacidade individual, transferem para a organização seu aprendizado, dando-lhe condições para enfrentar novos desafios".

As relações de trabalho estão se modificando para um modelo de relacionamento entre patrões e empregados, onde a troca de competências ocorre pela contribuição efetiva do funcionário ao patrimônio de conhecimento da empresa e, em contrapartida, os meios alocados pela empresa para que este indivíduo entregue aquilo que foi compromissado.

Ao analisar a empresa e a equipe de vendas sob este conceito, é possível que os processos de seleção de vendedores sejam modificados, indo além da avaliação da competência técnica e de traços de personalidade. Talvez devamos incluir no processo seletivo uma pergunta-chave:

– O que o novo vendedor deve entregar para a empresa? O termo "entregar" refere-se ao "indivíduo saber agir de maneira responsável e ser reconhecido por isso" de acordo com a definição de competência sugerida por Fleury (2002).

Vejamos quatro exemplos simples:

1. O vendedor participa do estabelecimento das metas e objetivos.

2. Constrói e desenvolve relacionamentos com o cliente.

3. Reúne informações sobre a concorrência, utiliza e disponibiliza para a empresa.

4. Identifica possíveis melhorias no processo de vendas sugerindo idéias.

Aliado a estas competências é necessário estabelecer, e deixar claro, os comportamentos observáveis que se espera do vendedor, como, por exemplo, o entusiasmo, a motivação e a ética nos negócios. Esses atributos são críticos e nunca aparecem de forma explícita nos processos seletivos. *Quem falou que não podemos dizer ao vendedor que faz parte do contrato com a empresa que ele deve trabalhar motivado, ser ético, contribuir com os colegas, atingir as metas da empresa etc.?*

Em contrapartida, estaremos oferecendo trabalho, oportunidades de desenvolvimento na carreira, participação financeira nos resultados. É uma troca justa.

Do ponto de vista da empresa, vamos descobrir as competências organizacionais. É um requisito para se chegar às competências desejadas para a equipe de vendas.

Algumas perguntas para estimular a criatividade:

1. Quais são as competências que uma empresa, que atua em nosso segmento, deve ter para obter sucesso nos negócios?
2. Em que somos realmente bons?
3. O que nos diferencia da concorrência?
4. Quais são os atributos mais valorizados em nossos produtos ou serviços pelos clientes? Qualidade, entrega, atendimento, preço, etc.

Estas quatro perguntas já são suficientes para iniciar o processo. A técnica *brainstorm* é adequada para esta descoberta. Reúne-se a equipe, formulam-se as perguntas e abre-se a discussão sem censura. Depois, organizam-se as idéias que darão os *insights* para estabelecimento de processos de trabalho, planos e prioridades. Este roteiro tem o poder de dar foco naquilo que realmente é importante e deve ser feito. E um antídoto, também, para o planejamento atabalhoado de vendas.

Ao definir as competências da empresa e, conseqüentemente, da área comercial, desdobramentos automáticos ocorrerão para outros departamentos, porque tudo o que ocorre dentro da empresa é em função do mercado e se o mercado não compra... adeus empresa!

Portanto, é hora de promover a troca de competências. Da empresa para o indivíduo e do indivíduo para a empresa. Justa, honesta, transparente e ética. Jamais deverá existir desequilíbrio nesta equação. É muita responsabilidade para o dono da empresa ou para o gerente assumirem tudo sozinhos, assim como para a equipe de vendas. O preço da inconseqüência pode ser alto.

A gestão profissional de vendas nas empresas não deve ser mais sustentada pelo amadorismo imediatista. É necessário compartilhar problemas e soluções em todos os níveis, comprometendo as pessoas com os resultados almejados. Vamos exercer a liderança na empresa com competência, estratégia e orientada para resultados duradouros. Creio que somente assim a empresa sobreviverá saudável, competente e fazendo bons negócios. Conseqüência de tudo isso: clientes para sempre!

Aliás, o tema Clientes para Sempre é a estratégia central das ações da General Motors Corporation, uma organização que aparece todos os anos entre as três maiores empresas do mundo. Por ser uma organização mundialmente exemplar, atuando num cenário altamente competitivo como o automobilístico, apresento este *case* da GM brasileira que tem tudo a ver com o desenvolvimento de programas de treinamento com o foco em resultados. Uma fonte excelente de *benchmarking*, pois o seu processo integrado de qualificação profissional, iniciado em 1995, poderia ser muito bem qualificado, hoje, como uma Universidade Corporativa. Convenhamos... os primeiros passos.

Case General Motors do Brasil

Treinamento de A a Z: Prêmio Top de RH'98 ADVB – ABRH

Em 1998 a GMB ganhou o prêmio Top de RH apresentando ao mercado o seu processo de treinamento dos profissionais da Rede Chevrolet. Tendo iniciado esse processo de capacitação em meados de 1994, com a descentralização das ações de treinamento no País, foram contabilizados mais de 76 mil profissionais treinados, comprovando o sucesso do modelo.

Com participação ativa no mercado desde que aportou no país, a história de sucesso da General Motors do Brasil começou em 1925, apenas 17 anos depois de iniciadas as atividades da GM Corporation no mundo.

Hoje, a GMB possui um mix de produtos dos mais completos do mercado e tem conseguido manter a capacidade competitiva através da manutenção de uma boa flexibilidade em suas fábricas para adaptar-se às demandas do mercado. Esse perfil obriga a GMB a estar permanentemente sintonizada com as práticas mais modernas de gestão de tecnologias, processos e pessoas.

A partir de 1994, o Treinamento de Vendas passou a oferecer à Rede Chevrolet um conjunto de ações integradas, as quais foram chamadas de Sistema Integrado de Desenvolvimento Profissional. Esse sistema contemplava uma programação de cursos que abrangia quase todos os aspectos do trabalho dentro das concessionárias. Tratava-se de um processo de formação curricular para os cargos da área de vendas em três níveis: qualificação básica, intermediária e avançada. Já se pensava num modelo de Universidade Corporativa sem, contudo, considerar esse termo.

O desafio de mercado

O final do novo milênio foi um grande marco para o setor automobilístico brasileiro. Veículos nacionais e importados, com modelos de alta tecnologia, dominavam o mercado. Paralelamente, surgia um novo consumidor mais exigente diante da amplitude de escolha.

A globalização trouxe plena competitividade ao setor exigindo, em contrapartida, a prontidão permanente nas ações empresariais. Desde 1992, com a entrada dos importados, 36 novas marcas conquistaram espaço no mercado nacional, com rede de distribuição própria ou multimarcas que, juntas, comercializam, hoje, em média, um milhão de veículos por ano.

Por outro lado, padrões de qualidade internacionais, associados a paridade e variedade de produtos, vêm contribuindo para a mudança no perfil do consumidor. Até 1990 o grau de lealdade dos brasileiros à marca era de 4 a 5 anos. Hoje, a tendência é de redução para 2,2 anos, o que vai acirrar ainda mais a competição entre as marcas.

O mercado nacional de automóveis tem um grande potencial de crescimento considerando, em primeiro lugar, a estabilidade da economia brasileira e, em segundo, observando as estatísticas de habitantes por veículo em alguns países. No Brasil são 8,3 pessoas para cada veículo, enquanto nos EUA praticamente é 1 habitante para cada veículo da frota americana.

O desafio da GMB, sempre foi buscar o Total Entusiasmo do Cliente através da qualificação dos profissionais de vendas, peças e serviços da Rede Chevrolet. Promover a fidelidade e o entusiasmo dos clientes é, sem dúvida, a grande alavanca para garantir a qualidade dos serviços e a liderança de mercado.

A estratégia – aprimoramento de habilidades e conhecimentos profissionais

Em 1997, o objetivo da GMB para o Treinamento de Vendas da Rede Chevrolet era qualificar em 100% os profissionais de vendas, através de grades curriculares para gerentes, supervisores e vendedores. Esses últimos se tornariam consultores de vendas ao final de uma programação exclusiva de cursos.

Este processo seguia rigorosamente o conceito de currículo de treinamento, visando qualificar o gerente de vendas em gerente geral Chevrolet e o vendedor de veículos em consultor de vendas.

O processo e a ação

A programação de treinamento era composta de currículos de formação e aperfeiçoamento para vendedores e gerentes de vendas. Como dissemos anteriormente, existem três tipos de qualificação: básica, intermediária e avançada. Apresentamos, a seguir, a “rota de qualificação” para que o vendedor chegue à função/cargo de consultor de vendas Chevrolet; e o gerente de vendas à de gerente geral de concessionária.

	Consultor de Vendas Chevrolet
	Formação Básica de Gerência para Consultores de Vendas Chevrolet
	Programa Avançado para Formação de Consultores de Vendas Chevrolet
	Vendas Externas
	Prospecção e *Follow-up* II
	Como Calcular Operações no Varejo
Seqüência de qualificação e aperfeiçoamento profissional	Produtos Financeiros e Serviços Agregados Chevrolet
	Código de Defesa do Consumidor
	Prospecção e *Follow-up*
	Formação Básica em Vendas
	O Produto Chevrolet
	O Vendedor Chevrolet
	O Processo Consultivo de Vendas
	O Atendimento Chevrolet
	Introdução ao Sistema Chevrolet

	Gerente Geral Chevrolet
	Gerente de Vendas Chevrolet
	Marketing Operacional
	Qualificação Básica Gerencial
	Código de Defesa do Consumidor
Seqüência de qualificação e aperfeiçoamento profissional	Como Calcular Operações no Varejo
	Produtos Financeiros e Serviços Agregados Chevrolet
	Prospecção e *Follow-up* II (Abordagem Gerencial)
	O Gerente de Vendas Chevrolet
	O Processo Consultivo de Vendas
	O Atendimento Chevrolet
	Introdução ao Sistema Chevrolet

A natureza dos programas de treinamento

O Sistema Integrado de Desenvolvimento Profissional da Rede Chevrolet oferecia às concessionárias três estágios de preparação de pessoal, cada um contendo uma programação específica voltada para a formação profissional:

- **Básico**

  Ações de treinamento de caráter obrigatório, elementares para que o cargo ou função a que se destinam possam ser desempenhados adequadamente.

- **Intermediário**

  Ações que complementam a formação básica e que visam fornecer instrumentos que melhorem o desempenho do treinando.

- **Avançado**

  Ações que preparam o treinando para o crescimento dentro da carreira.

Para que um estágio fosse concluído pelo treinando, ele deveria cumprir o currículo de cursos exigidos; manter uma freqüência regular de no mínimo 80% e possuir um nível de aproveitamento de 80% em cada um dos respectivos cursos.

Para participar do processo de qualificação o treinando necessitava inscrever-se no Sistema Integrado de Desenvolvimento Profissional da Rede. Na inscrição, ele recebia um "passaporte" de qualificação profissional. Nesse passaporte, eram registrados todos os treinamentos realizados, sendo uma condição fundamental dispor desse documento para participar dos eventos.

Os programas eram ofertados na condição de pré-requisitos, ou seja, a participação do treinando no programa Atendimento Chevrolet, por exemplo, somente deveria ocorrer após ter feito o programa Introdução ao Sistema Chevrolet.

As avaliações de aprendizagem exigiam de cada participante uma aprovação mínima de 80% nas provas de conhecimento. Estas avaliações eram registradas no Passaporte de Qualificação Profissional.

A linha-mestra de todos os programas de treinamento para a Rede são os Valores da General Motors. Com base neles, eram elaborados e realizados os programas:

1. *Entusiasmo do Cliente.*
2. *Integridade.*

3. *Trabalho em Times.*

4. *Inovação.*

5. *Melhoria Contínua.*

O processo de aprendizagem

Muito mais do que proporcionar treinamento para o aperfeiçoamento dos profissionais da Rede Chevrolet, o projeto visava ampliar o conhecimento dos participantes acerca da natureza dos processos administrativos e comportamentais que envolviam a condução dos negócios de uma concessionária, apurando a sua capacidade de ação através de técnicas modernas de ensino-aprendizagem.

Para atingir esse objetivo, a estrutura dos programas de treinamento possuía o sentido de propiciar um intercâmbio eficaz de experiências entre os seus participantes. A aplicação de estudos de casos e exercícios era a base da metodologia de aprendizagem. A teoria entrava apenas como um referencial.

Além disso, o propósito básico dos esforços educacionais era levar a todos os participantes uma mensagem positiva, no sentido de almejarem a diferenciação pela competência e a capacitação técnica, sobretudo nos momentos de instabilidade de mercado e/ou concorrência intensa.

O levantamento de necessidades de treinamento

Este processo era dinâmico porque não se restringia somente ao plano de carreira dos cargos da concessionária, mas também em função de ações estratégicas institucionais ou regionais de acordo com a situação do mercado. Por exemplo, se a GMB identificava uma região do Brasil com baixas vendas, era motivo de análise por parte de seus executivos e uma das questões discutidas era a pertinência de um programa de treinamento para disseminar uma nova estratégia comercial.

Os escritórios regionais da GMB, as concessionárias e o Treinamento de Vendas identificavam situações que exigiam uma intervenção em treinamento. Após esta etapa, era feito um diagnóstico para comprovar a necessidade de treinamento e, uma vez identificada, elaborava-se o programa de treinamento específico.

A elaboração dos programas

A área de Treinamento de Vendas da GMB é a responsável pela elaboração dos programas, sempre observando o modelo de aprendizagem apresentado anteriormente. A General Motors do Brasil até hoje, não mede esforços em termos de recursos de ensino-aprendizagem que favoreçam a absorção de idéias, conceitos e práticas. Para tanto, são utilizados os meios mais modernos, como exposição com *slides* bem elaborados com uso de *notebook*, projetor multimídia, vídeo, equipamento de som, *banners* e cartazes, visando criar verdadeiros ambientes de aprendizagem em sala de aula.

A metodologia adotada era eminentemente prática, com simulações, jogos e dinâmicas que favoreciam a rápida aprendizagem do grupo.

Os programas de treinamento eram oferecidos dentro das seguintes modalidades:

- **Programas de Calendário**

  Programas de treinamento que faziam parte do Sistema Integrado de Desenvolvimento Profissional da Rede Chevrolet e que eram divulgados, no início do período letivo, aos concessionários através de catálogo específico contendo a programação, objetivos, conteúdo, público, período e locais de realização.

- **Programas Fechados**

  Programas de treinamento que faziam parte do Sistema e que a concessionária tinha o interesse de realizá-los para uma ou mais turmas do seu quadro de profissionais.

- **Programas Específicos**

  Programas de treinamento resultantes de Levantamento de Necessidades específicas na concessionária e que estivessem alinhados com o Sistema Integrado de Desenvolvimento Profissional da Rede Chevrolet.

- **Consultoria Empresarial**

  Ações que não se caracterizavam necessariamente pelo treinamento tradicional de sala de aula, porém agregavam valor às atividades da concessionária.

Estas ações de consultoria estavam voltadas para:

1. Diagnóstico de disfunções ou oportunidades de melhoria nas diferentes áreas da concessionária (Vendas, Peças, Serviços e Administrativas).
2. Conceitos ou mudanças que a GMB necessitasse introduzir na Rede, desde que as ações de treinamento não fossem suficientes.

O sistema de avaliação de aprendizagem

A obtenção de qualificação pelo Sistema Integrado de Desenvolvimento Profissional da Rede Chevrolet dependia da aprovação do treinando em quatro processos de avaliação:

- Conhecimentos adquiridos.
- Participação nos treinamentos (80%).
- Índice de satisfação do cliente.
- Volume de vendas por vendedor.

O primeiro é a Avaliação de Conhecimento.

Essa avaliação era realizada ao final de cada curso concluído. O treinando deveria atingir, no mínimo, 80% de aproveitamento quanto ao nível de conhecimento desejável durante o curso realizado.

Além dessa avaliação, durante o treinamento em questão o treinando era avaliado pelo instrutor quanto ao nível de participação e envolvimento com as tarefas e atividades práticas durante os cursos. Essas duas modalidades de avaliação eram permanentes e obrigatórias em todos os cursos que faziam parte do Sistema.

O progresso de cada treinando em todos os cursos era registrado em banco de dados com acesso privado via Internet para os escritórios regionais da GMB, das próprias concessionárias e do Treinamento de Vendas.

A terceira forma de avaliação era feita através do Índice de Satisfação do Cliente. Após a compra do veículo, o cliente recebia um questionário que avaliava a maneira como o vendedor se comportou durante todo o processo da venda.

A quarta e última forma de avaliação era o volume de vendas realizadas pelo vendedor.

Estes quatro processos de avaliação cruzavam-se para estabelecer um determinado nível de desempenho do profissional de vendas, classificando-o e habilitando-o para novos programas de treinamento e promoções.

Não havia limite de tempo para a conclusão dos currículos. A duração dependia da capacidade individual do treinando e de sua experiência adquirida na concessionária. O acompanhamento da "vida" do treinando era monitorado pelo banco de dados que emitia pareceres periódicos sobre o nível de aprendizagem e reprovações para as medidas necessárias.

O passaporte de qualificação profissional

Todos os participantes do Programa de Treinamento possuíam um passaporte de qualificação profissional. Nesse passaporte, pessoal e intransferível, eram registrados todos os eventos dos quais o treinando participava. A cada convocação para treinamento, o treinando levava o passaporte para o curso onde o instrutor, durante o evento, colocava o selo em forma de holograma. Assim, ele acompanhava também o seu próprio desenvolvimento profissional. Se o profissional saísse de uma concessionária Chevrolet para outra, não perderia os cursos que fez, garantindo, dessa forma, a continuidade da qualificação profissional.

O banco de dados era o "coração" do Sistema, monitorando as participações de todos os funcionários da Rede de Concessionárias Chevrolet nos treinamentos e gerando relatórios de acompanhamento para os públicos envolvidos.

O sistema de reconhecimento e incentivo

O Clube de Líderes e o Clube do Presidente.

Visando incentivar a participação dos treinandos nos cursos, reconhecer e premiar o bom desempenho, a GMB implantou um sistema cujos indicadores eram: participação nos cursos e notas obtidas, índice de satisfação do cliente e movimento de vendas.

Esse sistema de incentivo era dirigido para três públicos distintos: Gerentes de Vendas, Vendedores e Operadores da Concessionária. O Clube de Líderes era dirigido para Gerentes de Vendas e Vendedores e o Clube do Presidente para Operadores de Concessionária.

Em pesquisa de opinião junto às concessionárias, realizada à época do programa, obteve-se percentuais acima de 85% de adesão nos programas de treinamento e reconhecimento.

À medida que o mercado automobilístico brasileiro torna-se mais competitivo, a qualidade, o preço e os serviços deixam de ser fatores críticos de sucesso. Um novo referencial de mensuração do sucesso no negócio passa a ser a capacidade de inovação e a velocidade na implementação das novas idéias. Coisa capaz de ser feita somente pelas pessoas. Uma fonte inesgotável de conhecimento e criatividade.

Capítulo

8

GESTÃO DE RH POR COMPETÊNCIAS:

É Fazer ou Fazer!

Quando o Pensamento Cartesiano das Pessoas não mais Funciona na Nova Economia

A coqueluche do momento. Estão todos a falar da gestão de recursos humanos por competências nas empresas. Mas por que toda essa preocupação agora? Simples! Antes da gestão por competências, a arquitetura das empresas e de seus departamentos de RH atendia a uma demanda orientada para a produção, onde se privilegiava o raciocínio analítico, sistêmico e cartesiano demandado por um mercado de massa comprador e, por isso mesmo, reativo às inovações. Em recursos humanos privilegiava-se (e ainda hoje se privilegia) o plano de cargos e suas descrições como a Bíblia da organização em tudo que dizia respeito às pessoas nas empresas. Como essa realidade mudou, o que observo é a inadequação dos modelos de gestão das empresas e, por conseguinte, da maneira como as pessoas são administradas.

Quanto mais volátil for o mercado e menor o ciclo de vida de produtos e serviços, mais imprescindíveis se tornam algumas competências essenciais, como *capacidade de inovação* e a *velocidade de aprendizagem*. São muitas as empresas que descobrem suas competências essenciais, mas são incapazes de traduzir estas competências em estratégia. Algumas elaboram suas estratégias, mas falham na implementação. Normalmente essa falha ocorre na implementação, porque somente se discutem os números: receitas de vendas, faturamento, lucratividade do negócio etc. Se os números discutidos na formulação da estratégia apontam para resultados favoráveis, por que o RH deveria sentar-se à mesa? Conclui-se que as pessoas devem estar automaticamente comprometidas, porque recebem seus salários e precisam manter seus empregos. Mas não é assim. Onde está o RH nesta hora para perguntar: "Como nós vamos comprometer os funcionários para realizar a estratégia da empresa?" Mais uma vez, esta questão está fora da mesa do *board* decisório.

Para falar de gestão por competências na empresa devemos considerar o fato de que se não houver um realinhamento da arquitetura de recursos humanos ou da maneira como a área está estruturada quanto a funções e produtos de RH, o projeto de competências não terá êxito. Vejamos um exemplo: Um grande banco de varejo mudou a sua estratégia de foco na prestação de serviços para o foco em vendas, através do lançamento de novos produtos para clientes já existentes. Enquanto a área de marketing desenvolvia os novos produtos e a área financeira projetava lucros futuros, o departamento de recursos humanos ainda permanecia com o foco no desenvolvimento das competências dos funcionários em prestação de serviços. Não é difícil imaginar o resultado. Um outro caso ocorrido numa empresa de tecnologia da informação foi pelo mesmo caminho. Uma das unidades de negócio da empresa desejava incrementar as vendas de novos produtos e de produtos já existentes para novos clientes. Na estratégia da unidade de negócio, alguns temas de RH deveriam ser tratados com a rapidez que a situação exigia: a elaboração de uma política agressiva de remuneração e incentivo para a equipe de vendas, a seleção de vendedores, treinamento etc. O que ocorreu a partir daí? Uma série de reuniões com o departamento de recursos humanos para adequar, com muito desgaste, uma política salarial e de incentivo mais agressiva *versus* a rigidez de um plano de cargos e salários. Ou a lentidão de RH *versus* a rapidez exigida no tempo de seleção dos vendedores. Resultado: o que deveria durar quinze dias, no máximo, durou quatro meses. Frustrou a unidade de negócio – os clientes internos de RH – e a estratégia da empresa ficou prejudicada por essa visão regulamentadora do departamento de recursos humanos. Atrapalha muito mais do que ajuda.

Esses dois casos são reais e revelam o distanciamento entre as necessidades emergentes, esboçadas nas estratégias de negócio da empresa e o posicionamento da área de recursos humanos. Aí reside o desafio dos profissionais de RH! Rever o seu papel e a sua contribuição para a estratégia da empresa. Mapear as competências sem o alinhamento necessário pode comprometer todo o projeto a ser desenvolvido.

Os profissionais de RH são responsáveis pelas fracas imagem e contribuição da área para os resultados da organização, porque ainda não aprendemos a contabilizar os resultados intangíveis que caracterizam o nosso trabalho, como, por exemplo, o impacto do clima organizacional no desempenho financeiro da empresa. Em breve, seremos capazes de dizer que a motivação dos funcionários e o conseqüente entusiasmo no trabalho provocaram um índice de 89% na satisfação dos clientes que, por conseguinte, resultou em 4% de aumento da receita de vendas do produto X. Hoje, já é possível avaliar esse impacto com a aplicação do *RH Scorecard*. Baseado na metodologia *Balanced Scorecard* – criada por Robert Kaplan & David Norton (Harvard, 1990) – que trata da mensuração do desempenho empresarial sob quatro dimensões, finanças, clientes, processos internos e crescimento, o *RH Scorecard* possui indicadores tangíveis e intangíveis identificados na organização e vinculados à estratégia da empresa, que possibilitam mensurar o impacto das ações de RH nos resultados da companhia de forma concreta.

RH Marcando Presença e Sentando-se à Mesa do *Board*

No Capítulo 5, falei dos primeiros passos para a mudança de enfoque da área. A atuação de recursos humanos deve passar por uma transformação em forma e em conteúdo. O RH mudando em forma para desenhar uma nova arquitetura de funcionamento. O *RH Scorecard* trouxe uma nova ferramenta para efetivar essa transformação através da mensuração da importância do RH para os negócios da empresa. Para facilitar o seu entendimento, vou dividir as atividades de recursos humanos em duas funções: RH como função básica e RH como função estratégica. A função básica de RH ocupa-se das atividades rotineiras, como administração de pessoal, folha de pagamento, benefícios e todas aquelas relacionadas com a rotina de pessoal. São atividades importantes, e às vezes estratégicas, mas não são geradoras de motivação dos funcionários e de diferenciação para o alto desempenho. Estas funções, podem, em muitos casos, ser terceirizadas. O RH como função estratégica aborda questões como gestão do clima organizacional, seleção de talentos, gestão das competências, treinamento e desenvolvimento dos funcionários.

São atividades desenvolvidas pontualmente para atender aos fatores críticos de sucesso de uma organização e, por isso mesmo, possuem forte impacto na capacidade de realização da estratégia da empresa. Por fatores críticos de sucesso entendemos as questões-chave a serem consideradas pela organização para que ela seja vencedora no mercado. Por exemplo: foco na satisfação do cliente é um fator crítico de sucesso para qualquer organização. Um outro fator é a inovação tecnológica. As pessoas são um fator crítico de sucesso.

A transformação da função de RH em conteúdo está estreitamente vinculada à sua própria capacidade em responder às necessidades pontuais da organização. Nesse modelo, RH não tem planos, cronogramas e agendas dissociadas das prioridades da organização ou de seus clientes internos. Não existe LNT (Levantamento de Necessidades de Treinamento), processos longos de recrutamento, seleção e supervalorização de planos de cargos e salários. Em contrapartida, possuem profissionais qualificados para atuar como consultores internos nas áreas da empresa, sugerindo idéias e planos para alavancar a alta performance dos funcionários e, assim, ajudar a empresa a conquistar resultados.

Quando o departamento de RH se senta à mesa das grandes decisões para sugerir idéias e ações que complementem as estratégias corporativas, o resultado é mais solidez na capacidade da organização em comprometer os funcionários com os objetivos e as metas da empresa. Porém, há muito trabalho pela frente para mostrar às lideranças da empresa que o RH não tem somente a função básica. Nossos líderes cresceram nas empresas com esta visão caolha da contribuição de recursos humanos e mudar essa visão é uma das tarefas mais difíceis do profissional de RH.

A gestão por competências é a arma do RH para modificar o seu *status quo* na empresa. Por quê? Porque ao alinhar as funções de recursos humanos não mais aos planos de cargos e salários (eles não vão deixar de existir, mas também não serão mais os donos da festa!) e sim às competências, estará privilegiando a capacidade de respostas de alto desempenho dos funcionários. Esse é um modelo que pode ser chamado de Sistema de Trabalho de Alto Desempenho.

Um Sistema de Trabalho de Alto Desempenho pode ser definido como uma combinação específica de ferramentas de gestão que maximizam o conhecimento, a habilidade, o compromisso e a flexibilidade do empregado. O conceito-chave é o "sistema". Os sistemas de alta performance são baseados nas competências que os funcionários devem adquirir para alcançar os objetivos de uma organização. Os princípios que sustentam tais sistemas em empresas de alto desempenho são vários e os que mais se destacam são: a informação compartilhada, a gestão do conhecimento, as recompensas pelo alto desempenho e a liderança que apóia os funcionários para apresentarem um alto desempenho.

Uma boa idéia para obter um Sistema de Trabalho de Alto Desempenho para a empresa é vincular um mapeamento de competências aos indicadores de um sistema de qualidade, como aqueles sugeridos pelo Prêmio Nacional da Qualidade (PNQ). Ao mesmo tempo, fazer uma consulta aos resultados da pesquisa anual da Revista Exame – As 100 melhores empresas para você trabalhar – desvendando as melhores práticas. Essa massa crítica estabelecerá parâmetros para o desenvolvimento de um Sistema de Trabalho de Alto Desempenho na empresa.

Brian E. Becker, Mark A. Huselid e Dave Ulrich (2001) apresentam alguns indicadores ou métricas para a construção de um Sistema de Trabalho de Alto Desempenho:

- Média dos aumentos por mérito concedidos em função de reclassificação do cargo ou de avaliação de desempenho.
- Índice de *backup* de talentos.
- Despesas por empregado com o desenvolvimento de competências.
- Índice salário da empresa/salário dos concorrentes.
- Diferenciais da remuneração por incentivos (alto desempenho *versus* baixo desempenho).
- Qualidade e quantidade das equipes multifuncionais.
- Número e tipo de "projetos especiais" para o desenvolvimento de empregados de alto potencial.
- Número de sugestões geradas e/ou implementadas.
- Porcentagem de empregados cuja remuneração depende do desempenho.
- Porcentagem dos empregados com planos de desenvolvimento.
- Porcentagem do salário total em risco.
- Qualidade dos sistemas de *feedback* aos empregados.
- Amplitude (distribuição) das classificações por avaliação de desempenho.
- Amplitude dos aumentos por mérito assegurados por classificação.

Estes indicadores podem ser complementados com outras métricas utilizadas pela empresa, de acordo com as características do seu negócio. Identificando tais indicadores de forma precisa, a empresa estará se aproximando da construção de um sistema de RH de alto impacto nos resultados da companhia.

Com o *design* do sistema em mãos, vinculado à estratégia da empresa e aliado a uma competente apresentação de vendas, o departamento de recursos humanos terá poder de fogo para convencer a direção da empresa de que a área de RH tem muito mais a oferecer do que administrar folha de pagamento. Não é uma tarefa fácil desenhar um Sistema de Trabalho de Alto Desempenho, mas muito mais difícil é colocar o departamento de RH na posição que ele deve ocupar: à mesa, onde decisões são tomadas sobre o futuro da empresa. Decisões que passam, necessariamente, pelo questionamento do grau de contribuição que as pessoas deveriam oferecer, na forma de competências, em resposta às necessidades da empresa. Lembre-se: a empresa vive do mercado e se ele não compra seus produtos e serviços ela não existe como empresa. Simples!

A capacidade de desenvolver uma nova arquitetura de RH, vinculada à estratégia de negócios da organização, é o maior desafio dos profissionais de recursos humanos nos próximos anos.

Mapear Competências: Uma Necessidade Imperiosa!

Para construir um Sistema de Trabalho de Alto Desempenho é necessário elaborar o mapa de competências da organização. Este mapa terá como estrutura básica a visão, a missão e os fatores críticos de sucesso da empresa. Quais são as competências que todos os funcionários devem adquirir para atender a tais fatores críticos de sucesso que, por excelência, definem a capacidade da empresa manter-se competitiva no mercado? Vamos identificar essas competências e desdobrá-las nos cargos da empresa, não esquecendo de identificar os cargos-chave ou aqueles que influenciam diretamente no resultado financeiro.

1º) Definimos as competências para que todos os funcionários entendam seus significados.

2º) Formamos grupos de trabalho (ou comitês), baseados em agrupamento de cargos, para descobrir, validar e atribuir pesos para essas competências.

3º) Finalmente, desenhamos o mapa das competências estratégicas dos funcionários. Com esta tarefa, obteremos o alinhamento das competências ao negócio central (*core business*) da empresa.

Não devemos esquecer da necessidade de "vender" para os funcionários a idéia durante o desenvolvimento de todas as fases do trabalho.

Gerenciando o Desempenho e Elaborando o Plano de Desenvolvimento

Uma vez construído o mapa de competências, precisamos elaborar um sistema para gerenciar o desempenho das pessoas na empresa. Para identificar os *gaps* existentes entre o desempenho ideal e o real, necessitamos de uma ferramenta que possibilite avaliar a performance dos funcionários frente aos objetivos do negócio. Neste caso, a avaliação 360º é a ferramenta mais adequada porque fornece uma fotografia real do desempenho das pessoas avaliadas. A partir da análise desses inventários é elaborado um relatório final com um plano de desenvolvimento individual do avaliado. Os inventários são construídos com base no mapa de competências e são exclusivos da empresa, porque não devemos esquecer que trabalhamos não somente com as competências básicas, que todos os funcionários devem possuir, mas também com aquelas competências que são diferenciadoras e, por isso mesmo, difíceis de serem copiadas pela concorrência.

Com a elaboração dos inventários, a empresa desenvolve um software para gerenciar o sistema de desempenho vinculando-o às metas que são negociadas com cada um dos funcionários. Teremos, portanto, um processo que vincula a estratégia da empresa (traduzida nos objetivos e metas a serem atingidas) às competências identificadas no mapa.

O mapa de competências e o sistema de gerenciamento do desempenho abrem possibilidades para a construção de um processo de identificação e formação de um banco de talentos. Uma necessidade imperiosa das empresas na formação de um *backup* de pessoal altamente qualificado visando a sucessão de líderes e a reposição por conta da rotatividade de pessoal.

Uma arquitetura de RH baseada em competências vinculada a um sistema de gerenciamento do desempenho e a um banco de talentos formará a base para a construção de um Sistema de Trabalho de Alto Desempenho. A partir daí, estaremos a um passo para identificar os indicadores de desempenho em RH, como aqueles que vimos anteriormente, e que contribuem para esclarecer, de uma vez por todas, a participação efetiva do departamento de recursos humanos para os resultados da empresa.

O plano de desenvolvimento dos recursos humanos estará vinculado ao resultado da avaliação 360º que, por sua vez, estará alinhado com a estratégia da empresa. Exemplificando: se uma organização tem como estratégia desenvolver e lançar um novo produto para um novo mercado potencial, o RH contribui perguntando quais são as novas competências que as pessoas deverão adquirir. Confronta estas novas competências ao mapeamento realizado e verifica se os cargos-chave, que afetam diretamente a execução da estratégia, possuem as competências requeridas. Possivelmente estaremos avaliando, nesse caso, as áreas-chave, como pesquisa e desenvolvimento, fabricação, vendas e entrega. Para cada um desses segmentos da empresa estaremos, como profissionais de RH, avaliando quais são as competências que os funcionários deverão "entregar" à organização.

O plano de desenvolvimento estará fundamentado nas competências a serem entregues pelos funcionários. O termo "entrega" significa que o funcionário, a partir do que a organização oferece para ele em termos de recursos para realizar suas tarefas, em contrapartida fornece os conhecimentos, as habilidades e as atitudes esperadas pela empresa. É uma troca que ocorre entre o indivíduo e a empresa. E quando essa troca ocorre num ambiente de transparência nas relações entre as pessoas, sejam elas líderes ou liderados, os resultados são sobejamente superiores. Estamos falando de um Sistema de Trabalho de Alto Desempenho. Nada mais do que isso.

Na figura da próxima página, apresento um resumo do processo de desenvolvimento da arquitetura de RH orientada para a estratégia de empresa caracterizando, desta forma, um Sistema de Trabalho de Alto Desempenho.

Para o exemplo usado no parágrafo anterior, teremos dois produtos de RH: (1) efetivo de pessoal talentoso em determinadas áreas-chave da empresa ou (2) reposição rápida de pessoal na área X – alinhados com a estratégia da empresa, que é a de lançar um novo produto para um novo mercado.

Explicações? A empresa necessita reter pessoal estável e talentoso na área de P&D para não quebrar o ciclo de tempo das pesquisas de novos produtos. Isto significa trabalhar com baixíssima rotatividade nessa área.

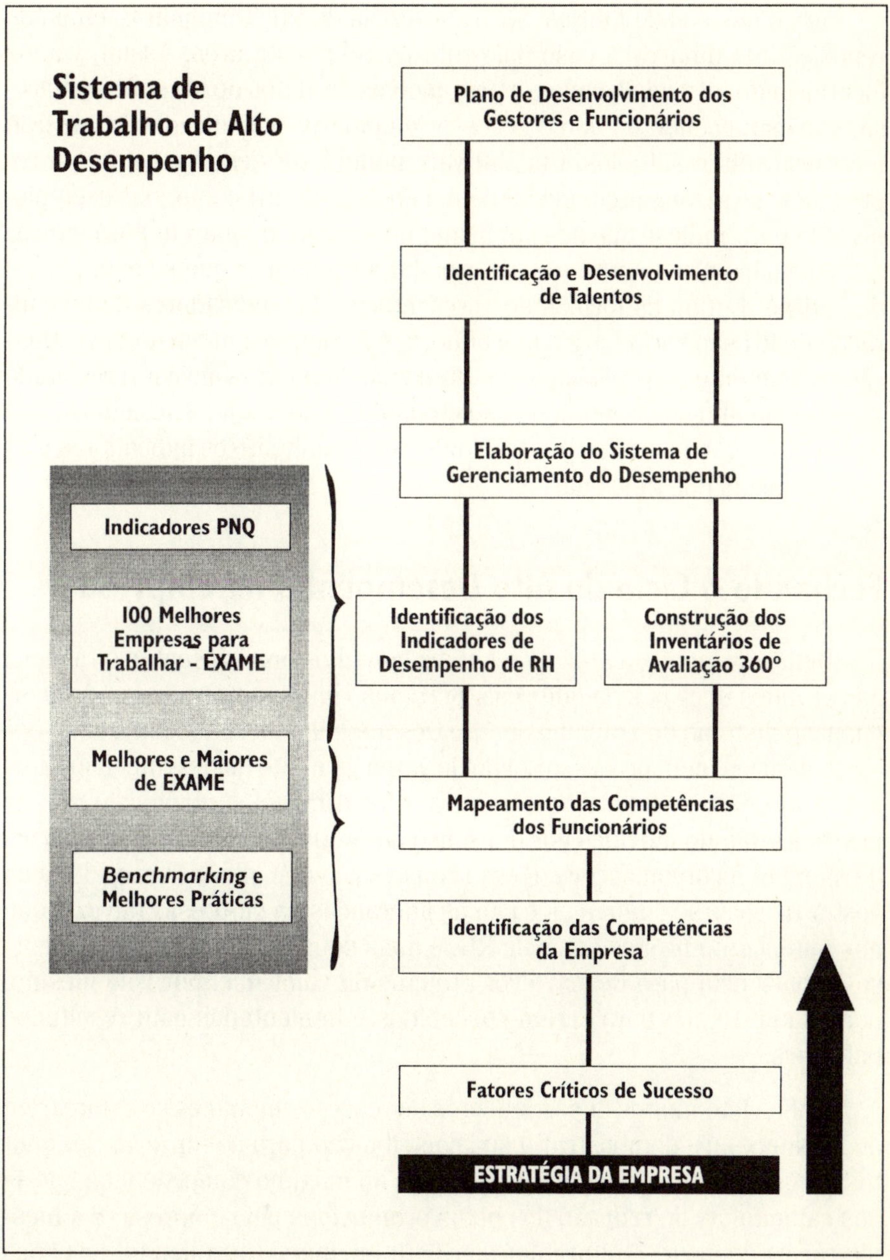
Sistema de Trabalho de Alto Desempenho
Plano de Desenvolvimento dos Gestores e Funcionários
Identificação e Desenvolvimento de Talentos
Elaboração do Sistema de Gerenciamento do Desempenho
Indicadores PNQ
100 Melhores Empresas para Trabalhar - EXAME
Melhores e Maiores de EXAME
Benchmarking e Melhores Práticas
Identificação dos Indicadores de Desempenho de RH
Construção dos Inventários de Avaliação 360°
Mapeamento das Competências dos Funcionários
Identificação das Competências da Empresa
Fatores Críticos de Sucesso
ESTRATÉGIA DA EMPRESA

Para o pessoal de fabricação, a estratégia de RH é diminuir o tempo de reposição de uma vaga caso haja rotatividade nesta área. Assim, vamos identificando, desenvolvendo e entregando os produtos de RH para a empresa, não esquecendo de que é necessário elaborar os indicadores que irão mensurar tais resultados. Um software poderá ser desenvolvido para representar graficamente o desempenho da área de RH como, por exemplo, o verde para indicar que se está acima do padrão; o amarelo para indicar consonância com o padrão; e o vermelho para indicar que se está abaixo do padrão. Enfim, as formas de apresentação dos indicadores de mensuração de RH são variadas e o que importa é o comportamento de investigação permanente do profissional de RH na sua luta para vincular o resultado do seu trabalho aos resultados da companhia. Que tal pensar num *cockpit* de RH? Um painel onde se possa avaliar continuamente os indicadores e as competências dos funcionários!

Fechando o Ciclo do Alto Desempenho na Empresa

Definitivamente, a área de recursos humanos precisa sentar-se à mesa das grandes decisões da empresa. Seremos competentes para tal à medida que o Sistema de Trabalho de Alto Desempenho (baseado em gestão por competências, num processo sólido de gerenciamento do desempenho e nos indicadores de mensuração), traduza a inestimável contribuição que as pessoas, quando movidas por um senso ou propósito comum, são capazes de oferecer às organizações. É essa consciência que, muitas vezes, falta ao gestor de recursos humanos e não às lideranças da empresa. Talvez o que nos falte, como profissionais de RH, é mais substância em nossos discursos e paciência para desenvolver projetos de valor que, por isso mesmo, demandam tempo para serem concebidos e implantados com resultados palpáveis.

Tenho visto muitos departamentos de recursos humanos se esforçarem ao máximo para demonstrar a sua contribuição para a empresa. Em muitos casos, têm suas estruturas reduzidas ao máximo como sinal da boa-fé nas campanhas de redução de custos promovidas pela empresa. É a mesma coisa que dizer: "Voltaremos a investir em marketing quando as vendas melhorarem". É justamente o contrário: as vendas não melhoram, porque não se investe em marketing... Os departamentos de recursos humanos deveriam reforçar seus times com profissionais competentes para atender a uma demanda cada vez maior para ajudar os líderes da empresa a desenvolverem perfis de liderança apoiadores, muito mais adequados a um ambiente empresarial que se modifica a todo momento.

A seguir, apresentamos dois cases para ilustrar o capítulo de competências. O primeiro deles discorre sobre o processo inicial desenvolvido pelo SENAI, entidade de peso no processo de modernização das indústrias em todo o país e, no segundo, um case real, mas subtraído o verdadeiro nome da empresa para manter a confidencialidade. Para tanto, vamos utilizar o nome Sonic Telecom e alguns termos muito específicos foram modificados. Porém, preservamos a essência do case. A Sonic Telecom é uma empresa canadense e líder no segmento de telecomunicações de longo alcance, cujo objetivo é ser o fornecedor global de soluções nessa área. O serviço de orientação e atendimento técnico ao cliente é global e possui aproximadamente 2.300 distribuidores, desenvolvedores de soluções em telecomunicação (dados, voz e imagem) e representantes comerciais para atender seus clientes em 70 países. Seu faturamento em 2001 foi de 3,9 bilhões de dólares e possui 18.600 funcionários (dados de 2002).

Case SENAI – Serviço Nacional de Aprendizagem Industrial

Do enfoque do diploma ao enfoque de competência

O SENAI é, hoje, um dos mais importantes pólos nacionais de geração e difusão de conhecimento aplicado ao desenvolvimento industrial. Atende 28 áreas por meio da formação de seus recursos humanos e da prestação de serviços, como assistência ao processo produtivo, serviços de laboratório, pesquisa aplicada e informação tecnológica.

É inegável a sua penetração nas indústrias em todos os seus segmentos. A flexibilidade de sua estrutura é um dos diferenciais com o qual o SENAI conta para cumprir sua missão. Graças a ela, o SENAI é o maior complexo de educação profissional da América Latina, oferecendo atendimento adequado às diferentes necessidades locais e contribuindo para o fortalecimento da indústria e para o desenvolvimento pleno e sustentável do país.

O SENAI está presente em todo o Brasil. São 293 Agências de Treinamento e Centros de Educação Profissional, 312 Unidades Móveis, 46 Centros Nacionais de Tecnologia e 58 Centros-Modelo de Educação Profissional a serviço da indústria brasileira (2002).

Você deve notar que peculiaridades muito próprias da entidade foram levadas em consideração na construção do seu modelo de competências. A lição a aprender é que cada organização deve construir o seu próprio modelo de competências, focada nos seus principais desafios corporativos. E, em última hipótese, torná-lo um diferencial competitivo de mercado, sendo, assim, difícil de copiar pela concorrência.

O Projeto Estratégico Nacional de Certificação Profissional Baseada em Competências do SENAI-DN tem o objetivo de reorganizar a oferta de educação profissional, atendendo não só às demandas do mercado, mas, e também, às novas exigências legais determinadas pela nova Lei de Diretrizes e Bases (LDB), que estabelece as políticas estratégicas, táticas e operacionais da educação nacional.

A busca de maior competitividade, por parte das empresas, com vistas à manutenção ou ampliação dos mercados, vem provocando novas exigências nos perfis profissionais demandados. Aliadas a uma sólida base técnico-científica, passam também a ser requeridas novas capacidades, derivadas da necessidade de adaptação a contextos produtivos cada vez mais imprevisíveis e dinâmicos. O conteúdo do trabalho está se alterando: trabalhar passa a significar, cada vez mais, ser capaz de transferir conhecimentos para distintas situações, bem como saber gerenciar informações.

Essas exigências vêm afetando diretamente as organizações que atuam na preparação de profissionais para o mundo do trabalho. Atento a essas tendências, o SENAI criou o Projeto Estratégico Nacional de Certificação Profissional Baseada em Competências, coordenado pela Unidade de Conhecimento e Tecnologia da Educação (Coted).

Para o diretor-geral do SENAI-DN, José Manuel de Aguiar Martins (2001), as transformações em curso na Sociedade do Conhecimento exigem modelos de ensino-aprendizagem altamente flexíveis e abrangentes, visando a formação de um trabalhador qualificado de forma polivalente e, principalmente, com o potencial de aperfeiçoamento continuado, para que possa atuar nos mais diferentes contextos de trabalho.

As metodologias e critérios organizacionais valorizados, hoje, no SENAI são aqueles que permitem medir, avaliar e gerenciar o capital intelectual e os ativos intangíveis das organizações. Ou seja, permitem gerir o conhecimento.

As razões que levaram o SENAI a adotar o enfoque por competência estão relacionadas às seguintes exigências:

- Maior articulação entre o mundo da educação e o do trabalho, ditada pelo novo paradigma da Sociedade do Conhecimento. Ao conceito abstrato de conhecimento, de teor acadêmico, vem se sobrepor o conceito de conhecimento contextualizado, de caráter mais pragmático, voltado para a necessidade de identificar e resolver problemas.
- Ampliação das oportunidades de inserção profissional do trabalhador, através da preparação para perfis mais abrangentes, focalizados não mais no posto de trabalho, mas visando o alto desempenho em contextos em constante transformação.
- Renovação do processo de ensino-aprendizagem, com base no enfoque da competência, sintonizado com as demandas crescentes e cada vez mais diversificadas das pessoas, numa perspectiva de educação permanente.
- Reconhecimento e validação de competências, independente da forma como foram adquiridas, para atendimento das novas disposições legais.

A abrangência e a complexidade deste Projeto, assinala Martins, exigiram a organização de uma fase-piloto que possibilitasse testar o modelo a ser adotado.

Pontos de partida

"A análise das experiências existentes em termos de certificação nos levou a tomar como referência o modelo espanhol por o considerarmos o mais adequado às nossas exigências. Mas introduzimos, como não poderia deixar de ser, algumas modificações em função do contexto social, econômico e jurídico do Brasil. Nosso primeiro desafio foi o de definir um sistema que tivesse coerência e credibilidade. De nada serve certificar se o mercado não conferir valor ao processo", assinala Lúcia Simões (2001), coordenadora do Núcleo de Educação do CIET e responsável pela elaboração e desenvolvimento do Projeto.

Partindo desta premissa, o sistema foi pautado nas seguintes bases:

- Optar por um conceito de competência e por um modelo de certificação que pudesse atender tanto as características do mercado de trabalho brasileiro quanto os marcos legais estabelecidos pela LDB.
- Elaborar documentos metodológicos que garantissem a homogeneidade de procedimentos a serem seguidos pelos Departamentos Regionais participantes da fase-piloto do Projeto.
- Percorrer todas as fases do processo, de modo a validar o modelo a ser instituído no SENAI.
- Assegurar, através de um rigoroso acompanhamento do processo, a coerência do modelo a ser adotado.

Até onde o SENAI avançou

Para estabelecer as bases conceituais do modelo, o SENAI definiu o termo competência como o conjunto de conhecimentos, habilidades e atitudes profissionais que as pessoas podem mobilizar em situações reais de trabalho.

Essa noção engloba as seguintes dimensões:

- Competências específicas, que se referem ao domínio propriamente técnico da atividade profissional.

- Competências de gestão, que apontam para aspectos relacionados à capacidade de lidar com situações imprevistas, de comunicação e de trabalho em equipe.
- Competências básicas, que remetem aos fundamentos técnico-científicos relativos a cada Qualificação Profissional.

Com base nas premissas adotadas, foram planejadas todas as etapas da fase-piloto do Projeto:

- Estabelecer uma metodologia para identificação dos perfis profissionais das distintas áreas tecnológicas, desagregando as competências de cada perfil em Unidades e Elementos. Unidades e Elementos de Competência são em seguida reorganizados em Unidades de Qualificação, ou seja, em conjuntos estruturados de competências com possibilidade de reconhecimento no mercado de trabalho.
- Organização de Comitês Técnicos Setoriais, com a responsabilidade de estabelecer os perfis profissionais referentes a uma determinada área tecnológica, constituída por técnicos das empresas, dos sindicatos, do próprio SENAI e de especialistas do meio acadêmico. Os Comitês funcionam, assim, como fóruns consultivos representando os diversos atores sociais, capazes de identificar os perfis requeridos, apontando, inclusive, tendências de curto e médio prazos.
- Definição de uma metodologia para construção do desenho pedagógico referente ao perfil profissional estabelecido.
- Definição de uma metodologia para avaliação de competências, focalizada na capacidade de identificação e de resolução de problemas, aproximando desta forma o processo de ensino-aprendizagem das reais condições de trabalho que o profissional vai encontrar.

No estágio atual da fase-piloto – que envolve nove Departamentos Regionais do SENAI das regiões Centro-Oeste, Nordeste, Sudeste e Sul –, foram instalados Comitês nas áreas de Alimentos, Automobilística, Construção Civil, Eletricidade, Eletroeletrônica, Telecomunicações, Mecânica de Manutenção, Mobiliário e Têxtil. Cada Comitê traçou no mínimo um perfil profissional.

Algumas opiniões

"O trabalho desenvolvido pelo Comitê Técnico Setorial implantado no Centro Tecnológico do Mobiliário SENAI, de Bento Gonçalves/RS, além de definir as competências requeridas ao *designer* de móveis, trouxe uma aproximação ainda maior entre as empresas moveleiras, o meio acadêmico, os sindicatos, o poder público e o SENAI." (Comitê Técnico Setorial da Madeira/Mobiliário/RS.)

"Foi uma experiência instigante participar do Comitê Técnico Setorial da Construção Civil para o estabelecimento do perfil profissional do mestre-de-obras. As reuniões eram desafiadoras e valorizaram a experiência que cada profissional trazia." (Comitê Técnico Setorial de Construção Civil/SP.)

O SENAI, assim como o SESI, o SENAC, o SEBRAE, o IEL e tantas outras instituições, vem dando o exemplo de competência e modernidade tecnológica, tanto na capacitação de seus profissionais quanto de seus clientes e fazendo a diferença onde quer que estejam nesse imenso Brasil. Por isso, é um modelo de melhores práticas a ser pesquisado por todos.

Case Sonic Telecom

Da valorização dos cargos para a valorização da bagagem de conhecimentos, habilidades e atitudes

O case da Sonic Telecom contempla todo o processo de desenvolvimento de Gestão por Competências e, por este motivo, apresento neste livro como referência de modelo para benckmarking.

Quando a Sonic Telecom decidiu projetar um modelo de competências para a filial brasileira (com 780 funcionários), tinha como pressuposto a necessidade de alinhar a sua política de recursos humanos, praticada no Brasil, com as mais modernas práticas de gestão de RH no mundo corporativo, uma vez que a sua matriz já apontava para este rumo. Foi assim que este projeto nasceu. A partir das diretrizes básicas de sua visão, da missão e de seus valores, foram definidas as competências estratégicas da organização e aquelas que todos os colaboradores deveriam adquirir para tornar a organização mais competitiva. Como resultado, a empresa elaborou um Plano de Desenvolvimento para todos os colaboradores com o foco nas competências.

Visão, Missão e Valores Sonic Telecom	
Visão:	"Nossa visão é ser a mais valiosa fonte global de soluções em telecomunicações, o que levará ao sucesso de nossos clientes, de nossos colaboradores e finalmente de nossos acionistas."
Missão:	Fornecer a melhor solução em telecomunicações que reflita em contínua evolução tecnológica, e atenda as necessidades e expectativas do cliente.
Valores:	Transparência, Comprometimento, Profissionalismo, Trabalho em Times e Responsabilidade.

A necessidade

Para prosperar em um ambiente empresarial competitivo e em constante mudança, a Sonic Telecom tinha a consciência de que era necessário investir no capital intelectual da empresa. Os funcionários são considerados como fonte de conhecimento e de prosperidade para a organização e, por isso, capazes de contribuir efetivamente em aspectos como o atendimento a clientes, a capacidade de ampliar a demanda por seus produtos e serviços, a capacidade de inovar e alavancar a lucratividade da empresa.

Essa consciência levou a Sonic Telecom a entender que a estrutura de cargos e salários tradicional já não atendia as necessidades do negócio. Considerava-a ultrapassada e era necessário um novo referencial para administrar os recursos humanos da empresa. Iniciou o processo de transformação da valorização dos "cargos" para a valorização da bagagem de conhecimentos, habilidades e atitudes.

Para ser a empresa número 1 como organização, precisava ter funcionários de primeira linha. Os investimentos deveriam não somente atender ao desenvolvimento de novos produtos e equipamentos, mas também nos processos e ferramentas que tornariam os funcionários mais efetivos no atendimento aos clientes, contribuindo para o sucesso da empresa.

O programa **Gestão por Competências** – composto pelo mapeamento, pelo gerenciamento do desempenho e desenvolvimento de carreira – colocaria a Sonic Telecom num outro patamar de performance, alinhando o comportamento dos funcionários aos objetivos do negócio.

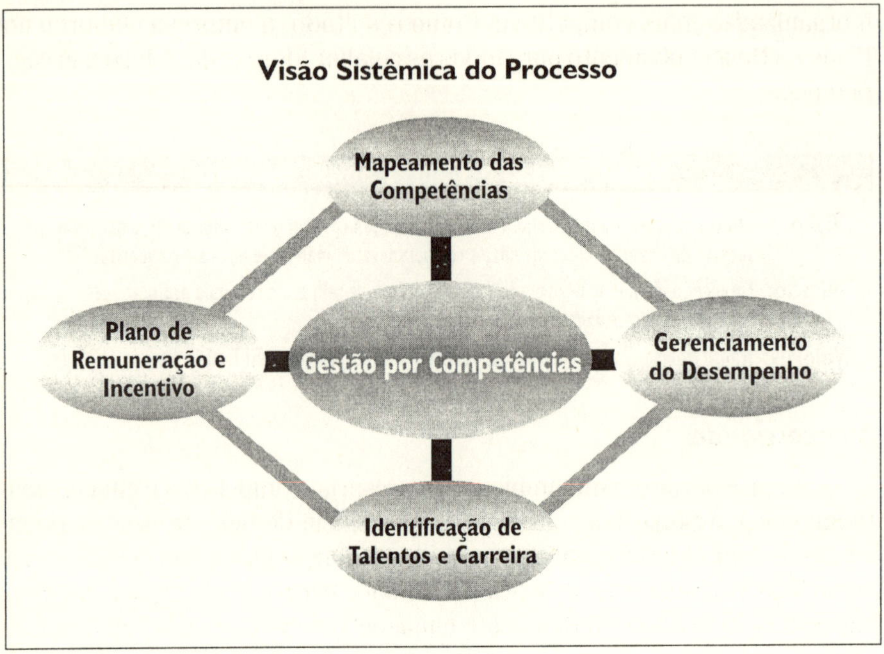

As competências que suportam a visão da empresa

Quatro áreas de competência apóiam diretamente a visão da Sonic Telecom. São elas:

- *Excelência Funcional.*
- *Liderança.*
- *Interpessoal.*
- *Business.*
- *Excelência Funcional* – Grupo de competências relacionadas à experiência funcional das pessoas nos cargos ou posições que ocupam.
- *Liderança* – Grupo de competências relacionadas às habilidades gerenciais que atuam como alavanca para a obtenção de desempenhos superiores no trabalho.

- *Interpessoal* – Grupo de competências relacionadas ao comportamento e atitudes no trabalho.
- *Business* – Grupo de competências relacionadas ao entendimento do negócio, as suas relações com o meio ambiente interno e externo e os objetivos do negócio.

O mapeamento das competências

Para realizar o mapeamento das competências, todos os cargos da Sonic Telecom foram agrupados em quatro categorias de carreira. Ou seja, as posições que as pessoas ocupam nos cargos/funções foram agrupadas de acordo com as expectativas de competências (conhecimentos, habilidades e atitudes) associadas com o nível de cada uma das categorias. Quanto mais alto o cargo ocupado pelo colaborador, maiores a expectativa e a complexidade em relação à entrega das competências requeridas.

As quatro categorias de carreiras: desenvolvendo a matriz de competências

A seguir, apresentamos um quadro simplificado para visualizar como foram distribuídos os cargos nas categorias, vinculando-os às competências estratégicas que todos os funcionários deveriam adquirir. Lembrando que à medida que um funcionário passa de uma categoria para outra aumentam a complexidade e as exigências de entrega da competência.

Os cargos da Sonic Telecom foram agrupados por categorias em função de sua especialidade ou função.

Na Categoria A, foram alocados todos os cargos operacionais da empresa.

Na Categoria B, foram agrupados os cargos técnicos especializados.

Na Categoria C, os cargos de nível universitário, supervisão e média chefia.

Na Categoria D, os cargos de gerência e diretoria.

Exemplo para visualização:

Competências	Excelência Funcional	Liderança	Interpessoal	Business
Categorias				
Categoria A				
Categoria B				
Categoria C				
Categoria D				

Nas categorias são descritas as competências requeridas pelos cargos e estas competências estratégicas desdobram-se em subcompetências. Na próxima tabela, observe a definição da subcompetência Solução de Problemas para cada categoria de carreira:

Competências
Excelência Funcional
Conhecimento e experiência requeridos para a realização das atividades e para atingir os objetivos da Sonic Telecom. Comprometimento com a expansão do próprio conhecimento técnico/profissional e com o compartilhamento de sua experiência com os outros.
Subcompetências
Solução de Problemas:
Definições
Categoria A
Capacidade de resolver efetivamente os problemas rotineiros de sua área funcional de responsabilidade ou recomendar sugestões dentro da área atribuída.
Categoria B
Capacidade de aplicar o conhecimento especializado dentro da própria área funcional, prioritariamente, e para ajudar a resolver problemas do negócio nos grupos de trabalho.
Categoria C
Capacidade de aplicar o conhecimento e exercer julgamento independente para ajudar a resolver problemas nos grupos de trabalho.
Categoria D
Capacidade de aplicar conhecimento avançado e usar a experiência substancial para resolver problemas técnicos e de negócios altamente complexos.

Matriz de Competências da Sonic Telecom

	Excelência Funcional	Liderança	Interpessoal	*Business*
Subcompetências	1. Solução de problemas	1. Visão compartilhada	1. *Networks* – construção de relacionamentos internos e externos	1. Conhecimento e comprometimento com o cliente
	2. Tomada de decisão	2. Altas expectativas	2. Trabalho em equipe/ formação de times	2. Conhecimento industrial e do mercado
	3. Pensamento conceitual e criativo	3. Treinador – *coach*	3. Solução de conflitos	3. Entendimento dos processos e sistemas da empresa
	4. Julgamento idôneo	4. Liderança pelo exemplo	4. Poder de influência	4. Conhecimento sobre os produtos
	5. Orientação para resultados	5. Campeão de mudanças	5. Comunicação	5. Utilização de *Metrics*
	6. Excelência funcional	6. Adaptação às mudanças	6. Integridade e ética	6. Utilização de informações financeiras
	7. Experiência, credibilidade e responsabilidade	7. Orientação para resultados		7. Excelência operacional
		8. Melhoria contínua		8. Objetivos e estratégias do negócio
		9. Aprendizado contínuo		

Na tabela anterior, apresentamos as competências e respectivas subcompetências que foram identificadas através da formação de comitês internos compostos de profissionais que ocupavam cargos semelhantes e que apresentam, de alguma forma, desempenho superior se comparado aos demais ocupantes de cargos assemelhados.

A partir da Matriz de Competências, foram desenvolvidos inventários de avaliação de desempenho 360º para aplicação nas Categorias C e D. Para as demais Categorias, A e B, o método de avaliação restringia-se a chefe-subordinado. Isto ocorreu, em função da descrição dos cargos, cuja ênfase é operacional e sem função de liderança. Os inventários foram desenvolvidos e avaliados pelos comitês, esgotando-se as discussões sobre a sua aplicabilidade em termos de significado e compreensão dos termos utilizados. Foram atribuídos pesos para as competências e subcompetências, estabelecendo o grau de importância e complexidade nos cargos da empresa.

Para realizar a tabulação dos inventários aplicados foi desenvolvido um software que possibilitasse a identificação dos *gaps* existentes entre o comportamento real e o ideal. Os *gaps* identificados formaram a base para a elaboração de um Plano de Desenvolvimento de RH.

Como o programa apóia o desenvolvimento das pessoas?

O Programa de Gestão por Competências é uma estrutura integrada que contribui para o crescimento dos negócios através do desenvolvimento dos funcionários:

- Provê foco para o desenvolvimento do funcionário comunicando claramente as competências que são valorizadas pela Sonic Telecom e pelos clientes.
- Encoraja os funcionários a avaliarem suas posições em termos de oportunidades oferecidas para desenvolver competências, afetando positivamente os negócios.
- Fornece uma base para o planejamento e desenvolvimento do desempenho através de discussões de *feedback* entre funcionários e lideranças.
- Enfoca o desenvolvimento dos funcionários e a aplicação das competências que apóiam os negócios.
- Fornece maior flexibilidade aos líderes para reconhecerem o aumento de impacto dos negócios e a contribuição dos funcionários;

especificamente a oportunidade de recompensar tais funcionários pelo desenvolvimento e pela aplicação prática das competências.

O Programa fornece uma infra-estrutura para oferecer desenvolvimento ao funcionário. É integrado aos processos de gerenciamento de desempenho, reconhecimento e recompensa e planejamento de carreira.

Identificação das necessidades de desenvolvimento

As necessidades são identificadas para todos os funcionários como parte do processo de Avaliação de Desempenho. As necessidades de desenvolvimento são oportunidades para aumentar as habilidades, os conhecimentos ou as atitudes no trabalho. Uma necessidade de desenvolvimento não é, necessariamente, uma deficiência; freqüentemente, ela é uma etapa para o crescimento na carreira, responsabilidades adicionais ou mudança nos requisitos do trabalho. Todos têm necessidades de desenvolvimento. Reconhecer e atender essas necessidades conduz ao crescimento e à satisfação profissional. Algumas maneiras foram identificadas para atender essas necessidades.

Feedback *dos líderes, colegas de trabalho e clientes*

O *feedback* é uma oportunidade para o crescimento pessoal e profissional.

Auto-avaliação

Condução honesta em relação às competências. Devem ser consideradas as três ou quatro competências classificadas como as mais fracas. Perguntas a serem feitas: *Como aumentar a competência nessas áreas? Quais habilidades e conhecimentos devem ser adquiridos?* O formulário, descrito anteriormente, é utilizado neste momento da avaliação.

Oportunidades de desenvolvimento profissional

Podem se caracterizar como sendo internas e externas à empresa.

Oportunidades de desenvolvimento interno

- Atribuições de curto prazo (menos de um ano, local ou internacional). Participação em equipes de projeto e liderança de uma equipe e de um projeto.
- Acesso a materiais de auto-aprendizagem (vídeo, CBT, *e-learning* etc.).
- Leitura regular de jornais profissionais, publicações comerciais e publicações mundiais de negócios.
- Participação em treinamento técnico ou de produto em áreas específicas de negócios.
- Participação em um processo de rodízio de atribuições.
- Participação em um programa de desenvolvimento profissional interno por ano (técnico ou não-técnico).
- Busca de oportunidades ou delegação de responsabilidades para outra pessoa, ou recebimento de atividades delegadas de um líder.
- Atuação como um facilitador-treinado ou instrutor-treinado na sua área de especialização.
- Participação em uma atribuição internacional (curto ou longo prazo).
- Visitas às instalações de um cliente ou fornecedor.
- Entrevista com um "especialista técnico de sucesso" ou com um responsável por uma área de seu interesse profissional.
- Busca por um mentor ou ser mentor de alguém.
- Participação em processo de *feedback* de 360º.
- Ampliação da rede interna com contatos regulares fora de sua própria área de trabalho.

Oportunidades de desenvolvimento externo

- Participar ativamente em uma sociedade profissional.

- Participar de eventos ou conferências do segmento industrial.
- Participar de um seminário externo e disseminar internamente para seus colegas.
- Participar ou ter papel de liderança em organizações da comunidade.
- Participar de programas de assistência educacional na companhia para atualizar o conteúdo atual de conhecimento ou ampliá-lo além da sua área de especialização.
- *Benchmark* de habilidades/especializações comparando-se com outras pessoas no campo profissional.
- Expandir a rede de relacionamentos interna e externamente.

Os benefícios do processo para funcionários e empresa

1. Quatro categorias de carreiras para todos os cargos/posições da Sonic Telecom.
2. Maior flexibilidade de carreira.
3. As competências promovem o sucesso da Sonic Telecom e o sucesso dos funcionários.
4. Remuneração dentro das categorias conforme desempenho do funcionário. São utilizadas como referenciais as pesquisas salariais de mercado, observados a eqüidade interna e o *budget* de salários.
5. Aumento da responsabilidade do funcionário pelo seu próprio desenvolvimento.
6. Aumento do apoio organizacional para o desenvolvimento dos funcionários.
7. Crescimento dos negócios através do investimento em pessoas.
8. Redução da burocracia e das barreiras estruturais.
9. Foco nos conhecimentos, habilidades e atitudes dos funcionários, necessários para atender os clientes.

10. Expectativas claras e oportunidades expandidas de desenvolvimento profissional.
11. Recompensa e reconhecimento pelo desenvolvimento e pela contribuição dos funcionários.
12. Responsabilidade pela própria carreira.

Assim, concluímos o processo de identificação das ações de melhoria da performance de cada funcionário. Passamos, então, à prática do gerenciamento do desempenho que é o instrumento de gestão de RH das lideranças no dia-a-dia.

O sistema de gerenciamento do desempenho

O Gerenciamento do Desempenho abrange as estratégias da Sonic Telecom para liderar e desenvolver pessoas – avaliação do desempenho, identificação de talentos e gerenciamento de sucessão, desenvolvimento dos funcionários, recompensa, reconhecimento e categorias de carreira. Este é um processo contínuo que alinha as metas dos funcionários com as metas do negócio, enquanto desenvolve habilidades, conhecimentos e atitudes para atender as necessidades presentes e futuras. O Gerenciamento do Desempenho vincula o desempenho individual, dos departamentos e das áreas, diretamente à estratégia do negócio e necessidades dos clientes.

Definição – Gerenciamento do Desempenho é um processo integrado onde o desempenho é medido, as necessidades de desenvolvimento são identificadas, o desenvolvimento futuro é planejado e avaliado e as recompensas apropriadas são aplicadas. Algumas das ferramentas atuais que a Sonic Telecom possui em seu sistema de Gerenciamento do Desempenho são: o processo de avaliação de desempenho 360º, a gestão dos talentos, as revisões semestrais de RH, o plano de T&D e programas de reconhecimento e recompensa.

O Gerenciamento do Desempenho é a estratégia da Sonic Telecom que fornece ao funcionário todas as oportunidades para alcançar seu potencial máximo. A empresa estabelece cinco elementos para o desenvolvimento dos colaboradores:

1. Definir metas do negócio/individuais

Definir e alinhar as metas do negócio e do indivíduo para o próximo ano. As metas fornecem um foco nos esforços feitos durante o ano.

2. Acompanhar o desempenho

Monitorar o desempenho continuamente em relação às metas. Ajustar as metas baseando-se nas necessidades dos negócios.

3. Identificar necessidades de desenvolvimento

Identificar as necessidades de desenvolvimento para intensificar os pontos fortes, desenvolver novas habilidades e melhorar o desempenho. As necessidades de desenvolvimento incluem habilidades, conhecimentos e atitudes que tornarão os funcionários mais eficientes.

4. Reconhecer e recompensar

Reconhecer e recompensar as realizações da equipe e as individuais.

5. Avaliar necessidades futuras do negócio

Identificar as habilidades e competências (conhecimentos, habilidades e atitudes) que atenderão às necessidades atuais e futuras do negócio e dos indivíduos.

O gerenciamento do desempenho é importante para a Sonic Telecom

- Desenvolve a força de trabalho continuamente. O sucesso da empresa depende da capacidade em utilizar plenamente as habilidades e os conhecimentos dos funcionários.
- Ajuda a alcançar as metas da empresa pelo alinhamento dos esforços de todos os funcionários.
- Fornece uma estrutura para recrutar, desenvolver, motivar, recompensar e reter, continuamente, uma força de trabalho altamente habilitada, diversificada e global.

- Promove uma cultura de contínuo aprendizado e compromisso dos funcionários, o que possibilita responder rapidamente às mudanças do mercado e às necessidades dos clientes.
- Oferece suporte para cada produto que é entregue com uma força de trabalho competente e comprometida, contribuindo para o sucesso dos clientes.

O gerenciamento do desempenho é importante para todos os funcionários

- Como o Gerenciamento do Desempenho associa as metas individuais às metas de negócio, ele ajuda os funcionários a entenderem como eles contribuem pessoalmente para o sucesso da empresa.
- Encoraja recompensas e reconhecimento pelas realizações.
- Promove uma cultura de aprendizado, encorajando os funcionários a desenvolver continuamente as habilidades para as necessidades futuras do negócio.
- Fornece um processo e uma série de ferramentas que engajam os funcionários, de forma que assumam o comando do desenvolvimento de suas próprias carreiras.

Responsabilidade e expectativas do gerenciamento do desempenho

Para deixar claras as responsabilidades de líderes e liderados no processo de gerenciamento do desempenho, a Sonic Telecom estabeleceu diretrizes para obter o comprometimento do pessoal:

Responsabilidades de líderes

- Estabelecer e comunicar metas estratégicas e medidas de sucesso.
- Vincular as metas do departamento às metas estratégicas da companhia.

- Fornecer *feedback* contínuo sobre os pontos fortes e das áreas de aperfeiçoamento de competência dos colaboradores, ajudando a criar um plano de carreira que sustente o desenvolvimento individual e o sucesso da empresa.
- Liderar o processo de Gerenciamento do Desempenho.
- Identificar as necessidades de desenvolvimento da equipe e do indivíduo, e possibilitar oportunidades de aprendizagem experimental.
- Fornecer recursos para atender as necessidades de desenvolvimento.
- Reconhecer e comunicar o sucesso da equipe e do indivíduo.
- Identificar a direção e as necessidades futuras do negócio.
- Estabelecer uma cultura aberta ao aprendizado.

Responsabilidades do funcionário

- Desenvolver uma visão clara da contribuição pessoal para o sucesso dos negócios.
- Buscar o *feedback* sobre o seu desempenho e suas contribuições.
- Definir as metas pessoais que estão diretamente ligadas com a estratégia e com as metas da área de negócio.
- Ter uma participação ativa no Gerenciamento do Desempenho e aplicá-lo como uma ferramenta para aumentar a contribuição para o desenvolvimento do negócio e pessoal.
- Identificar as necessidades de desenvolvimento pessoal e elaborar um plano de ação para obter ou melhorar competências.
- Ser responsável pelo gerenciamento da sua própria carreira, desenvolvendo as habilidades e competências para as necessidades atuais e futuras do negócio.
- Manter-se atualizado em sua área de *expertise*.
- Comunicar o progresso e as realizações para o líder.

Definição das metas: O fundamento decisivo do gerenciamento do desempenho

A direção da Sonic Telecom estabelece as metas de desempenho e cria um Plano de Operação Anual para enfocar os esforços de toda a organização. As Áreas de Negócios definem suas próprias metas de desempenho e as suas medidas críticas de sucesso, diretamente alinhadas com as metas da empresa.

Como parte do processo de Avaliação e Revisão do Desempenho, todos os funcionários definem as metas pessoais que apóiam as metas da unidade de negócio e da empresa. Os funcionários também podem definir metas projetadas para alcançar objetivos de carreira de longo prazo.

As metas dão foco bem definido para os esforços e indicam os parâmetros para a avaliação de resultados.

Seleção e redação das metas de desempenho individual

A definição das metas é um processo contínuo à medida que alinha as metas com as mudanças dos objetivos do negócio continuamente. Quando o líder descreve as metas da empresa, as metas da área de negócio, as metas do departamento e as medidas críticas de sucesso, este é o sinal para revisar e delinear as metas de desempenho individual dos funcionários.

Através de metodologia própria, os funcionários são orientados a estabelecer as suas próprias metas de desempenho para o cargo que ocupam.

As metas podem ser:

- Sugeridas pelo líder para apoiar as metas da Área de Negócio e do Departamento.
- De iniciativa própria do funcionário.
- Projetadas ou orientadas aos resultados para direcionar a execução do trabalho diário e focalizar as mais importantes responsabilidades de trabalho.

Medidas de desempenho: O processo de revisão do desempenho

O processo de revisão do desempenho e desenvolvimento dos funcionários é definido ao final de cada semestre. Este processo, de duas partes, considera os componentes do Gerenciamento do Desempenho: "Medidas de Desempenho" e "Identificação das Necessidades de Desenvolvimento".

O desempenho de cada funcionário é avaliado baseando-se nas metas que os próprios funcionários definiram no início do período que abrange a avaliação. Os funcionários desempenham um papel pró-ativo, estabelecendo novas metas para o semestre seguinte, planejando seus próprios formulários de revisão e identificando seus pontos fortes e as oportunidades de desenvolvimento.

O Sistema de Gerenciamento do Desempenho é composto de um formulário que resume, de forma simples e objetiva, a avaliação de desempenho individual, os pontos fortes e as necessidades de desenvolvimento, as metas negociadas entre chefe e subordinado e as ações de desenvolvimento identificadas a partir da aplicação dos inventários, além de outras informações relevantes, como perspectivas de carreira para o avaliado, avaliação de idiomas, assim como outros interesses relacionados ao perfil de competências do cargo analisado. Este formulário de revisão do desempenho é fornecido eletronicamente através da Intranet para agilizar e simplificar o processo. Apresentamos, a seguir, uma mostra dos formulários utilizados:

<table>
<tr><td colspan="2">Sonic Telecom</td><td colspan="2">Revisão de Desempenho e Desenvolvimento</td></tr>
<tr><td colspan="2">Nome:</td><td colspan="2">Posição:</td></tr>
<tr><td>Matrícula:</td><td>Área:</td><td colspan="2">Tempo na posição: _____ anos _____ meses</td></tr>
<tr><td>Banda de carreira: _____</td><td colspan="2">Término do período de desempenho: _____</td><td>Nome do gerente:</td></tr>
<tr><td colspan="4">Avaliação de desempenho individual</td></tr>
<tr><td colspan="2">Principais metas/objetivos de negócios</td><td colspan="2">Resumo dos resultados</td></tr>
<tr><td colspan="2">1.</td><td colspan="2">1.</td></tr>
<tr><td colspan="2">2.</td><td colspan="2">2.</td></tr>
<tr><td colspan="2">3.</td><td colspan="2">3.</td></tr>
</table>

Sonic Telecom	**Revisão de Desempenho e Desenvolvimento**
Nome:	Posição:

Características gerais de competências		
	Pontos fortes	**Necessidades de desenvolvimento**
***Expertise* funcional** (conceito)		
Liderança/Mudança (conceito)		
Interpessoal (conceito)		
Negócio (conceito)		

Avaliação geral dos resultados e competências					
Excepcional	Excedeu as expectativas	Bem-sucedido	Precisa melhorar	Insatisfatório	Funcionário novo
☐	☐	☐	☐	☐	☐

Plano de desenvolvimento individual			
Planos/atribuições de aprendizagem e desenvolvimento para o próximo período	Cronograma (Ano fiscal)	*Status*	Data de *status*

Próximas funções possíveis	
Responsabilidade ou posição	Programação estimada

Idioma	***Fala***		***Leitura/Escrita***	
	Conversação	Fluente	Técnica	Não-Técnica

Interesse de recolocação (próximos 12 meses)	Sim	Não
Nacional		
Internacional		
Internacional – curto prazo (< 6 meses)		
Comentários: Prefere ficar em		

Assinatura do funcionário ______________ Data ______________

Assinatura do líder ______________ Data ______________

Essas informações não serão consideradas uma promessa expressa ou implícita de promoção ou garantia de emprego

Sistema de recompensa e reconhecimento

A valorização de conhecimentos, habilidades e atitudes.

Em virtude das necessidades dos clientes, a Sonic Telecom mudou da valorização de cargos para a valorização da bagagem de conhecimentos, habilidades e atitudes. Há mais o que recompensar do que o salário-base. Salário, benefícios, incentivos, oportunidades de crescimento pessoal e profissional são fatores-chave para um programa de remuneração bem-sucedido.

A filosofia e a política de remuneração de uma empresa devem refletir um balanço desses fatores que melhor apóiam os objetivos e a visão da empresa.

A filosofia de remuneração da empresa contempla:

- O compromisso de remunerar os colaboradores competitivamente em relação ao mercado para o tipo de trabalho que eles executam.
- O provimento de aumentos de mérito baseados no desempenho individual.
- A vinculação do sucesso do funcionário, da companhia e do cliente, às oportunidades de incentivos de bônus com base no desempenho da organização.
- A atração, a retenção e o desenvolvimento dos colaboradores.
- A concepção da remuneração total como uma combinação de salário-base, pagamento variável, benefícios e programas de reconhecimento e recompensa.

Ao mesmo tempo em que o salário deve ser competitivo, o objetivo global da empresa é criar um ambiente de proximidade com o cliente. Para conseguir isso, alguns recursos devem ser direcionados aos fatores que contribuem para o sucesso da remuneração e dos clientes. Isso resultará num melhor retorno para os funcionários pela sua contribuição para a companhia.

Recompensar e reconhecer as realizações são um meio de permitir que os funcionários saibam que seus esforços foram percebidos e apreciados pela companhia.

Recompensar e reconhecer vai além de aumentos de méritos e inclui outras maneiras de agradecer aos funcionários por um trabalho bem feito.

Programas de recompensa e reconhecimento da Sonic Telecom

Para celebrar o sucesso nos negócios, a Sonic Telecom tem programas adequados às necessidades de suas Áreas de Negócios:

- Aumentos por mérito recompensam os funcionários por suas realizações, contribuições, resultados e desempenho sustentado e consistente *versus* os objetivos definidos.
- Aumentos por desenvolvimento concedidos aos funcionários quando ocorrerem mudanças significativas nas responsabilidades como, por exemplo, mudança para um novo trabalho ou um crescimento no trabalho atual.
- Os planos e metas variam de acordo com a Área de Negócio. O líder ou o representante de RH informa sobre os programas do negócio.
- Recompensas e reconhecimento não-monetários.
- Qualquer programa de recompensa ou reconhecimento é recebido através do desempenho e das contribuições. Os bônus, aumentos de salários ou outras recompensas e reconhecimento não são automáticos. Eles são fornecidos aos funcionários que produzem resultados e demonstram alto desempenho.

Exemplos de recompensa e reconhecimento não-monetários

- *Reconhecimento público.*
- *Certificado de realização.*
- *Nota de reconhecimento.*
- *Destaque do ano.*

Planejamento e avaliação das necessidades futuras do negócio

A organização avalia continuamente as demandas do mercado, os requisitos de recursos etc., e implementa planos para atender os requisitos dos clientes, efetiva e lucrativamente. O planejamento e a avaliação das necessidades futuras do negócio indicam as habilidades que são necessárias agora e no futuro. Duas funções são básicas nesta fase:

Planejamento de sucessão e revisões de competências

O planejamento de sucessão verifica as necessidades de competências futuras e os requisitos de talentos garantindo que estamos recrutando, desenvolvendo e mantendo os futuros líderes como candidatos para posições que estarão à disposição, devido a promoções, transferências, aposentadorias, mudanças no negócio, expansões etc.

As equipes de gerenciamento exploram as seguintes questões:

- *Quais competências essenciais serão necessárias no futuro e quais ações serão tomadas para desenvolver as habilidades necessárias?*
- *Quais posições que provavelmente serão abertas e quais habilidades serão requeridas para essas posições?*
- *Quais indivíduos possuem as habilidades para se destacar nessa posição?*
- *Quais os indivíduos que poderiam estar qualificados para essas posições após desenvolverem as habilidades necessárias?*
- *Quais ações estão sendo tomadas para reter os indivíduos que foram identificados para vagas futuras?*

As **revisões de competência** permitem avaliar se as competências atuais demonstradas pelos funcionários estão alinhadas às competências desejadas pela organização no futuro. São identificadas as lacunas na competência respondendo as questões:

- *Como a organização estará mudando nos próximos 12 ou mais meses?*
- *Quais as competências que a organização precisará e que não são parte do conjunto coletivo de habilidades?*

Avaliação das competências pessoais para as necessidades futuras do negócio

Da mesma forma que a organização observa as necessidades do negócio no futuro, os funcionários devem avaliar periodicamente as mudanças de seus papéis, conforme a mudança das necessidades do negócio. Cada funcionário é responsável por manter-se informado sobre as mudanças tecnológicas, mudanças nos requisitos de habilidades e mudanças de mercado, e por identificar e desenvolver as habilidades e competências que serão necessárias no futuro.

Sugestões de questões para avaliar as competências

Os colaboradores são estimulados a pensar o futuro e a fazer uma auto-avaliação através das seguintes questões:

1. *Você domina as competências que serão importantes nos próximos anos ou você terá que conviver com sua própria lacuna de competência?*
2. *Quais os desafios que a companhia estará enfrentando daqui a 1 ou 2 anos? E nos próximos 5 ou 10 anos? Como você contribui para ajudar a companhia a atingir esses desafios?*
3. *Quais áreas do nosso negócio estão crescendo? Como você pode contribuir ou participar do crescimento?*
4. *Quais áreas do nosso negócio estão regredindo? Como você pode ajudar a tornar estas áreas mais lucrativas/efetivas? Como você pode fazer a transição para as áreas em crescimento?*
5. *Quem está comprando nossos produtos? O que está acontecendo com nossos clientes? Como você pode ajudar a tornar nossos clientes mais bem-sucedidos? Como você pode ajudar a reforçar nosso relacionamento com os clientes?*
6. *Quem está comprando os produtos dos nossos concorrentes? O que está acontecendo com nossos concorrentes? Como você pode ajudar a aproveitar ao máximo os pontos fracos dos nossos concorrentes?*
7. *Quais são as perspectivas para seu departamento, equipe e trabalho?*

8. Quais são as novas e emergentes tecnologias que provavelmente causarão impacto nos nossos produtos e processos de negócios? Quais as novas habilidades e conhecimentos que você precisará trabalhar juntamente com as novas tecnologias e processos? Como você pode se preparar?

Feedback – Fornecendo e recebendo

O *feedback* oportuno e contínuo é a base de um gerenciamento de desempenho efetivo. Na Sonic Telecom é obrigatório que todos os funcionários recebam o *feedback* regular e contínuo sobre seu desempenho e progresso em relação às metas. Tanto a forma do *feedback* positivo quanto a do construtivo são essenciais. O *feedback* positivo reforça bons hábitos, ajuda os colaboradores a crescerem e fornece motivação. O *feedback* construtivo pode desencorajar um comportamento indesejável, fornece um caminho para o aperfeiçoamento e conduz ao crescimento de longo prazo.

Quando o *feedback* é fornecido consistentemente durante o ano, a revisão de desempenho semestral se torna um resumo dos pontos que já foram discutidos.

Como a Sonic Telecom orienta as pessoas para *feedback*	
Fornecendo *feedback*	**Recebendo *feedback***
1. Se você é um líder, forneça *feedback* regularmente. Planeje encontrar os funcionários, formal e informalmente, várias vezes ao ano.	1. Se você não sabe como está sendo seu desempenho, peça *feedback*.
2. Conheça o estilo da pessoa que recebe *feedback*. Muitas pessoas se sentem embaraçadas com o reconhecimento público.	2. Use a habilidade de ouvir bem. Reformule o *feedback* para garantir que você entendeu.
3. Forneça o *feedback* assim que possível após tornar-se ciente da situação, independente de o *feedback* ser positivo ou construtivo.	3. Se você não entendeu o desempenho que está sendo discutido, pergunte para obter mais detalhes.
4. Descreva o evento observado ou o comportamento de forma específica e objetiva. Seja muito cuidadoso para não ser influenciado por suposições pessoais.	4. Se você não entendeu por que o que fez foi importante, peça detalhes sobre o impacto de suas ações. Como isto afetou a pessoa que está fornecendo o *feedback*, seus colegas de trabalho, os clientes e a organização?

Como a Sonic Telecom orienta as pessoas para *feedback*	
Fornecendo *feedback*	**Recebendo *feedback***
5. Quando uma pessoa está aprendendo uma habilidade ou comportamento, forneça o *feedback* em etapas ao longo do caminho para encorajar o progresso contínuo.	5. Tente não desviar do *feedback*, especialmente do *feedback* construtivo. Um exemplo de desviar-se pode ser "Ah, isso não foi nada."
6. Verifique se seu *feedback* está sendo útil (pela observação dos seus efeitos no desempenho).	
7. Tente fornecer o *feedback* positivo a cada pessoa com uma freqüência quatro vezes maior do que a do *feedback* construtivo.	

Regularmente, os ocupantes de cargos de liderança passam por um processo de reciclagem gerencial, alinhado às competências requeridas pelas Categorias C e D, cujo conteúdo contém programas de treinamento de *coaching* e *feedback*. Esta competência é considerada de supremo valor para o atingimento dos objetivos empresariais da Sonic Telecom.

O pleno desenvolvimento do processo de Gestão de Recursos Humanos por Competências mostra-nos o poder de fogo que possui a metodologia para consecução dos objetivos de uma empresa. Desenvolver um projeto dessa natureza é muito mais do que uma necessidade, é obrigatório para empresas que desejam se manter firmes e competentes em seus mercados.

CONCLUSÃO

Administrar empresas nos tempos de hoje requer uma nova forma de pensamento. Não mais linear, como aquele raciocínio cartesiano de estruturar empresas na forma de caixinhas de um organograma. Não mais com uma visão estanque, onde somente existem a empresa e o lucro. As relações entre empresas e seus mercados e clientes, a sua influência no meio ambiente e a responsabilidade social, cada vez mais exigida pela sociedade, requerem uma nova forma de pensar que vai além dos muros da empresa.

Em todos os segmentos da economia os negócios estão se transformando. Grandes organizações estão desmontando seus negócios em pequenas searas lucrativas e muito bem focadas em alvos específicos de mercado. Gigantes montadoras de automóveis, como a GM e a Fiat, realizam fusões jamais imaginadas há dez anos. O comércio eletrônico encurta os caminhos da logística, derrubando fronteiras e empresas de todos os portes e tamanhos. A disponibilização de produtos e serviços transpõe a barreira física e chega aos lugares mais longínquos do planeta ao menor custo. As margens de lucro das empresas caíram assustadoramente nos últimos 10 anos devido ao aumento da concorrência. Hoje, a ordem do dia é redução de custos internos para maximizar a rentabilidade perdida nos últimos anos. É preciso vender, mas, ao mesmo tempo, é necessário reduzir custos. Como é possível reduzir custos se precisamos vender mais? Ou como diz um diretor de empresa: "Só vamos investir em marketing quando as vendas melhorarem!" Esse cenário de incertezas mais se parece com o vôo de uma borboleta.

Precisamos ensinar o elefante a dançar?! Sim. Uma tarefa soberba para os gestores e os profissionais de recursos humanos, pois são as pessoas mais qualificadas para traduzir esse ritmo alucinante das mudanças, transformando-o em conquistas e resultados palpáveis para a empresa. A preparação dos profissionais para lidar com esta nova realidade passa pela compreensão dos seguintes itens de reflexão:

- Do ambiente empresarial no qual as empresas estão inseridas.
- Do entendimento da realidade da própria organização, traduzida pela maneira como as coisas são feitas (cultura organizacional).
- De como se processam as mudanças nos ambientes de trabalho.

- De como o comportamento da liderança afeta diretamente os resultados da empresa.
- De como desenvolver metodologias que darão o suporte ferramental ao RH para promover as mudanças necessárias em suas atribuições.

Universidades corporativas surgiram há alguns anos para complementar o papel do treinamento que, por si mesmo, já não atendia às necessidades de gerir o conhecimento da empresa. Não tínhamos mais a capacidade, somente com o discurso do treinamento, de ajudar as empresas a conquistar e manter mercados e clientes. As UC's vieram para abrir os horizontes de aprendizagem da empresa, relacionando-se com todos os seus públicos possíveis como, por exemplo, as universidades, os fornecedores, os próprios clientes, os parceiros, os funcionários. Todos chamados para ajudar a empresa a absorver o que há de melhor no imenso mundo do conhecimento e traduzir tudo isso em algo produtivo para a empresa. Hoje, essa capacidade da empresa monitorar "o mundo" e absorver o que há de melhor para criar vantagem competitiva chama-se *business intelligence*.

A despeito dos modismos mais recentes, como reengenharia e *benchmarking*, sem estabelecer juízo de valor sobre eles, o que vimos nos últimos anos em recursos humanos foi uma melhoria acentuada na sua performance em sistemas operacionais de gestão de pessoal. Foram softwares desenvolvidos para integrar as funções rotineiras de administração de folha de pagamento, cargos e salários, treinamento, benefícios etc. A evolução foi essa. Se fosse diferente, ainda não estaríamos em busca de respostas para a histórica questão do RH: Como medir o impacto da gestão de recursos humanos nos resultados da organização? Hoje, participamos de eventos em busca dessa resposta. Luz no fim do túnel! Com o *RH Scorecard* já é possível mensurar os resultados de RH e sentar-se à mesa das decisões corporativas. Estamos chegando lá!

Um passo anterior ao *RH Scorecard* é a gestão de recursos humanos por competências. Uma necessidade imperiosa para a sobrevivência dos departamentos de RH. Caso contrário, terão as suas funções absorvidas pela área de marketing. As rotinas são terceirizadas e as ações estratégicas de RH passam a pertencer às atribuições do Marketing. Lembremos que a empresa vive do mercado e não existe sem ele.

Creio que uma das competências a serem adquiridas, e das mais relevantes para os gestores e profissionais de recursos humanos, seja a visão mercadológica. O entendimento das nuances de mercado – do ponto de vista interno e externo – de clientes, de fornecedores, de concorrentes e de acionistas e de como estes relacionamentos afetam a gestão interna das pessoas na organização é uma competência a ser adquirida pelos profissionais de RH.

Gestão por competências é o melhor produto de RH que um departamento de recursos humanos pode oferecer para a empresa. Ela fortalece a estratégia da empresa, direciona os esforços das pessoas para o que realmente precisa ser feito, reconhece e premia o alto desempenho e aproxima a contribuição de recursos humanos aos objetivos perseguidos pela empresa. Com esse enfoque, a área de RH passa a assemelhar-se a um camaleão, moldando-se em forma e em conteúdo para oferecer à organização os recursos de que ela precisa para manter-se competitiva no mercado onde atua.

Com este livro, propus uma reflexão sobre os principais temas da atualidade nas empresas sob o ponto de vista da gestão de recursos humanos, esperando que vocês avancem um pouco mais em suas práticas de RH, aperfeiçoando seu desempenho para contribuições mais efetivas. Após a leitura deste livro e o desejo de cada um em adquirir as competências sugeridas de forma explícita e, muitas vezes, implícita aqui, creio que você estará apto a se sentar à mesa nos momentos de grandes decisões. A aprendizagem não termina com este livro. Na verdade, ele incita o profissional a aventurar-se em idéias e reflexões para estabelecer as bases de uma arquitetura de RH sólida e de resultado e, por isso mesmo, competente para oferecer respostas efetivas às demandas de uma organização que deseja se diferenciar das demais. E essa diferenciação somente virá com pessoas competentes, criativas e talentosas.

UM BRINDE AO LEITOR

Achei oportuno oferecer um brinde ao leitor no final do livro. Visualizando o interesse cada vez maior dos profissionais de RH em buscar a qualificação necessária para oferecer as respostas demandadas por suas empresas, apresento três textos extraídos da Internet que auxiliam o profissional a compreender melhor quando dissemos, no capítulo da liderança e falamos de Musashi, que devemos dominar um pouco de cada arte.

No primeiro texto, os autores nos oferecem um *checklist* de como uma abordagem integrada ajuda no processo de identificação de desempenhos excelentes na empresa. O segundo texto apresenta os dez princípios orientadores para o sucesso de uma empresa na nova economia. Ambos são interessantes estarem presentes aqui neste livro para mostrar, mais uma vez, a interface que existe entre o trabalho do RH e a dinâmica da organização. Também são referências para pesquisas futuras dos profissionais. No terceiro texto, uma possibilidade de *benchmarking* interessante. O que fazem as empresas pentacampeãs da pesquisa "As melhores empresas para trabalhar" do Guia Exame. Quem sabe você possa utilizar alguns *insights* do texto? Boa prática.

Em Busca do Desempenho Excelente

Um checklist de como a abordagem integrada pode ajudar no processo

Melhorar o desempenho organizacional é a luta diária de todos os profissionais em cargos de liderança. Muitos dos resultados positivos obtidos advêm, principalmente, do esforço dos gerentes no trato com as questões do dia-a-dia da empresa, e geralmente são experiências isoladas, pontuais.

Um manual é atualmente considerado referência clássica para o *design* organizacional, o redesenho de processos e a melhoria do desempenho. Trata-se do livro de Rummler e Brache, *Improving Performance*, de 1990. Os autores apresentam uma abordagem integrada que examina o desempenho em três dimensões: a da estrutura e estratégia organizacionais, a dos processos centrais do negócio e a dos resultados produzidos pelos indivíduos.

Com base nesses três aspectos, Rummler e Brache apresentam um *checklist* para um diagnóstico apurado, cujos resultados são capazes de fornecer orientações e pistas seguras para projetos de melhoria de desempenho. São perguntas que estimulam os grupos de *brainstorming* na empresa. Fique com o melhor do livro.

Dimensão 1: Desempenho Organizacional

- Como os clientes vêem sua organização?
- Como os fornecedores vêem sua organização?
- Como os funcionários vêem sua organização?
- A estratégia da organização foi bem articulada e comunicada?
- Essa estratégia faz sentido num cenário como o contemporâneo?
- Quais os maiores *gaps* entre os pontos fortes e as limitações da organização?
- Os níveis esperados de resultados e de desempenho foram bem definidos e comunicados?
- Todas as funções necessárias estão no lugar?
- Existe alguma função desnecessária ou que poderia ser terceirizada?
- A estrutura formal da organização dá apoio à estratégia?
- Onde a estrutura formal constitui empecilho para a execução da estratégia?
- Todos os objetivos funcionais relevantes foram estabelecidos?
- Todo o desempenho relevante é mensurado?
- Os recursos foram devidamente alocados?
- As interfaces entre os departamentos estão bem administradas?

Dimensão 2: Desempenho de Processos

- Os processos-chave funcionais do negócio e suas inter-relações foram identificados?
- Os objetivos para os processos-chave estão associados às demandas dos clientes?
- Os objetivos para os processos-chave estão associados às demandas e ao potencial dos fornecedores?
- Os objetivos de processos estão associados às necessidades e aos objetivos organizacionais?
- Os processos utilizados são realmente os melhores para se chegar aos objetivos pretendidos?
- As metas para os subprocessos foram estabelecidas?
- Existem recursos suficientes alocados para cada processo central do negócio?
- As interfaces entre os passos dos processos estão adequadamente administradas?

Dimensão 3: Desempenho dos Indivíduos

- Os resultados e os padrões do trabalho estão associados aos processos e às demandas dos clientes?
- Os requisitos dos processos estão especificamente refletidos nas funções adequadas?
- Os passos do trabalho encontram-se numa seqüência lógica?
- Foram desenvolvidos políticas e procedimentos de apoio?
- O ambiente de trabalho é saudável, em termos ergonômicos?
- Os funcionários sabem o que se espera deles, em termos de resultados e padrões para seu trabalho?
- Os funcionários têm recursos, equipamentos, instruções, prioridades e fluxos de trabalho adequados?
- Os funcionários são recompensados por desempenhos excelentes?
- Os funcionários têm as competências necessárias para ajudar na consecução dos objetivos organizacionais?

Evidentemente, o *checklist* apresentado é um aparato básico para o trabalho de desenvolvimento de projetos de melhoria de desempenho e pode ser bastante ampliado e detalhado de acordo com a especificidade de cada organização.

Fontes:
Performance Improvement – A Classic Checklist, Rummler e Brache, artigo online em http://www.ceorefresher.com/classic, 1/2000. O artigo em referência foi baseado na obra de Rummler e Brache *Improving Performance: How to Manage the White Space on the Organizational Chart*, Jossey-Bass Publishers, San Francisco, 1990.

A Arquitetura da Nova Economia

Dez princípios orientadores para o mundo dos negócios na era da Internet

Com efeito, ressalvada a questão da filtragem da informação, a rede está modificando nossa maneira de pensar e de aprender, ao forçar a reeducação de nossa percepção relativamente a algumas verdades consagradas, ao mesmo tempo em que propõe novas formas de organização e interação entre as pessoas.

O mundo dos negócios foi decisivamente afetado pelo advento da Internet e, segundo os especialistas, as organizações precisam observar pelo menos dez princípios orientadores dessa nova Economia, se quiserem sobreviver e prosperar no novo cenário:

Princípio 1: O produto físico é menos importante do que o processamento da informação – Aqui está provavelmente a chave da Nova Economia, pois os ativos intangíveis da organização (o seu conhecimento) é que são os principais fatores determinantes do valor da empresa.

Princípio 2: A variável "distância" perde importância e desaparece – Agora, a conexão entre a organização e seus clientes é direta e acontece em termos planetários. Ao mesmo tempo, a organização fica mais exposta à competição (as oportunidades aumentaram muito e também os riscos).

Princípio 3: A variável "velocidade" implanta-se decisivamente – A interatividade instantânea torna-se crítica, trazendo mudanças cada vez mais freqüentes e aceleradas. A habilidade de a organização responder rapidamente às mudanças e às exigências de um mercado em constante mobilidade é fundamental para sua sobrevivência e sucesso.

Princípio 4: As pessoas são cada vez mais essenciais e sabem disso – A criatividade, indispensável à sobrevivência das organizações no novo cenário, é uma questão de pessoas e não de tecnologia, apenas. Funcionários criativos são cada vez mais considerados ativos estratégicos e isso acaba por afetar a maneira como são contratadas, desenvolvidas e geridas as pessoas.

Princípio 5: A Internet é fator de aceleração do crescimento – A capacidade de multiplicação da informação/comunicação na rede é tão grande e atinge um número tão grande de pessoas que a explosão do crescimento da organização pode acontecer da noite para o dia. Daí que as vantagens passíveis de serem obtidas na Web são mais acessíveis aos pioneiros em idéias e produtos.

Princípio 6: O valor aumenta exponencialmente com a fatia de mercado – Uma clara exceção à tradicional regra econômica pela qual o valor advém da escassez. Quanto maior a aceitação de um produto ou serviço via rede, maior valor adquire, especialmente se esse produto ou serviço estabelecerem um padrão ou plataforma.

Princípio 7. Entram em cena os metamediários ou infomediários – Com a possibilidade de transação direta fornecedor/cliente, o papel dos intermediários passa a ser o de filtro de informações relevantes. Esses infomediários agora oferecem serviços de apoio à compra baseada em alta tecnologia.

Princípio 8. O cliente ganha mais poder e o fornecedor maiores oportunidades – Com um *click* no *mouse*, é possível fazer-se comparações entre produtos, preços e condições, via softwares inteligentes. As oportunidades estão aí para negócios capazes de oferecer produtos e serviços realmente únicos e com custos reduzidos.

Princípio 9. A personalização/customização ganha destaque primordial – O valor de um produto ou serviço está agora principalmente na relevância da informação que ele agrega. Portanto, a personalização/customização será cada vez mais procurada.

Princípio 10. Desaparece o fosso entre desejo e compra – Todos os produtos estão disponíveis em todos os lugares, para todas as pessoas. As barreiras físicas e mentais que separavam o impulso de compra da compra propriamente dita não são mais problema (a questão da memória, por exemplo – não é preciso mais guardar o nome daquele livro sobre o qual um amigo lhe falou – basta clicar nos *sites* de busca). A conseqüência direta disso é a fusão entre marketing, vendas e satisfação.

Evidentemente, alguns princípios utilizados na "antiga" Economia ainda são válidos e devem ser observados:

- O cliente deve estar em primeiro lugar.
- Chega um momento em que as rendas têm de ser maiores do que os custos.
- A base dos relacionamentos reside na confiança mútua.
- As marcas sempre carregarão valor.
- Um dia tem apenas 24 horas.
- A competição sempre existirá.
- Pessoas têm interesses próprios e particulares. As empresas também.
- Pessoas precisam de incentivos poderosos para mudar seus comportamentos.
- Sexo vende.
- Ninguém quer, realmente, relacionamentos com uma empresa de telefonia.

David Stauffer, da Universidade de Harvard, afirma que esse novo cenário acabou por gerar um modelo de vendas que pode ser dividido em duas categorias: as vendas de produtos primários (seguros, livros, automóveis etc.), onde os clientes pesquisam na Internet os preços mais acessíveis e completam a transação com pequena ou nenhuma assistência; e as vendas consultivas, que envolvem transações mais complexas e relacionamentos mais próximos cliente/fornecedor (serviços bancários, produtos de investimentos, tecnologia da informação, telecomunicações, serviços de consultoria técnica etc.). Para cada uma dessas categorias são necessárias estratégias específicas de atuação.

Fontes:

1. *10 Driving Principles of the New Economy* – Business 2.0 – 6/99.
2. David Stauffer, da Universidade de Harvard. *Estratégia de Vendas para a Era da Internet* – Marketeer, Harvard Management Update, 10/99.

Pentacampeãs!

O segredo das empresas que figuram como melhor lugar para trabalhar em cinco anos

O Guia Exame: As 100 Melhores Empresas Para Você Trabalhar

Esse guia surgiu em 1997, inspirado num livro do consultor norte-americano Robert Levering, *The Best Companies to Work for in America*. Mais do que agente inspirador, aliás, Levering e sua equipe logo se tornaram parceiros do projeto em sua versão brasileira. Naquela primeira edição, 30 empresas foram escolhidas como as melhores para trabalhar no Brasil. Nas duas edições seguintes, o guia ampliou a lista para 50 empresas. Em 2000, a publicação ficou ainda maior, com 100 empresas, e trouxe a novidade de um ranking, com as dez primeiras colocadas.

Em 2001, na sua quinta edição, o Guia Exame bateu o recorde de empresas inscritas: 374 organizações – 100 a mais do que em 2000. Empresas nacionais e familiares, como Casa Verde Móveis, de Mirassol (SP), Magazine Luiza, de Franca (SP) e Grupo Zema, de Araxá (MG), conquistaram um lugar no seletíssimo grupo das 10 melhores. Apenas o McDonald's, que no ano anterior se classificou em terceiro lugar, manteve-se no ranking das 10 em 2001, conquistando justamente o primeiro lugar. O índice de renovação de empresas entre as 100 melhores foi de 40%. Ou seja: somente 60 empresas conseguiram repetir o feito de 2000. Pela primeira vez, o guia trouxe um ranking regional, destacando as melhores empresas nas regiões Sul, Nordeste e Norte/Centro-Oeste.

O crescimento do número de empresas participantes significa a maturação do Guia Exame como um produto que obteve clara resposta do mercado à sua proposta editorial. Hoje, mais e mais empresas vêm sofisticando seu modelo de gestão e suas políticas de RH, com o objetivo de serem incluídas entre as melhores. Por todas essas razões a publicação virou referência no mercado de trabalho e as empresas listadas no Guia tornaram-se modelos em gestão de pessoas.

Firmes e fortes. Como sempre

Conquistar um lugar no seleto grupo das 100 melhores empresas para trabalhar no Brasil não é tarefa fácil. A cada edição, o número de organizações inscritas aumenta em relação ao ano anterior, tornando a disputa mais e mais acirrada. Além disso, o grau de exigência dos funcionários também tende a aumentar quando a empresa entra no Guia. Eles passam a comparar sua empresa com as outras da lista e a observá-la com olhos ainda mais críticos. Dessa forma, repetir a dose e conseguir manter-se entre as 100 melhores por dois anos consecutivos é uma missão ainda mais difícil.

O que dizer então das organizações que marcaram presença em todas as cinco edições deste Guia até 2001? É realmente um feito excepcional.

Há 12 empresas que podem se orgulhar dessa conquista: McDonald's (a grande campeã de 2001), Accor, Copesul, Dow Química, Elma Chips, Goodyear, HP, Merck Sharp & Dohme, Nestlé, Promon, Xerox e Brasmotor (que naquele ano abriu mão de se inscrever como grupo e optou pela participação das suas duas empresas separadamente, a Embraco e a Multibras).

Comunicação ampla, geral e irrestrita

Qual o segredo dessas empresas para conseguir o "pentacampeonato"? O que elas têm em comum? Se você respondeu que é uma política de remuneração agressiva atrelada a um generoso pacote de benefícios, errou. Uma análise cuidadosa dos questionários da pesquisa revela que bons salários e benefícios diferenciados são importantes, sim. Estão longe, porém, de ser determinantes para o sucesso dessas organizações com seu público interno. O principal ponto em comum entre as 12 empresas é que todas, absolutamente todas, possuem um processo de comunicação de primeira linha. Ali, **as informações fluem intensamente desde a alta direção da companhia até o pessoal do chão de fábrica, e vive-versa.** É o caso do McDonald's, a melhor empresa para trabalhar no país, campeã em comunicação entre as 100 melhores do Guia 2001. O Papo – Programa Aberto para Ouvir, por exemplo, permite ao funcionário opinar, criticar e elogiar tudo. Há uma certeza: todas as reclamações recebem resposta. Além disso, o presidente, Marcel Fleischmann, é dos mais acessíveis: resolve os problemas pessoalmente e participa da vida social dos funcionários.

Assim como no McDonald's, a informação flui de forma rápida, eficiente e transparente em todas as direções nas pentacampeãs. Com isso, não há espaço para o "rádio corredor".

As pessoas conhecem a estratégia da empresa, suas metas e objetivos. O acesso aos executivos é fácil. Cada um sabe o que deve fazer para dar sua parcela de contribuição para o sucesso do grupo. As pessoas participam ativamente dos processos decisórios, são ouvidas e respeitadas. Parece óbvio, mas nunca é demais repetir: quanto maior o envolvimento do funcionário, maior será o seu comprometimento com a empresa. "Pesquisamos constantemente o grau de satisfação dos funcionários e fazemos o possível para atender a seus anseios e mantê-los informados", afirma Marcelo Amoroso Lima, diretor de RH do Merck Sharp & Dohme.

Da mesma maneira, a comunicação é um dos pontos mais vulneráveis da maioria das companhias que ficaram fora da lista das 100 deste ano. Sem uma estratégia bem elaborada de comunicação, a confiança na gestão sofre profundos abalos e o clima interno fica conturbado. As metas e os objetivos não são claros para todos e, com isso, há um inevitável impacto nos resultados da companhia. "A comunicação clara e objetiva é um fator importantíssimo para manter a equipe permanentemente motivada", diz Antonio da Fonseca Filho, diretor de recursos humanos da Goodyear. Empresas que realmente se preocupam com a opinião dos funcionários não se limitam ao discurso politicamente correto. Elas demonstram com ações concretas que estão dispostas a dar voz ao seu pessoal.

Corpo-a-corpo

É claro que não se alcança um nível de qualidade na comunicação interna do dia para a noite. Os desafios são grandes, principalmente no caso de corporações globais. Em empresas desse porte, a dúvida é quase sempre a mesma: como manter os milhares de funcionários espalhados pelos quatro cantos do planeta bem informados sobre tudo o que acontece na empresa? A Dow Química, que tem aproximadamente 50.000 funcionários em mais de 170 países, sabe bem o que isso representa. "Vencer esse desafio significa ter funcionários capazes de contribuir com o sucesso da empresa", afirma Vicente C. Teixeira, diretor de recursos humanos da Dow.

Uma das iniciativas para manter a equipe integrada é a participação ativa do CEO da empresa. A cada trimestre ele marca presença num programa transmitido via teleconferência para todas as unidades ao redor do mundo.

RH × Resultados

Nas empresas pentacampeãs, o departamento de recursos humanos não se limita apenas a gerenciar pessoas. **O RH tornou-se um setor estratégico para o sucesso dos negócios da companhia**. Na HP, por exemplo, a direção optou por alinhar a estratégia de RH à de negócios e aproximar cada vez mais o discurso da ação. "Temos um elenco de valores e fazemos com que eles se reflitam nas práticas do cotidiano", diz Jair Pianucci, diretor de RH. Um desses valores é a responsabilidade social. Por isso, a HP estimula e incentiva trabalhos voluntários. Vários de seus profissionais desenvolvem atividades em hospitais e entidades assistenciais.

Na Nestlé, por sua vez, as políticas de recursos humanos estão em constante adaptação. "Elas mudam de acordo com a evolução dos negócios e das expectativas e necessidades dos funcionários", afirma Carlos Faccina, diretor de recursos humanos e assuntos públicos e corporativos.

Formação e treinamento

Os funcionários costumam valorizar também as empresas que investem na formação de seu pessoal. Saber que a organização acredita em seu potencial e, mais ainda, dá condições de aprimoramento e desenvolvimento profissional é altamente gratificante. A Xerox confia que essa é a fórmula para que as pessoas se envolvam de corpo e alma com os negócios da empresa e sintam orgulho de fazer parte do time. "Acreditamos que existe um coração xeroquiano", diz Priscila Gripp Alvim Soares, diretora de RH da Xerox. "Procuramos manter um clima organizacional que estimula a realização profissional, a aprendizagem contínua e a cidadania."

A Xerox sabe também reconhecer o trabalho de ex-colaboradores. Lá, antigos funcionários trabalham como taxistas na porta da empresa e têm até crachá.

Dar liberdade de ação aos profissionais é outra característica marcante dessas empresas. É prova definitiva de que elas confiam no seu pessoal.

"A equipe se mantém motivada quando tem autonomia e condições de se desenvolver", diz Marcus Vaccari, vice-presidente de RH da Elma Chips. "O funcionário quer se sentir parte dos resultados da companhia." Um dos pontos marcantes da Elma Chips é o orgulho dos funcionários. O pessoal gosta tanto da empresa que não perdoa comentários negativos sobre os produtos que fabrica.

A Copesul segue a mesma filosofia. A política de recursos humanos é o que eles chamam de Sistema Copesul de Gestão. "Nossos colaboradores atuam em times e num ambiente participativo", diz Rogério Affonso de Oliveira, diretor da empresa. "São remunerados por habilidades que agregam valor aos produtos de seu time e têm participação nos resultados com objetivos e metas compartilhados."

Voz ativa

A Promon, por sua vez, vai ainda mais longe quando o assunto é participação dos funcionários. Seu modelo organizacional lhes concede um nível raro de autonomia dentro de uma organização. São eles, por exemplo, que elegem o presidente da empresa. O voto é eletrônico e secreto. É claro que isso exige um grande amadurecimento do pessoal. Nos últimos anos, a empresa se reinventou com a intensa colaboração de todos. "Mudamos nosso negócio e isso exigiu novas competências em campos de tecnologia de ponta", afirma Celeste Siqueira, do RH da Promon. "Fomos obrigados a fazer um enorme esforço para atração, retenção e desenvolvimento de jovens talentos. Aumentamos em 80% o investimento *per capita* em capacitação. Patrocinamos mais de três dezenas de MBAs e formamos 34 profissionais em gestão de projetos." Os funcionários da Promon possuem 100% das ações da companhia. O pentacampeonato da empresa, portanto, não é nenhuma surpresa.

Manter o clima interno em alta e a comunicação uniforme é também um enorme desafio quando a empresa entra num ritmo de crescimento acelerado. O Grupo Accor saltou de 15.000 para 25.000 colaboradores nos últimos cinco anos. Alguns dos hotéis da companhia, por exemplo, foram construídos em regiões carentes, e isso gerou um problema extra: a qualificação da mão-de-obra. "Decidimos contratar o máximo possível de pessoas daquelas localidades. Se não o fizéssemos, estaríamos marginalizando e excluindo sua população do desenvolvimento", diz Luiz Edmundo Prestes Rosa, diretor de RH da empresa. Cada pessoa passou por mais de mil horas de treinamento. No final do processo, o resultado foi recompensador: 91% das respectivas equipes são compostas de profissionais dessas regiões.

O respeito ao ser humano, como se vê, é a base de tudo. Na campeã McDonald's, a filosofia é acreditar que as pessoas são fundamentais para o sucesso do negócio.

Mais do que fritar hambúrgueres ou batatas, é preciso saber gerenciar pessoas. "Qualquer empresa que, como a nossa, interage com seu consumidor final deve ter em mente que a gestão de pessoas é a base de todo o sucesso", afirma o diretor de RH Alcides Terra. É claro que a empresa investe muito em treinamento. E é por isso também que mais da metade de seus cargos executivos é ocupada por profissionais que começaram nos balcões de atendimento das lojas da mais famosa rede de lanchonetes do mundo. Isso é, acima de tudo, valorizar as pessoas que fazem parte do time. É também ajudar os funcionários a alcançar sua realização pessoal. Esse é o motivo de o McDonald's estar presente nas cinco edições do Guia. E também a razão de ele ser o grande campeão de 2001. Não há mágica. Nem segredo.

Ranking das melhores empresas para trabalhar em 12 setores

Automotivo	**Comércio Varejista**
1ª ARVINMERITOR - LVS	1ª DPASCHOAL
2ª PELLEGRINO	2ª LOJAS ARNO
3ª TCA	3ª AGRO AMAZÔNIA
4ª VALEO TÉRMICO	4ª LOJAS RENNER
5ª JOHN DEERE	5ª DROGA RAIA
Serviços Financeiros	**Tecnologia e Computação**
1ª CITIBANK	1ª MICROSIGA
2ª SERASA	2ª XEROX
3ª BANKBOSTON	3ª HP
4ª MERRILL LYNCH	4ª RM SISTEMAS
5ª PORTO SEGURO	5ª EMC
Farmacêutico	**Telecomunicações**
1ª ORGANON	1ª INTELBRÁS
2ª PFIZER	2ª LUCENT TECHNOLOGIES
3ª BRISTOL-MYERS SQUIBB	3ª TELE DESIGN
4ª MERCK SHARP & DOHME	4ª AVAYA
5ª SCHERING-PLOUGH	5ª IMPSAT
Química e Petroquímica	**Grupo**
1ª MONSANTO	1ª ALGAR
2ª DOW	2ª ZEMA
3ª FMC	3ª ACCOR
4ª COPESUL	4ª PÃO DE AÇÚCAR
5ª PETROQUÍMICA TRIUNFO	5ª ORSA

Ranking das melhores empresas para trabalhar em 12 setores

Alimentício	Bens de Consumo
1ª NESTLÉ	1ª MULTIBRÁS
2ª ELMA CHIPS	2ª GILLETTE
3ª COMPANHIA IGUAÇU DE CAFÉ SOLÚVEL	3ª MOVELAR
4ª MOCOCA	4ª SPRINGER CARRIER
5ª WICKBOLD	5ª CONDOR
Serviços Diversos	**Indústrias Diversas**
1ª CETREL	1ª ABB
2ª SALUTARIS	2ª INTERNATIONAL PAPER
3ª CESA	3ª COMPANHIA PARAIBUNA DE METAIS
4ª ASTA MEDICA	4ª WEG
5ª AES SUL	5ª PISA

Frases

"Orgulho-me de pertencer a uma empresa reconhecida pelo seu trabalho. Sinto-me motivado a crescer como pessoa e como profissional" – Funcionário da Todeschini.

"A liberdade é excepcional. Se você tiver iniciativa e criatividade, pode fazer e acontecer" – Funcionário da ABB.

"Gosto do horário de almoço, quando chefes, funcionários e donos sentam juntos à mesma mesa. Somos uma grande família" – Funcionário da Casa Verde Móveis.

Fonte:
http://www2.uol.com.br/exame/aberto/mempresas2002/historico.htm

BIBLIOGRAFIA

BECKER, Brian E.; HUSELID, Mark A.; ULRICH, Dave. *Gestão estratégica de pessoas com "Scorecard" – Interligando pessoas, estratégia e performance*. Rio de Janeiro: Campus, 2001.

BECKHARD, Richard. Série Desenvolvimento Organizacional. *Desenvolvimento organizacional: estratégias e modelos*. São Paulo: Editora Edgard Blücher, 1972.

BENNIS, Warren G. Série Desenvolvimento Organizacional. *Desenvolvimento organizacional: sua natureza, origens e perspectivas*. São Paulo: Editora Edgard Blücher, 1972.

BLAKE, Robert R.; MOUTON, Jane Srygley. Série Desenvolvimento Organizacional. *A estruturação de uma empresa dinâmica através do desenvolvimento organizacional do tipo grid*. São Paulo: Editora Edgard Blücher, 1972.

DAVENPORT, Thomas H.; PRUSAK, Laurence. *Conhecimento empresarial*. Rio de Janeiro: Campus; São Paulo: Publifolha, 1999.

DE MASI, Domenico. *A sociedade pós-industrial*. São Paulo: Editora SENAC, 1999.

DUTRA, Joel Souza; FISCHER, André Luiz; HIPÓLITO, José Antônio Monteiro; FLEURY, Maria Tereza Leme; EBOLI, Marisa. *Gestão por Competências – Um modelo avançado para o gerenciamento de pessoas*. 2ª ed. São Paulo: Editora Gente, 2001.

EDVINSSON, Leif; MALONE, Michael S. *Capital intelectual – Descobrindo o valor real de sua empresa pela identificação de seus valores internos*. São Paulo: Makron Books, 1998.

FLANNERY, Thomas; HOFRICHTER, David; PLATTEN, Paul E. *Pessoas, desempenho e salários – As mudanças na forma de remuneração nas empresas*. São Paulo: Futura, 1997.

GRAMIGNA, Maria Rita. *Modelo de competências e gestão dos talentos*. São Paulo: Makron Books, 2002.

KAPLAN, Robert S.; NORTON, David P. *Organização orientada para a estratégia – Como as empresas que adotam o Balanced Scorecard prosperam no novo ambiente de negócios*. 4ª ed. Rio de Janeiro: Campus, 2000.

KOTLER, Philip. *Marketing para o século XXI – Como criar, conquistar e dominar mercados*. 10ª ed. São Paulo: Futura, 1999.

KOTTER, John P. *Afinal, o que fazem os líderes? – A nova face do poder e da estratégia*. Rio de Janeiro: Campus, 2000.

LAWRENCE, Paul R.; LORSCH, Jay W. Série Desenvolvimento Organizacional. *O desenvolvimento de organizações: diagnóstico e ação*. São Paulo: Editora Edgard Blücher, 1972.

MAGER, Robert Frank. *O que todo chefe deve saber sobre treinamento – Um guia para valorizar seu dinheiro aplicado em treinamento*. São Paulo: Market Brooks, 2001.

MAGER, Robert Frank. *Análise de metas – Como dar clareza às suas metas, de forma que você realmente possa atingi-las*. São Paulo: Market Brooks, 2001.

MAXWELL, John C. *As 21 irrefutáveis leis da liderança – Siga e as pessoas o seguirão*. São Paulo: Mundo Cristão, 1999.

MOSCOVICK, Felá. *Equipes dão certo – A multiplicação do talento humano*. 5ª ed. Rio de Janeiro: José Olympio, 1999.

NISEMBAUM, Hugo. *A competência essencial*. São Paulo: Editora Infinito, 2000.

OHMAE, Kenichi. *O estrategista em ação – A arte japonesa de negociar*. 2ª ed. São Paulo: Pioneira, 1988.

O'NEILL, Mary Beth. *Coaching: Treinando executivos – Como colocar os líderes frente a frente com seus desafios*. São Paulo: Futura, 2000.

SCHEIN, Edgar H. Série Desenvolvimento Organizacional. *Consultoria de procedimentos: seu papel no desenvolvimento organizacional*. São Paulo: Editora Edgard Blücher, 1977.

SENGE, Peter; ROSS, Richard; SMITH, Bryan; ROBERTS, Charlotte; KLEINER, Art. *A quinta disciplina – Caderno de campo: estratégias e ferramentas para construir uma organização que aprende*. Rio de Janeiro: Qualitymark Editora, 1999.

SIMMONS, Annette. *Jogos territoriais – Como entender e eliminar rivalidades e falta de comunicação no ambiente de trabalho*. São Paulo: Futura, 1998.

SLATER, Robert. *Guia prático do estilo Jack Welch – Seu plano de batalha para a revolução corporativa*. São Paulo: Negócio Editora, 2000.

TROUT, Jack. *Diferenciar ou morrer – Sobrevivendo em uma era de competição mortal*. São Paulo: Futura, 2000.

ULRICH, Dave; ZENGER, Jack; SMALLWOOD, Norm. *Liderança orientada para resultados – Como os líderes constroem empresas e aumentam a lucratividade*. Rio de Janeiro: Campus, 2000.

WALTON, Richard E. Série Desenvolvimento Organizacional. *Pacificação interpessoal: confrontações e consultoria de uma terceira parte*. São Paulo: Editora Edgard Blücher, 1972.

WHITELEY, Richard C. *A empresa totalmente voltada para o cliente – Do planejamento à ação*. Rio de Janeiro: Campus, 1992.

ZYMAN, Sergio. *O fim do marketing como nós conhecemos*. Rio de Janeiro: Campus. 1999.

Artigos e Publicações

GENERAL MOTORS. *Case:* Treinamento de A a Z. Revista Mercado. TOP de RH – ADVB, p. 57. São Paulo, 1998.

TESS. *Case:* Tempo de conquista. Revista Mercado. 29º TOP de Marketing – ADVB, p. 121. São Paulo, 1999.

BRADESCO. *Case:* Bradesco resgata valores humanos. Revista Mercado. 30º TOP de Marketing – ADVB, p. 17. São Paulo, 2000.

ANDRADE GUTIERREZ. SILVEIRA, Sebastião. *Case* – RH: *Um aliado estratégico do negócio*. Revista Case Studies nº 25, p. 10. Rio de Janeiro, Março/Abril 2001.

Os cases *apresentados foram gentilmente autorizados por seus editores para veiculação neste livro.*

Sites

- PriceWaterhouseCoopers e Deloitte Touche Tohmatsu, Pesquisas de RH Disponível em: http://www.canalrh.com.br/bancoRecursos/e-learnig_conteudo.doc Acesso em 12/05/2002.

- SAMPAIO, R. Cia. Souza Cruz de Cigarros, Depto. Recursos Humanos. Comunicação pessoal. Março 2001. Disponível em: www.souzacruz.com.br

- UNIVERSIDADE ACCOR. Academia. Disponível em: http://www.accor.com.br/academia Acesso em: 22/05/2002.

- UNIVERSIDADE DA UNIMED. Apresentação. Disponível em: http://www.universidadeunimed.com.br Acesso em: 22/05/2002.

- UNIVERSIDADE DO HAMBÚRGUER. Disponível em: http://www.mcdonalds.com.br Acesso em: 22/05/2002.

- UNIVERSIDADE BANCO DO BRASIL Disponível em: http://www.bancodobrasil.com.br/appbb/portal/bb/unv/ Acesso em 22/07/2002.

- UNIVERSIDADE MOTOROLA. Welcome to Motorola University and Training Services. Disponível em: http://mu.motorola.com. Acesso em: 19/02/2001.

- INSTITUTO DE FORMAÇÃO CARREFOUR Disponível em: www.carrefour.com.br Acesso em: 22/05/2002.

- UNIPREV - UNIVERSIDADE CORPORATIVA DA PREVIDÊNCIA SOCIAL Uma experiência on-line – http://www.uniprev.gov.br/. Acesso em: 03/06/2003.

- VALOR ECONÔMICO – Newslleter on-line – Breves Relatos de Empresas que Fazem Acontecer – Albrás, BankBoston e Marisol Acesso em 18/06/2002.

Qualitymark Editora
Rua Teixeira Júnior, 441 - São Cristóvão
20921-400 - Rio de Janeiro - RJ
Tel.: (0xx21) 3860-8422
Fax: (0xx21) 3860-8424

www.qualitymark.com.br
e-mail: quality@qualitymark.com.br

Dados Técnicos:

• Formato:	16×23cm
• Mancha:	12×19cm
• Fontes Títulos:	Humanst521XBDCN
• Fontes Texto:	Fenice BT
• Corpo:	11
• Entrelinha:	13
• Total de Páginas:	280

Impresso nas oficinas da
SERMOGRAF - ARTES GRÁFICAS E EDITORA LTDA.
Rua São Sebastião, 199 - Petrópolis - RJ
Tel.: (24) 2237-3769